体育の
教材を創る

運動の面白さに誘い込む
授業づくりを求めて

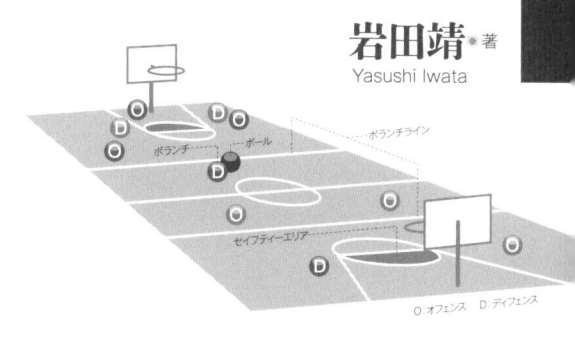

岩田 靖 著
Yasushi Iwata

大修館書店

まえがき

　もう30年近く前、学部学生の時に筆者が卒業論文に選んだテーマは「体育科教育における学力論」であった。体育科教育の世界の事柄を学び始めたばかりの学生にとって、あまりにも広い大海に飛び込み、彷徨い続けた記憶がある。極めて難解な問題であった。結局、大したものをまとめることなどできるはずもなかったが、今では若い頃にいい経験ができたとの思いがある。少なくとも、戦後の体育科教育の歴史に精通する必要があったし、体育の中での多様な考え方、主義・主張を理解する努力をせざるを得なかった。また、親学問である教育学、その中でも教授学の研究成果を大いに学習する機会になったからである。

　思い起こせば、本書で取り上げた「教材づくり」への筆者の問題意識は、学力論の問題を実際の授業づくりの構造に変換し、具体化していく思考の必要性を認識したところから生まれてきたと言ってもよいだろうと思う。

＊

　「わが国における教育学、特に1960年代以降の教授学分野の研究動向において、授業を構想する論理の一つとして、教えるべき中身（教育内容・学習内容）とそれを教えるための手段としての教材を識別する必要性が指摘されており、各科教育学領域にもその認識が浸透し始めている。またそれを基盤とした教材づくり（教材構成）への課題についても論じられつつある。

　近年、体育科教育においてもこのような方向での議論が少ないながらも確認でき、体育の学力論の展開やスポーツ教育論の主張、及び教科内容研究の深化に伴いながら、特に認識的・技能的内容の教授＝学習の側面から追究されているとも言える。また、体育の目的（目標）・内容・方法の枠組みとの関連において教材の位置づけを再検討する必要性についての指摘もみられる。

　しかしながら、これらの動向に対して、体育において『教材』という用語の使用を避ける傾向もみられる。それは体育において扱われる運動（スポーツ）が、単なる手段ではなく、それ自体が学習されるべき内容であるからであるとされる。

　そこで本発表では、体育における教材概念の持つ教授学的な意味やその機能について再考し、教師の教材研究の中核に位置づくと考えられる『教材づくり』の意義について、その原理的側面から若干の私見を述べてみたいと思う」

＊

　上記の文章は、筆者が大学教員の駆け出しであった頃、体育科教育学関連のある研究集会のセッションで発表をした際のレジュメの冒頭記述である。懐かしく、古めかしいワープロ文字の発表資料であった。『体育科教育』誌に「体育における教材づくりの意義と課題」「体育における教材づくり論小史」といった文章を書かせてもらった同じ年の1990年であった。

筆者は、この時、主として「運動の教育」の立場から、新たな、そしてよりよい「教材づくり」のあり方を探究すべきであると考えていたのであるが、それは学習内容を明確にした、子どもたちの学習意欲あふれる体育授業を創造していくための契機として、「教材」概念や「教材づくり」のプロセスの問題を再考していくことが非常に重要な鍵になるのではないかと思われたからである。その発表では、「教材概念の再考」「教材研究の範囲とその中心的課題としての教材づくり」「よい教材とは何か」といった事柄を議論しており、まさに本書のベースになる考え方の一端をまとめたものであった。

　ただし、当時隆盛していた「楽しい体育」の考え方を標榜している人々からは冷ややかにみられていたし（実際、この発表の時の座長の先生には、「そういう考え方もあるかもしれませんね」とほとんど相手にしてもらえなかったことを今でもよく覚えている）、また他の先輩の研究者の多くからも、「お前の言っていることはよくわからない」と言われたものであった。

　それでもその後、教材論に関わる歴史的な側面をも含め、教材づくりについての基本的な問題領域の理論的研究に取り組みつつ、現在の勤務地に移って以降、現職教員の大学院生、長期研修の先生方、附属学校の先生方などとの授業実践の輪が少しずつ広がり、そこにストレートマスターや学部学生が参加しながら具体的な教材づくりの研究を進めているところである。

　さて2008年、体育の「確かな学力」の形成に向けて、指導内容の明確化・体系化を主要な柱とする教育課程の改善（学習指導要領の改訂）が行われた。このことは体育授業の成果が改めて問われたものであると言ってもよいであろうし、その実現には、楽しく、そして豊かな学びを創出しうる「教材づくり」の仕事が重要になるのは間違いないであろうと考えている。

　本書は、『体育科教育』誌において、2008年4月から2010年3月までの2年間、「学びを深める教材づくり」のタイトルのもとに連載した内容を再構成し、それに教材づくりに関する若干の他の論稿を加えてまとめたものである。大きくは、体育の教材づくりの一般理論的な解説編（第1章）と個別の運動領域に関わった実践編（第2・3章）に分かれている。第1章では、教材づくりに関わる基本的な「視点」について筆者の考えるところを論述している。また、本書の主要な部分をなしている第2・3章の実践編は、多くの研究仲間との共同的な授業実践によるものである。各パートではそれぞれの教材づくりの「発想」のありかを強調して記述したつもりである。

　よい体育授業の創造に向けた教材づくりに大きな興味・関心を寄せておられる先生方、またこれから教師を目指す学生の方々に一読していただければ幸いである。

　最後になるが、本書の編集の労をとられ、終始様々なアドバイスをしてくださった大修館書店の川口修平氏に心より厚くお礼申し上げる。

平成24年1月　　岩田　靖

もくじ

まえがき …………………………………………………………………… iii

第1章　体育における教材づくりの意義と方法

1　これから求められる体育授業像と教材づくり ………………………… 2
　［1］学習指導要領の改訂と体育授業の実践的課題 ………………… 3
　［2］求められる体育授業像
　　　　――「誘い込み、追い込む」授業、「わかり合い、支え合う」授業 …… 8
2　教材づくりとはなにか …………………………………………………… 15
　［1］「教材・教具」とはなにか …………………………………… 17
　［2］授業構想の諸側面と「教材づくり」の位置づけ …………… 20
　［3］「教材づくり」の必要性 ……………………………………… 21
　［4］「教材づくり」の基本的視点――大学における教員養成課程の授業から … 23
　［5］単元教材と下位教材群の創出――階層的な教材づくり …… 27
　［6］教材の機能を高める「教具づくり」 ………………………… 31
　［7］教材の機能を引き出す教師の「教授行為」 ………………… 34
3　典型教材から学ぶ ………………………………………………………… 38
　［1］子どものつまずきを直視する ………………………………… 38
　［2］すべての子どもを運動の楽しさに出会わせる ……………… 39
　［3］集団的達成の喜びに眼を向ける ……………………………… 40
　［4］本質的な運動技術を問い直す ………………………………… 41
　［5］運動について「わかる」ことを保障する …………………… 42

第2章　教材づくりの実際――小学校編

1　「チャレンジ運動」〈5年生〉 …………………………………………… 46
　［1］「チャレンジ運動」の教材づくりの発想 …………………… 46
　［2］授業の展開と子どもの様子 …………………………………… 49
　［3］「仲間づくり」の学習成果の検討 …………………………… 53
2　「チャレンジ・ペースシャトルラン」〈6年生〉 ……………………… 55

	[1]「チャレンジ・ペースシャトルラン」の教材づくりの発想 ………	55
	[2] 授業の展開と子どもの様子 ………………………………………	57
3	「ロープ・バトンスロー」〈2年生〉……………………………………	62
	[1]「ロープ・バトンスロー」の教材づくりの発想 ……………………	63
	[2] 授業の展開と子どもの様子 ………………………………………	67
	[3] 学習成果の検討 ……………………………………………………	70
4	グループ対抗「ワープ走」〈4年生〉……………………………………	73
	[1]「リズム走」(ワープ走)の教材づくりの発想 ……………………	74
	[2] 授業の展開と子どもの様子 ………………………………………	75
	[3] 学習成果の検討 ……………………………………………………	79
5	疾走の変形としてのハードル走〈6年生〉……………………………	81
	[1] ハードル走の教材づくりの発想 …………………………………	81
	[2] 授業の展開と子どもの様子 ………………………………………	85
	[3] 学習成果の検討 ……………………………………………………	89
6	チャレンジ・ワン・ツー・ジャンプ〈4年生〉………………………	91
	[1]「チャレンジ・ワン・ツー・ジャンプ」の教材づくりの発想 ………	91
	[2] 授業の展開と指導のポイント ……………………………………	95
	[3] 学習成果の検討 ……………………………………………………	98
7	ベストをめざして「フワッとジャンプ」〈5年生〉……………………	101
	[1]「フワッとジャンプ」の教材づくりの発想 ………………………	101
	[2] 授業の展開と子どもの様子 ………………………………………	105
	[3] 学習成果の検討 ……………………………………………………	108
8	みんなで楽しむ「グループ泳ぎ」〈3年生〉……………………………	110
	[1]「グループ泳ぎ」の教材づくりの発想 ……………………………	110
	[2] 授業の展開と子どもの様子 ………………………………………	112
	[3] 授業への取り組みを振り返って …………………………………	115
9	平泳ぎの「キック動作(かえる足)」の教材づくり〈6年生〉………	117
	[1]「かえる足」の教材づくりの発想 …………………………………	118
	[2] 授業展開における指導のポイント ………………………………	122
	[3] 学習成果の検討 ……………………………………………………	124

10	「V字ゴール・ハンドボール」〈4年生〉	127
	[1] ボール運動の授業づくりのコンセプト	127
	[2] ボール運動の教材づくり――「発達適合的再現」と「誇張」	129
	[3] 「V字ゴール・ハンドボール」の教材づくりの発想	131
	[4] 授業の展開と子どもの様子	135
	[5] 学習成果の検討	137
11	「センタリング・サッカー」〈5年生〉	141
	[1] 「センタリング・サッカー」の教材づくりの発想	141
	[2] 授業の展開と子どもの様子	145
	[3] 学習成果の検討	147
12	「セイフティーエリア・バスケットボール」〈6年生〉	151
	[1] 「セイフティーエリア・バスケットボール」の教材づくりの発想	151
	[2] 授業の展開と子どもの様子	154
	[3] 学習成果の検討	156
13	「フロアーボール」〈3年生〉	160
	[1] 「フロアーボール」の教材づくりの発想	160
	[2] 授業の展開と子どもの様子	163
	[3] 学習成果の検討	166
14	「アタック・プレルボール」(その1)〈6年生〉	170
	[1] 「アタック・プレルボール」の教材づくりの発想	171
	[2] 授業の展開と子どもの様子――子どもたちに教材を解きほぐすストラテジー	174
	[3] 学習成果の検討	177
15	修正版「並びっこベースボール」〈4年生〉	179
	[1] 修正版「並びっこベースボール」の教材づくりの発想	180
	[2] 授業の展開と子どもの様子	180
	[3] 学習成果の検討	183
16	「フィルダー・ベースボール」〈5年生〉	187
	[1] 「フィルダー・ベースボール」の教材づくりの発想	187
	[2] 授業の展開と子どもの様子	191
	[3] 学習成果の検討	193

第3章　教材づくりの実際——中学校編

1　「集団リズムマット運動」〈3年生〉 …………………………………… 198
　　[1]　「集団リズムマット運動」の教材づくりの発想 ………………… 198
　　[2]　授業の展開と子どもの様子 ………………………………………… 202
2　チーム対抗三種競技〈2年生〉 ………………………………………… 208
　　[1]　チーム対抗三種競技の教材づくりの発想 ………………………… 208
　　[2]　授業の展開と子どもの様子 ………………………………………… 210
3　「3分間セイムゴール走」〈1年生〉 …………………………………… 216
　　[1]　「3分間セイムゴール走」の教材づくりの発想 ………………… 216
　　[2]　授業の展開と子どもの様子 ………………………………………… 218
　　[3]　学習成果の検討 ……………………………………………………… 225
4　「アタック・プレルボール」(その2)〈1年生〉 ……………………… 227
　　[1]　「アタック・プレルボール」の位置づけ ………………………… 227
　　[2]　授業の展開 …………………………………………………………… 230
　　[3]　学習成果の検討 ……………………………………………………… 231
5　「ダブルセット・バレーボール」〈2年生〉 …………………………… 239
　　[1]　「ダブルセット・バレーボール」の教材づくりの発想 ………… 239
　　[2]　授業の展開と子どもの様子 ………………………………………… 242
　　[3]　学習成果の検討 ……………………………………………………… 245
6　剣道の教材づくり〈3年生〉 …………………………………………… 248
　　[1]　剣道の教材づくりの発想 …………………………………………… 248
　　[2]　授業の展開と子どもの様子 ………………………………………… 252
　　[3]　子どもの感想からみた授業の成果 ………………………………… 254

　　あとがき ……………………………………………………………………… 258

第1章

体育における教材づくりの意義と方法

第1章-1

これから求められる体育授業像と教材づくり

　少しばかり時代を遡ることになるが、およそ1970年代の後半から1980年代の前半にかけて、それまでほとんど問題にされてくることのなかった体育における「学力論」が検討されるようになる[*1]。そこでは主として、運動（スポーツ）を手段として身体発達（体力育成）や社会性育成を目標とした「運動を通しての教育」から、運動文化そのものの価値を認め、その自主的・主体的能力を高め、愛好的な態度を育てていく「運動の教育」へといった体育の考え方の転換を基盤にしながら、そこでの「学習内容」のあり方や、それを習得していくための教師の働きかけの過程や方法が問い直された経緯がある。とりわけ、子どもたちが体育授業の中で運動が「わかる」ようになり、「できる」ようになることを保障する論理に関わる議論であった。そのような動向を背景に、筆者は1980年代後半以降、体育の授業づくりの骨格となるべき「教材づくり」の理論的・実践的研究が重要になると主張してきた。ただし、当初そこには総じて2つの大きな壁が存在していたと言ってよい。

　一つは、体育における「教材」概念の問題であった。端的に言えば、体育の授業において選択される運動文化財（種目や技）を「教材」として理解する長年の歴史が横たわっていたことである。後で詳しく説明することではあるが、この考え方では、明確なねらいを持った授業づくりのプロセスを生み出したり、授業のあり方を改善していく教師の意図的な仕事を鮮明化しえないという実情があったのである。それぞれの授業の中で、「なにを」教えようとするのか、また、それを「なにで」教えようとするのかといった授業づくりの思考の核心が不透明になってしまうからである。

　もう一つは、1970年代後半以降、我が国の体育授業実践に多大な影響を与えてきた「楽しい体育」の理論であった。これは、「運動の教育」の立場の中

でも、とくに「プレイ論」を理論的支柱にした体育の考え方であり、そこでは、運動の楽しさ体験（運動の機能的特性）に向けた子どもたちの自発的活動が強調され、教師が意図的に知識や技能を習得させることへの忌避感があった。また、運動を手段に使って一般的な教育目標をめざすそれまでの体育からの転換を強調する中で、運動の手段性を意味してきた「教材」という用語を回避する状況がみられた。[*1]

筆者はこのような現状を批判的にみる立場に立って、我が国の戦後の教科研究・授業研究を通して生み出されてきた、独自で、きわめて重要な一般教授学的知見としての、教科内容（学習内容）と教材とを区別する論理に学びながら、体育科教育における教材づくり論の展開の糸口を探究してきた。[*2]

さて、今日、生涯スポーツへの資質・能力の育成をめざして子どもたちがスポーツの楽しさを真に味わっていける良質の体育授業が求められている。言い換えれば、「体育的学力」を豊かに保障することができる授業である。こうした授業を意図的・計画的に生み出そうと考えるとき、「教材づくり」がきわめて重要になる。したがって、教材づくりの視点や方法についての知見を高めていくことが、授業づくりに向けての教師の専門性の重要な部分を占めるに違いない。

この第1章では、体育における教材づくりの意義と方法について記述していくが、その前にまず、教材づくりがめざすべき体育の方向性をどのように見定めればよいのか、今日求められている体育授業像について少しばかり掘り起こし、私見を述べてみたい。

[1] 学習指導要領の改訂と体育授業の実践的課題

平成20年1月に示された中央教育審議会答申「幼稚園、小学校、中学校、高等学校及び特別支援学校の学習指導要領等の改善について」において、各学校段階や各教科等にわたる学習指導要領の改善の方向性を支える基本的な考え方として、以下の内容が示された。
　①改正教育基本法等を踏まえた学習指導要領の改訂
　②「生きる力」という理念の共有
　③基礎的・基本的な知識・技能の習得
　④思考力・判断力・表現力等の育成
　⑤確かな学力を確立するために必要な授業時数の確保

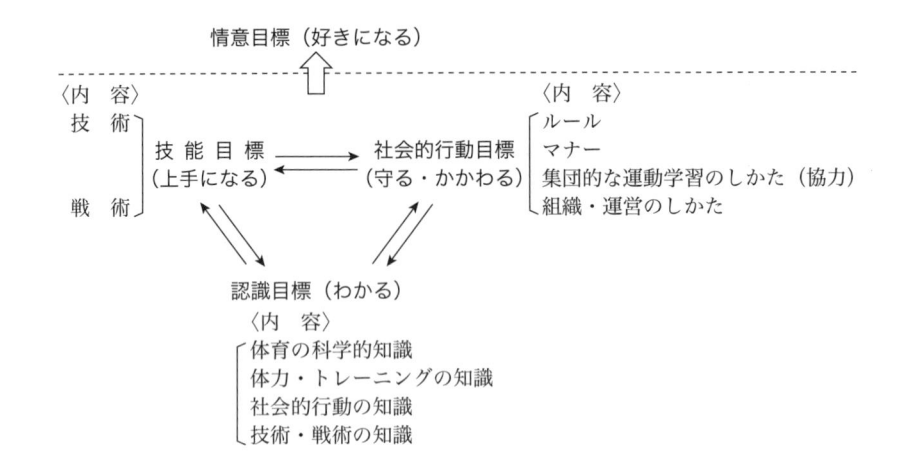

```
                    情意目標（好きになる）
           ┌─────────────↑─────────────┐
〈内　容〉                              〈内　容〉
  技　術 ┐    技能目標 ────→ 社会的行動目標   ┌ ルール
         │   （上手になる）←── （守る・かかわる）│ マナー
  戦　術 ┘         ↕     ↕                  │ 集団的な運動学習のしかた（協力）
                                            └ 組織・運営のしかた
                    認識目標（わかる）
                      〈内　容〉
                    ┌ 体育の科学的知識
                    │ 体力・トレーニングの知識
                    │ 社会的行動の知識
                    └ 技術・戦術の知識
```

図1-1　髙橋健夫（1989）

⑥学習意欲の向上や学習習慣の確立

⑦豊かな心や健やかな体の育成のための指導の充実

　これらを踏まえた体育科（保健体育科）の内容の改善の基本方針は次のようであった。

　「体育科、保健体育科については、その課題を踏まえ、生涯にわたって健康を保持増進し、豊かなスポーツライフを実現することを重視し改善を図る。その際、心と体をより一体としてとらえ、健全な成長を促すことが重要であることから、引き続き保健と体育を関連させて指導することとする。また、学習したことを実生活、実社会において生かすことを重視し、学校段階の接続及び発達の段階に応じて指導内容を整理し、明確に示すことで体系化を図る」

　さらに、とりわけ体育の分野では以下の事柄が強調されている。

　「体を動かすことが、身体能力を身に付けるとともに、情緒面や知的な発達を促し、集団的活動や身体表現などを通じてコミュニケーション能力を育成することや、筋道を立てて練習や作戦を考え、改善の方法などを互いに話し合う活動などを通じて論理的思考力をはぐくむことにも資することを踏まえ、それぞれの運動が有する特性や魅力に応じて、基礎的な身体能力や知識を身に付け、生涯にわたって運動に親しむことができるように、発達の段階のまとまりを考慮し、指導内容を整理し体系化を図る」

　これらの指摘には、体育が教科として独自に目標とすべき内容と、他の教育

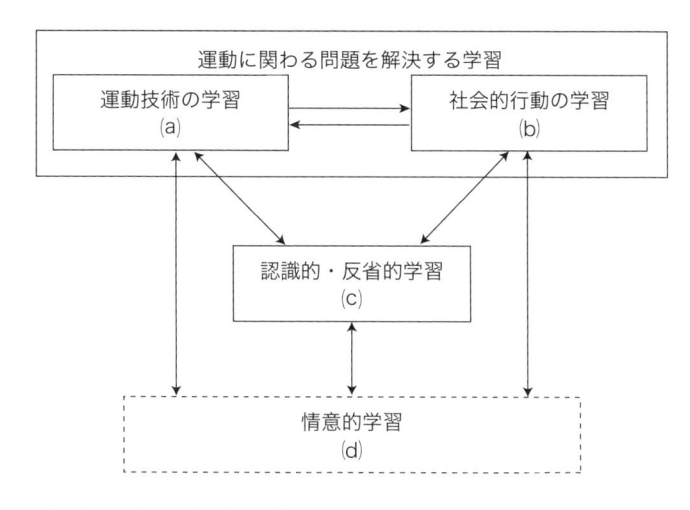

```
┌─────────────────────────────────────────┐
│     運動に関わる問題を解決する学習         │
│  ┌──────────┐      ┌──────────┐         │
│  │運動技術の学習│ ←→ │社会的行動の学習│    │
│  │   (a)    │      │    (b)   │         │
│  └──────────┘      └──────────┘         │
└─────────────────────────────────────────┘
         ↕              ↕
         ┌──────────────┐
         │ 認識的・反省的学習 │
         │     (c)      │
         └──────────────┘
                ↕
         ┌ ─ ─ ─ ─ ─ ─ ─ ┐
           　情意的学習
         │     (d)      │
         └ ─ ─ ─ ─ ─ ─ ─ ┘
```

図1-2　クルム．B．(1992)

領域・教科とともにその教育課題を共有して取り組むべき内容が複眼的に包み込まれている。

　また、学習指導要領では、「生きる力」の重要な柱として「確かな学力」が強調されており、体育では、「技能」「態度」「知識、思考・判断」の枠組みで指導内容が提示されている。つまり、それらが「体育的学力」の中身として捉えられていると言ってもよい。

　ここで注意したいのは、「態度」の内容には、「価値的態度」と「規範的態度」の２つの側面が含まれていることである。「価値的態度」というのは運動への愛好的態度（情意的な態度）と言い換えることができる。「規範的態度」は、約束の順守や、公正・責任、協力的学習などの社会的行動に関わる事柄である。このうち「価値的態度」は、授業において「教え・学ぶ」直接の学習内容と言うよりも、意味ある学習活動を通して育てていく対象と位置づけるのが相応しい。このように理解すれば、学習指導要領における学習の目標・内容構造は、髙橋健夫[*3]やオランダのクルム[*4]が提示している図1-1、1-2の考え方ときわめて近似していると解釈できる。

　両者ともに、体育における直接的な学習内容の関係を「技能」領域、「社会的行動」領域、「認識」領域から捉えており、先に述べた運動への愛好的態度は「情意」領域として理解している。この「情意」領域は、他の領域の学習を通して常にめざされるべき「方向目標」として位置づけられているのである。

これらのフレームを下敷きにして、これからの体育実践の課題を以下に取り上げてみたい。いずれもこれから求められる体育授業像とそれに結びつく「教材づくり」の基底として、重要な意味をもつものであろう。

❶「技能」領域の実践課題──楽しさの源泉としての「できる」こと

　これからの体育では、技能の領域の問題にさらなる熱い視線を向けるべきである。運動ができるようになったり、上手になること（技能習得）が子どもにとってもっとも大きな楽しさや喜びの源泉になるからである。

　これまでの体育では、運動の楽しさを「競争、克服、達成、表現」（運動の機能的特性）に類型化して理解してきたが、それは真に妥当なものだったのであろうか。ゲームで競い合う、動きができるようになる、記録を向上させる、なにかになりきって動く、というのは、実のところ「運動の課題の創られ方の違い」を意味している。そうだとすれば、運動の楽しさとはつまるところ課題に応じてなにかができるようになることを基底にしていると理解できる。

　考えてみれば、スポーツが時代や社会とともに変化しつつも、人間が取り組み、親しむ諸活動の一つとして継承されてきたのは、それが自己の身体を機能させる喜びを基底にした文化として位置づいているからであろう。およそスポーツという活動は人間自らが創り出し、設定した運動課題の達成行動を中心としており、運動の楽しさの源泉には、「できる」（達成）の喜びが存在しているのである。このような「達成行動としてのスポーツ」という視点から体育授業を考えるとき、できる限りの技能保障とそれに向けての丁寧な働きかけがぜひとも必要になる。運動が「できる」ようになったときの子どもの笑顔や喜びをより一層引き出す工夫に関心を払いたい。

　また、今日、体力・運動能力の低下が叫ばれているが、エネルギー的な体力というよりも、身体の動かし方を知らず、さまざまな動きができない子ども（動けない子ども）が増えているのではないかといった観点から体育授業を見つめ直すことが必要不可欠である。とりわけ、幼少期からの運動遊びの欠落傾向が指摘されている。動きの形成やそれに結びつく多様な運動経験、身体を耕す意味ある運動機会がこれまで以上に潤沢に保障されなければならない。

❷「社会的行動」領域の実践課題──運動の達成に向けて「関わる」こと

　学習指導要領における規範的態度に相当する部分の中でも、とくに協力的な学習のあり方を重視していく必要があろう。運動の達成に向けて、仲間と息を合わせ、アイディアを交流し、支え合うといった社会的行動、つまり他者との

関わりが運動の楽しさをさらに増幅させる重要な側面になる。このことは非常に重要なポイントである。とりわけさまざまな運動領域や運動課題における集団的達成の経験を大切にしたいものである。また、グループ学習やチーム学習などの「共同的」な学習の方法が再評価されるべきであろう。運動の課題解決に向けたプロセスを仲間と共有していくことによってコミュニケーションを拡大させ、仲間相互の結びつきを強めていく可能性が開かれるからである。

とくに、1998年の学習指導要領で前面に押し出された体育における「心と体の一体化」の理念にも関連して、他者との豊かな関わりの促進は今日の子どもたちにとって大きな課題である。「心と体の一体化」という表現は抽象的であるが、その意味するところを平易に言い直せば、「動くって楽しいなあ、みんなで運動するってもっと楽しいなあ」ということを体育授業の共通の土台として位置づけることである。これはなにも「仲間との交流」を一つの大きなねらいとしている「体ほぐしの運動」に限定された事柄ではない。体育授業の入り口でもあり、めざすべきところとして常に意識しておきたい課題である。

❸「認識」領域の実践課題──技能習得と集団的交流を促す「わかる」こと

運動の技能習得に直結した知識・理解、またそれらをもとにした子どもたちの共同的な思考・判断を促進させる学習に着目したいものである。これらは広い意味で認識的な学習と言ってよいであろう。この側面はこれまでの体育において軽視されてきたが、学習指導要領では、「知識、思考・判断」が学習内容の重要な柱として位置づけられている。このことはきわめて大きな変化である。「できる」ことに結びつく「わかる」こと、「関わる」ことに向けての「わかる」ことが重視されるべきなのである。

筆者は、以下に提示する認識の対象を確かなものにし、それらを結びつけ、学習する仲間みんなで共有していくことが学習の集団形成にとって必要不可欠であると考えている。[*7]

(a)運動の課題認識

習得の対象となる運動や取り組むゲームの技術的・戦術的な課題がわかることである。体育学習では、運動の目標像がイメージできなければならないし、どのような動きが求められ、いかなるプレイを成立させるべきなのかといったポイントがわかる必要がある。

(b)運動の実態認識

現時点での自己やチームの運動のできばえや問題点がわかることである。課題認識との関係の中で実態が捉えられることによって、学習の目標が鮮明に意

識され、学ぶべき運動技術や戦術の意味と必要性が生まれてくる。

(c)運動の方法認識

　その課題を達成するための手段や練習の仕方がわかることである。子ども自らが練習形式を新たに創り出したり工夫したりすることは難しいが、練習の意味が理解できることは非常に大切である。また、課題達成に向けた手掛かりが得られることによって学習意欲も膨らむであろう。

　付言すれば、ここで「知識」と「思考・判断」の関係を理解することが重要となる。課題認識が知識に、実態認識と方法認識が思考・判断に対応していると考えてもよい。これらの子どもの認識活動を密接に結びつける教師の授業展開力が求められるであろう。

❹「情意」領域は常にめざすべき授業の方向目標

　先に触れた「価値的態度」の育成は、運動に対する「情意」の領域の目標になる。運動への「意欲・関心」と言い換えてもよい。「運動が大好き」「もっとやってみたい」と思う心の状態である。その意味で、運動の「楽しさの経験」はまさに不可欠であるが、それは直接的な「学習内容」ではなく、むしろ、「技能」「社会的行動」「認識」の各領域の学習プロセスを通して生み出されると考えるべきであろう。教師は自らの指導性によって、これらの学習対象を太く深く結びつけていくのである。

　なお、「運動への二極化」傾向の中で、子どもたちの運動に対する意欲をさらに一層掘り起こしていく努力は重要かつ切迫した課題である。この子どもの運動への意欲も、授業の中での教師の指導によって豊かにされるべき対象として捉えていくべきであろう。運動への動機づけが低い子ども、運動が苦手な子どもも生き生きと学習活動に参加できる工夫は授業づくりの出発点であると言ってもよい。

[2] 求められる体育授業像
——「誘い込み、追い込む」授業、「わかり合い、支え合う」授業

　前項では、これからの体育の目標・内容の構造とそれに対応した実践課題について記述してみた。ここでは、これまで述べてきたことを実際の授業場面に結びつけて考えてみたい。

　表1-1は、筆者が大学で担当している「体育基礎」(教員養成課程における小学校の教科専門科目)における、ある受講学生(女子学生)の授業後のミニ・

表1-1　女子学生のミニ・レポート──「楽しさを感じられたリレー」

> 　小・中・高と陸上競技の授業はしてきたが、今回、リレーでバトンパス中心の練習をし、初めて「楽しい」と感じた。今まで、外は暑いし、自分の足は遅いし、どうせ周りもだらだらやっているから面倒くさいなと思っていたが、それを超えるような気持が自分の中に生まれた。それには3つの要因があったからである。1つ目に、リレーをして自分のタイムが上がることが実感できたこと、2つ目に、バトンパスをつなぐ相手との達成感が得られたこと、そして3つ目に、練習をしていてポイントがわかり、練習を楽しいと感じられたことである。
> 　1つ目は、リレーを始める前の段階が大事だったと感じた。<u>まず、リレーのイメージを持ち、「2人で走れば速くなるのだ」という意識がみんなの中に生まれたことで、目標を明確に持つことができた。</u>また、各々の全力タイムを計ってあり、それとの比較であることで、周りと比べてどうではなくて、常に自分たちのタイムに挑戦できることで「速くなる」という感覚をつかむことができたのではないかと思う。
> 　2つ目のバトンパスについては、今までバトンパスと言えばバトンの持ち方だとか、お互いに声を掛け合うとかといったことしか言われたことがなく、大切なのは意思疎通とかなのかと思っていたが、まったく違った。<u>応援よりも持ち方よりも、大切なのは互いが一番スピードに乗っているところで渡すことができるための走り出しのタイミングだった。そこがピタッと合うと、実際に走るのは1人ずつで、バトンを渡すのは一瞬のはずなのに、2人で走っているという気持ちになって2人でバトンを繋いで走っているという達成感を得ることができた。</u>
> 　3つ目に、<u>練習をしていてもどこをポイントとしたらいいのかわかったので、自分がやっていてもやりがいがあるし、見ていても自分よりよっぽど足の速い人にもアドバイスすることができてすごく楽しかった。</u>「鬼ごっこ」がイメージとしてつかみやすく、それを目標にして走るのでお互いに本気で走ることができ、スピードに乗ってよかった。
> 　このような点をうまく活かし、足の速い子も遅い子もそれぞれが成長できることを本人たち自身が実感できることがリレーを楽しいと感じられるために大切だと感じた。

レポートの一部である。この授業は、小学校で取り扱う運動領域における学習内容についての理解を深めるために、陸上運動、器械運動、水泳、ボール運動などを取り上げて、運動学習の特徴やそこでの強調点をコンセプトにして展開している。加えて、できるだけ「教材づくり」のモデルを理解できるような方法を取り入れて実習的に進めている。また、半期にわたって固定された8人程度のチーム学習の形態をとっている。

　ここで取り上げるのは陸上運動でのリレーの話である。リレーの授業（90分・3コマ）は、次のようなクイズから始めている。

　　　　　　　　　　＊　　　　　　　　　　＊

　男子100mの日本記録を知っていますか。知っている人はすごいですよ。
　そうですね。日本記録は伊東浩司選手がつくった10秒00です。これまで日本人で

10秒の壁を破った選手はいないのですね。世界の一線級の選手は9秒7〜9秒8台の記録をだしているところからすると、世界のトップとはまだまだ開きがあるようです。

　それでも最近、400mリレー（4×100mR）では、日本チームはオリンピックや世界選手権でメダル獲得にもう一歩まで迫っています。おそらく伊東選手のように10秒00で走れるメンバーが4人揃えば、メダル獲得は確実かもしれませんね。さてそれでは、ここでクイズです。

　日本チームのメンバーに10秒00で走れるメンバーが4人揃い、オリンピックで実際にそれぞれのメンバーが10秒00のスピードで走り、なおかつこれ以上ない完璧なバトンパスが達成されたとします。この時、日本チームのリレーのタイムは何秒くらいになると思いますか？　400mトラックですからカーブの部分を走るランナーもいますが、細かな条件は無視して考えて、もっとも近いと思う整数値で答えてください。

　　　　　　　　　　＊　　　　　　　　＊

　おそらく37秒台が記録されると思われるが、5〜6割くらいの学生の回答は40秒以上の数値になる。実際にはたいてい35〜45秒のくらいの広がりである。中学1年生約80名に同じクイズを実施したことがあるが、ほとんど似通った結果となった。大学生でも中学生並みなのである。このことはなにを意味しているのであろうか。

　ここに彼らのリレーに対するイメージや既存の認識が反映されている。40秒を超える回答は、「バトンパスをするとロスタイムが生じるから」というのが大方の理由になっているが、このような認識を反転させていくのが授業の最大のキー・ポイントになる。

　「リレーでスタートからゴールまで走り抜けているのはだれ？」などという、一瞬頭が動転するような発問を投げかけ、「実は、バトンが走っているんだよね」との擬人化した表現を用いて、「いかにバトンのスピードを落とさないようにするのか」が学生たちの切迫した課題になるように持ちかけるのである。「バトンが走る」……この表現は学生にも、また子どもたちにもバトンパスのイメージを膨らませるための手助けになる。なお、北京オリンピックでの日本チームの銅メダル獲得、そして100mの世界記録更新で、このクイズは修正を余儀なくされる運命にあるのだが……。

　さて、リレーの本質的な運動課題は、「できる限り走者のトップスピードに近い状態でのバトンの受け渡し」にある。小学校の高学年以降であれば、確実に学習目標の中核に位置づけることができる。おそらく、この目標の「幹」に付随して、バトンの操作技能が「枝」となる追究課題として立ち現われてくる。

それらを軸に、「わかる・できる・関わる」世界をどのように創出していくかが大切になる。その際、このバトンパスの大切さをクローズアップすることができ、なおかつ能力差のある子どもたちがそれぞれみんな意欲を持って取り組める活動の工夫や、子どもたちのリレーに対する認識や技能向上を実質的に保障していくための練習の対象を生み出していくことが重要になる。ここに教材づくりの課題が存在しているのである。

　筆者の授業では、「愛の80mリレー」と称し、ペアによる2×40mリレーに取り組んでもらう。テイクオーバーゾーンは20m。8人チームの中でそれぞれペアを組み、各自が必ずバトンの渡し手と受け手の役割を両方経験できるようにする。したがって、チームの中に延べ8ペアができることになる。

　リレーの前に、全員40mのフラット走のタイムを計測しておき、ペアの合計タイムを基準に、実際のリレーとのタイム差を問題にする。当然、基準タイムからどれだけ短縮できるかがペアの課題となり、タイム差のチーム合計で競い合う形式を組んでいる。2人組リレー設定の根拠は、学生全員に自己のできばえを直接的にモニターさせ、明瞭なフィードバックの繰り返しの中で達成感を得て欲しいと考えているからである。チーム対抗は、「できる」ことに向けての「わかる」中身を共有し、それを媒介にしながらメンバー同士の「関わる」活動を生み出すための仕掛けである。

　また、バトンの受け手のダッシュポイントの探究とトップスピードに近い状態での2人の接近の大切さを理解しながら練習できる「ゴーマーク鬼ごっこ」[*8]を学生に紹介している。鬼ごっこをモデルにしながら継走の仕方を学ばせようとする非常に卓抜な発想である。授業の中盤はペア活動を中心にしながら、これらの活動を往復する展開となる。

　さて、先のような学生の文章を引き合いに出した背景には、次の2つの問題意識がある。

　一つは、これまでリレーに何度か触れてはきたものの、リレーの本質（リレーとはなんぞや？）に迫る事柄は教わってこなかった、という現実である。実は、これに類する内容は非常に多くの学生にみられる。つまり、運動（スポーツ）のもっとも美味しいところを食べさせてもらっていないことの一例である。「今までバトンパスと言えばバトンの持ち方だとか、お互いに声を掛け合うとかといったことしか言われたことがなく、大切なのは意思疎通とかなのかと思っていたが、まったく違った」という感想の背後には、「運動・スポーツの形式を表面的になぞっているだけの授業、また、子どもたちになんの手掛かりも与えずに課題解決を委ね、強いている授業」の存在が浮き彫りになる。「確か

な学力」(体育的学力)を保障していく前提が、まさにこのような授業からの脱却であろうことは間違いない。[*9,10]

　もう一つは、この「確かな学力」を探究していくこと、つまり、取り組む運動の中で、先に述べた「わかる・できる・関わる」ことを密接不可分に結びつけていく授業こそが、真の意味で運動の楽しさを生み出し、運動への意欲を増幅していく契機になっていることである。

　学生のレポートには、「大切なのは互いが一番スピードに乗っているところで渡すことができるための走り出しのタイミング」であり、その技術的ポイントについて「わかる」ことが「明確な目標」をもって練習に取り組めたことの基底であったことが記されている。また、「練習をしていてもどこをポイントとしたらいいのかわかったので、自分がやっていてもやりがいがあるし、見ていても自分よりよっぽど足の速い人にもアドバイスすることができてすごく楽しかった」というのは、「わかる」ことを通して、仲間との「関わり」が生まれてくることを示している。これらがタイムへの挑戦とその達成に、つまり「できる」ことに結びついているのである。

　ここには、《一定の時間的制約のある単元構成》の中で、いかに子どもたちに学習の成果を感じさせ、満足を与えることができうるのかといった視点から、学習対象となる運動の本質的な課題をクローズアップし、単元の太い幹に据え、その面白さに「誘い込み、追い込んでいく」授業展開が重要であることが示唆されている。言い換えれば、「学習目標・内容の明確な授業づくりのもとで、子どもたちの積極的な学習参加を促す」ことの大切さである。

　タイム・トライアルでアンカーがゴールするやいなや、チームのみんながストップ・ウォッチのところにワクワク・ドキドキしながら集まってくる姿、タイムを聞いて跳び上がって喜び、肩を抱き合う姿を私たちは大いに期待したい。単元の終末には、このようなシーンがたくさん現れて欲しい。また、他のチームの素晴らしいバトンパスにまで歓声が沸き上がるようになれば、子どもたちをリレーのオーセンティックな(本物の)学習経験にまで導けたことになる。このような姿に誘い込み、追い込む授業の探究が今求められているのである。

　また、そのような姿に辿り着く過程のバトンパス練習の場面において、「スタートのタイミングが早くて追いつかないよ」「今のはパスが詰まっちゃったね」といったような、実際のパフォーマンスに関わったフィードバックが、子どもたちの中で頻繁に交わされて欲しい。このような子どもたちのコミュニケーションは、「わかり合い、支え合う」学習集団をめざす授業から生まれてくるのである。

およそ1970年代後半以降、教育界全般にわたる「個性化教育」論の隆盛を背景としながら、「楽しい体育」論の授業方法論として広範に浸透した「めあて学習」では「個別化学習」が強調されてきたが、先にも触れたように、子どもたちの共同的な学習のあり方を再考していくことは今日の体育授業の一つの大きなテーマになる。そこでは、運動の本質的な課題についての《認識の共有》がキー・ワードになると言ってよい。なぜなら、認識の共有こそが、子ども同士の結びつきを生み出し、相互交流を増幅させていくもっとも大きな原動力であるからである。

教材づくりの仕事はこのような「実現させたい授業の具体的な姿への鮮明なイマジネーション」からスタートする。それでは、体育の教材づくりについて具体的に考えていくことにしたい。

[注]

‡1 「楽しい体育」論に対してかねがね筆者は、「生涯スポーツに向けての基礎教育」としての学校教育という意味から賛意を示しながらも、いくつかの疑義を表明してきた。
岩田靖（1996）自ら学ぶ力を育てる授業づくりの視点、体育科教育44（2）：28-30
岩田靖（1997）学習内容論と学習過程論の間、体育科教育45（4）：36-38
岩田靖（1997）「教科内容」という発想はなぜ必要か—その意味と意義を考える、体育科教育45（17）：16-18
岩田靖（1998）運動の楽しさと教材づくり、体育科教育46（8）：16-18

[文献]

*1 岩田靖（1998）体育における学力論の出現と発展、中村敏雄編、戦後体育実践論・第3巻・スポーツ教育と実践、創文企画、pp. 191-210
*2 岩田靖（1997）体育科の教材づくり論、竹田清彦・髙橋健夫・岡出美則編、体育科教育学の探究、大修館書店、pp. 223-253
*3 髙橋健夫（1989）新しい体育の授業研究、大修館書店、p. 13
*4 Crum. B. (1992) The critical-constructive movement socialization concept. International Journal of Physical Education 19 (1): 9-17
なお、本文中の図1-2は、髙橋健夫編（1994）体育の授業を創る（大修館書店）より転載（p. 12）
*5 岩田靖（2009）体育・スポーツ教育における今日的学力について—教科教育における授業実践の観点から、体育哲学研究（39）：80-83
*6 岩田靖（2005）技術指導からみた体育—体育における技術・技能・戦術の意味、友添秀則・岡出美則編、教養としての体育原理、大修館書店、pp. 70-77
*7 岩田靖（2005）スポーツ教育、いま何が問題で、何をどうすべきか、体育科教育53（1）：26-29
*8 三浦正典（1988）リレー、学校体育研究同志会編、たのしい体育・陸上運動—走る、ベースボール・マガジン社、pp. 93-121

＊9 岩田靖（2008）「確かな学力」を保障する学習指導過程をデザインする、体育科教育 56（13）：14-18
＊10 岩田靖（2009）改訂学習指導要領で求められる体育授業づくり、スポーツ教育学研究 28（2）：59-63

第1章-2

教材づくりとはなにか

　さて、教育方法学研究者である鈴木秀一・須田勝彦は、授業づくりの中で教材を考え、創り、一定の順序で構成する課題に対して、「この課題を遂行するための仕事は、専門家としての教師のまさに専門的創造性を要求するものであって、『授業づくり』のなかでもとりわけ楽しく面白いところである[*1]」と述べている。鈴木らが語っているのはもちろん「教材づくり」のことを指している。その仕事が楽しく面白いのは、「よい授業」の探究に向けた教師の「願い」と直結したものであるからと言ってよいであろう。
　ここで筆者自身の経験の中から一つ、エピソードを紹介してみたい。

　　　　　　　　　　　　＊　　　　　　　　　＊

「これだ〜！」
　ビデオ映像の中で、ゲームが始まるやいなやそう叫んでいた。それは、私の頭の中に描き出されていたゲームのイメージとぴったりだったのである。
　10年ほど前の2000年12月の初め、当時、宮崎県の高崎町立江平小学校に勤務されていた宮内孝先生から送られてきた小学校3年生の授業、修正版「並びっこベースボール」の単元後半のVTR。今でも忘れられない、鮮烈な記憶である。
　守備側の子どもたちが打者ランナーを先回りしたカラーコーンを中心に、両手を広げて集まり、「そろった！」と大きな声を掛け合って手をつないでしゃがんでアウトにする。授業者の河野典子先生の「ナイス、判断！」という小気味いいフィードバックの声。11月下旬なのに半袖、短パン。懐かしい南九州の風景であった。
　1998年の小学校学習指導要領の改訂で、中学年のゲーム領域の内容が「〇〇型ゲーム」と表記されるようになった。それを契機に、「ベースボール型ゲーム」について考え始めていた頃である。このゲームの発想は、2000年の夏に開催された「体育授業研究会第4回高知大会」の際のひと時に、宮内先生とアイディアを共有し、授業

に持ち込んでもらったものであった。
＊　　　　　　　＊

　修正版「並びっこベースボール^{*2}」は、筆者がこのタイプのゲームの教材づくりに関わる端緒になったものであるが、率直に言って、既存のキックベースボールやハンドベースボールの授業をいかに乗り越えていけるかを課題として抱いてのチャレンジであった。これらの簡易ゲームは一部の運動技能こそ易しく改変されてはいるものの、ベースボール型のゲームの真の面白さが提供されているとは思えなかったからである。また、グローブを使って、なにかしらソフトボールらしきゲーム形式をとってはいるが、ボールを捕球した子どもがそのボールをどこに送ったらいいのか困惑しているゲーム、ボールが飛んだところにいる子どもしかほとんど動かないようなゲームから脱却できないものかというのが問題意識の中心に置かれていた。なぜなら、このようなゲームではほとんどなにも学習されずに終わってしまうし、ゲームに参加していく楽しさも味わえないからである。

　宮内先生とは以前、ゲームにおける「状況判断」を大切にした新たなボール運動の授業探究について考えてきたが^{*3}、修正版「並びっこベースボール」の教材づくりの発想はその典型例となったのである。

　私たちは、体育授業の中で子どもたちが「わかる」ようになったり、「できる」ようになる喜びの様子、友達と豊かに「関わる」姿を大いに期待している。その願いを起点とし、原動力として動き出すのが教材づくりの仕事である。実際に、子どもたちの生き生きとした活動の姿、肯定的な学びの変化がみられたとき、教材づくりの仕事へのやり甲斐や充実感が増幅されるに違いない。

　教師は体育授業を構想するとき、子どもたちの現実の姿を思い浮かべながら、「こんな課題に、こんなふうに取り組ませたい」と思考を巡らすものである。この思考こそが「教材づくり」の出発点である。つまり、教師が抱く授業への「願い」を実現していくための「目的意識的な働きかけ」を生み出していくプロセスの中心に「教材づくり」が位置づいているということを意味している。教材づくりが楽しく面白いのは、この仕事がこの「目的意識性」に基づいているからに他ならない。後述するように、「教材」の概念や「教材づくり」の基本的な視点も、この「目的意識性」と表裏一体のものとして考えていくことができる。

[1]「教材・教具」とはなにか

　体育授業において学習成果が問われている。その学習成果は、意味ある豊かな学習課題への子どもたちの積極的で活発な取り組みによって生み出されることは間違いない。その一つの大きな前提になるのが、教師による「教材・教具」づくりである。「よい授業の出発点は教材・教具づくりから」と言っても過言ではない。なぜなら、先に「学習目標・内容の明確な授業づくりのもとで、子どもたちの積極的な学習参加を促す」ことが重要な課題であると指摘したが、もともとそのような授業を生み出そうとすることそのものが教材・教具づくりの意義であるからである。

　そこで最初に、『新版・体育科教育学入門』の中でも引き合いに出した次のボール運動（ゲーム）での具体例[*4]をもとに、「教材・教具」とはなにを意味するのかについて考えてみたい。

　ある小学校教師は、ゴール型の授業づくりの中で、子どもたちに取り組ませるゲームについて次のような願いやねらいを大切にしたいと思っている。
- 既存の種目では子どもたちにとって難しすぎるから、易しくなるように修正する必要がある。
- ここではシュートタイプのゲームを提示したいけれど、ゴール型の特性や魅力（本質的な面白さ）が浮き立つように、チームのみんなでシュートのチャンスを創ったり選んだりする学習、またそれに結びついた空間に関わる攻防の学習が強調できるとよい。そして、そのことをめぐってチームのメンバー同士の積極的な関わり合いを期待したい。
- そのためには、ゲームの状況の判断を易しくしたり、子どもたちに達成可能で、能力段階に適したボール操作やボールを持たないときの動きの設定が大切になる。
- プレイの中の役割に能動的に参加したり、その機会をできる限り保障するために、ゲームの人数を工夫することが重要になる。
- 攻守の学習の負担を軽減するとともに、ゴール前での攻防が頻繁に、そして確実に生じるようにしたい。

　このような課題意識を背景に、ハンドボールを基にした次のようなゲーム形式（「V字ゴール・ハンドボール」）を構想し、選択したとしよう（図1-3）。
- ゲームはハーフコートのグリッドの方式で攻守を区分して学習する。

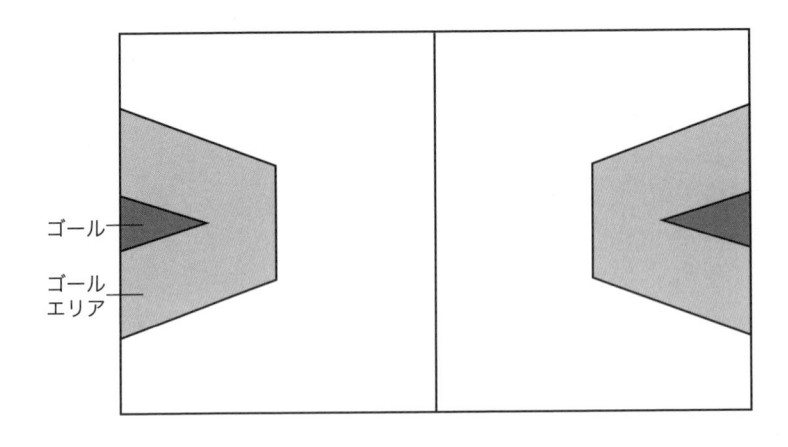

図1-3　修正されたゲームのコート

- V字のゴールとゴールエリアを設定する。
- ボールを持たない動きの学習を大切にするために、パスのみでボールを移動させ、ドリブルを禁止する。
- 攻守の場面を攻撃優位にするために、キーパーを除いたフィールド・プレイヤーが4対3になる条件にする。

「V字ゴール」の採用は、①シュートに結びつく有効な空間を子どもたちにとってわかりやすくすること（有効な空間の明確化）、および②シュートに有効な機会や状況を判断して攻めること（子どもにとって易しい「判断の選択肢」の設定）を豊富に学習させたいといった意図を反映している。また、投能力が高い子どもが独占的に支配するようなゲームでは、周囲にいる味方の存在に関係なく、ロングシュートが中心になってしまう場合も多いことから、正面からのシュートの成功率が低く、サイドの空間を利用せざるを得ないように条件づけることもねらいの一つである。

　さて、以上のようなゲームを創り出す過程は、この教師の願いやねらい、つまり授業づくりに向けての「目的意識」を前提にしているが、ここに立ち現われてくる思考対象を、《素材―学習内容―教材―教具》として区別して考えてみることが大切なポイントになる。

素　材：ゲームづくりの基になった「ハンドボール」

学習内容：ゲームの中で学ばせたい「判断」や「ボール操作の技能」「ボールを持た
　　　　　ないときの動き」
教　　材：子どもが取り組む修正されたゲーム「V字ゴール・ハンドボール」
教　　具：シュートチャンスを誇張する「V字のゴール」

　まず、既存のスポーツ種目や技（子どもの運動遊びをも含む）は、教材を構成していく際の原型としての「素材」として位置づけることができる。そして、「教材」を授業の中で学習者に習得させたい「学習内容」と区別し、それに対応する以下のような概念として捉えようとするのである。

> 「教材」とは、学習内容を習得するための手段であり、その学習内容の習得をめぐる教授＝学習活動の直接的な対象になるものである。

　「学習内容」は「文化としてのスポーツ」および「スポーツに関する科学」から選択されるが、ここでは「スポーツに関する認識的内容、技術的内容、社会的行動の内容、さらにはこれらの学習の方法が含まれる[*5]」ものとして捉えておくことにする[‡1]。
　体育において、このような教材概念が提示されるようになったのは1980年代の後半と言ってよい[‡2]。それ以前は、体育授業の中に選び取られてくるスポーツ種目や運動の技を「教材」として位置づけてきた。つまり、バレーボールや走り幅跳び、前方倒立回転などといったレベルに「教材」の用語を当ててきたのであり、現在でもその傾向が拭い去られたとは言い難い。国語や音楽などの教科において、文学や音楽作品が一つのまとまりや輪郭を有していることから、授業に持ち込まれた段階で即時的に「教材」と呼ばれる傾向があるのと同様である。体育におけるスポーツ種目などもそのように理解されてきた経緯があるのである。1981年刊行の『新版・現代学校体育大事典』では、「教材」とは「教育の立場から選ばれた運動文化としての運動種目のこと[*6]」として説明されているのはその代表例である。
　それに対して、上記の教材概念は、授業における教師の教育行為の「目的意識性」を前提としているところに積極的な意義が存在している。つまり、「学習内容」と「教材」を「目的―手段関係」として捉える思考の枠組みをもつことによって、抽出すべき学習内容を明瞭に意識化することができ、さらにその習得を媒介する「教材」の有効性を確認しつつ、またその限界や短所を分析・考察することができるようになるからである。したがって、教材とは、常に「なにを」教えようとしているのかが問われるのと同時に、その「手段」としての

質が問題とされるのである。

　したがって、「素材」としてのスポーツ種目や技を、教え学ばれるべき「学習内容」を見通しながら、学習者が取り組み、チャレンジしていく直接的な課題に再構成（加工・修正）していくプロセスが、教師の専門性が発揮される仕事としての「教材づくり」なのである。それはしばしば、「教材構成」あるいは「教材開発」などといった用語で説明されることもあるが、これらは同義語と理解して差し支えない。

　さらに、「教具」とは次のような意味をもつものとして解釈できる。

> 「教具」は、学習内容の習得を媒介する教材の有効性を高めるための手段として用いられる物体化された構成要素である。

　「教具」は、授業に挿入される「物体化された構成要素」、つまり「モノ」ではあるが、運動学習に必要な用具や器具といった平板な意味を超えて、意図的な運動課題の状況や条件を創出する「指導装置（instructional device）[*7]」として理解されるべきである。

　ここで例示した教具としての「ゴール」は、シュート・チャンスを創ったり、選んだりする「ゴール型」ゲームの戦術的課題をクローズアップし、子どもたちの判断をより意図的に、またより積極的に促進させようとする意図を含みもった指導の仕掛けなのである。

[2] 授業構想の諸側面と「教材づくり」の位置づけ

　教材づくりは教師が授業を構想する際の諸側面、つまり、「なんのために、なにを、なにで、どのように教えるのか」についての一連の教授学的思考の中で行われる。そこにはおよそ次のような事柄が含まれている。

(a)単元や授業の目的・目標の検討（子どもたちにどんな能力を育てるのか）
(b)授業で取り上げる素材としてのスポーツの分析（対象となるスポーツの特性や魅力、本質的な課題性、その運動を成り立たせている技術・要素をどのように理解するのか）
(c)学習者の主体的条件（興味・関心や発達段階、先行の学習経験）、および指導に必要な時間的・物理的な条件の考慮
(d)学習内容の抽出・選択（「なにを」教えるのか）
(e)学習内容を教えるための教材・教具の構成（「なにで」教えるのか）
(f)学習内容の教授＝学習の展開に関する検討（どのような発問を準備するのか、

いかなる学習形態を選択するのか）

これらは実際に授業をする以前に行われる教師の仕事であり、当然ながら密接不可分に結びついている。そのため通常、これらの仕事を総称して「教材研究」と呼ばれることも多い。授業づくりやその実践を反省して、「もっと教材研究を深めなければ！」などと言う場合には、上記の事柄を包括的に表していると言ってよい。ちなみに、授業の構造はその実体的要素の視点から、「教師・子ども・教材」の「三角モデル」で捉えたりもするが、授業づくりに不可欠な思考対象の総体を「教材」という名辞に担わせてしまっていることになる。

しかしながら、前述のように、《素材―学習内容―教材―教具》を区別する立場からすれば、まさに教材研究と呼びうるのは、「なにで教えるのか」の部分、つまり、素材としてのスポーツを加工・改変することによって、学習内容を習得するための教材（学習活動の対象）へと組織し直すことを指している。「教材づくり」こそが「教材研究」なのである。

ここで、体育の中でしばしば用いられる「教材解釈」という術語について少しばかり記述しておく必要があるかもしれない。前述したように、体育授業に持ち込まれるスポーツ種目や運動の技を「教材」と認識してきた歴史があったが、「教材解釈」とはこのような教材についての理解を前提にしていると言ってよい。国語や音楽などとの共通性についても触れたが、実は、「教材解釈」という用語もとくにこれらの教科の中で用いられているものなのである。[‡3]

この意味からすると、「教材づくり」と「教材解釈」の2つの用語において対象となっている「教材」とは、同一の概念で理解できるものではないのである。「教材解釈」においてまさに解釈の主要な対象になっているのは、前記した授業構想の諸側面における(b)(d)、つまり、運動の本質的な構造や課題性、またその技術的ポイントであり、素材解釈（あるいは素材分析）および学習内容研究と言い換えた方がよい。[*8,9]

[3]「教材づくり」の必要性

とくに、「学習内容」との対応関係における「教材」概念の捉え方、またそれに結びつく「教具」について説明したが、引き続いて教材づくりのプロセスについて説明する前に、あらためて教材づくりの必要性について指摘しておきたい。

歴史的・社会的に創造され、発展・継承されてきた人間の身体運動の文化としての既存のスポーツ種目や技は、もともと学校教育において子どもたちに教

え学ばせることを前提に生み出されてきたものではない。また、主要には大人によって大人が楽しむために生み出されてきたのであって、子どもが学習するには複雑で高度である。したがって、学習者がスポーツ、とくにその本質的な課題性について学び、面白さを味わい、経験するためには、教え学ばれるべき内容を単純化し、クローズアップした世界を経由することがぜひとも必要になる。「教材づくり」というのは巨視的にみればそのような世界を創り出すことであり、それに関わって以下のような事柄を記述することができるであろう。

①まず、すべての子どもが最初から学習の対象となるスポーツに強く動機づけられているわけではないことである。スポーツ全体にわたって意欲のない子、特定のスポーツが嫌いな子、あるいは運動に不安や恐怖心を抱いている子もいる。そこでは、子どもたちが楽しさを感じ、面白さを味わえるような学習活動の対象が工夫される必要がある。先にも述べたように、今日、「運動への二極化」の問題とも関わって、子どもたちの運動への意欲を一層掘り起こしていくことは大きな課題なのである。

②また、スポーツを楽しめるようになるためには、それに必要な能力の保障が前提となる。つまり、それぞれのスポーツの特性や魅力（本質的な課題性とそこから生み出される面白さ）に応じた内容（技術・戦術、またそれらについての知識、他者とともに営まれる社会的行動）の学習が必要である。そこで、子どもたちが学ぶに相応しい内容が、発達段階や能力の現状に応じて抽出・選択され、教材化されなければならない。

③個々のスポーツは特定の時間・空間の中で、一定のルールのもとにある対象や他者に働きかける（表現し、競争する）といった、固有な身体運動の目的的な意味をもっている。しかしながら、子どもたちは最初からスポーツのもつ目的的な意味を達成するための課題性を理解しているわけではないし、またそれを解決していくための方法的な見通しをもってもいない。

④さらに、体育授業で取り扱われる運動の中でも、とりわけ近代スポーツはその根底に優勝劣敗の原理を反映しており、必ずしもすべての子どもがそのスポーツに平等に参加し、楽しめる条件が整えられているわけではない。競技的な条件を授業に直接的に持ち込んだとすれば、運動の苦手な子どもが学習機会を十分与えられない状況を生み出しかねない。

これらの事柄に配慮しながら、素材としてのスポーツは教授学的な改変がなされなければならないのであり、子どもたちに適合した教材づくりが求められるのである。

[4]「教材づくり」の基本的視点
——大学における教員養成課程の授業から

　「体育の教材づくり」の意味も必要性も熟知していない教員養成課程の大学生を対象にした筆者担当の教科指導法の講義の中で話題にしているところを例に掲げながら、教材づくりの基本的視点について説明する。教師の仕事としての「教材づくり」の基本的視点を問うことは、創り出される教材の本質的条件、つまり「よい教材とはなにか」を考えることである。

　さて、学生たちに、とくに教材に関わった教師の「目的意識性」（意図的な働きかけ）ということを鮮明に理解して欲しいとの思いから、次の問いについて考えてもらうことにしている。

＊　　　　　　　＊

　小学校高学年のクラス担任であるA先生は、ハードル走の授業の際に、クラスの全体的な目標として次の課題を子どもたちに共通に投げかけたとします。このような課題設定の授業論的な意図は一体どのようなところにあるのでしょうか。A先生になったつもりで想像力を膨らませて考えてみてください。

「自己の短距離走のタイムに、同じ距離のハードル走のタイムを近づけていこう！」
　距離は50mとします。ハードル走の場合は5台のハードルを置きます。

　※このハードル走では、すべての子どもが「3歩のリズム」による技能が追究でき、また
　　その楽しさを味わえるように、インターバルの距離やハードルの高さを特定の範囲で選
　　択できるようになっていることを説明し、意図的に表1-2のように想定可能な記録を例
　　示し、タイム差を問題とする課題設定について思考・議論を促す。

＊　　　　　　　＊

　この設問に対する受講学生の考えを授業の中で発表してもらうのであるが、それらの代表的なものはおよそ次のような事柄に集約される（たいてい、A君、Dさんのことが話題に数多く上りながら意見交換がなされる）。

表1-2　50m走と50mハードル走の記録の例

	50m走（a）	50mハードル走（b）	タイム差（b-a）
A 君	7秒9	9秒9	2秒0
Bさん	8秒9	10秒6	1秒7
C 君	9秒4	10秒8	1秒4
Dさん	10秒3	11秒9	1秒6

＊　　　　　＊

《A群》
- 自己の短距離走とハードル走のタイム差を比較することで、ハードリングのタイム・ロスを確認し、その分析に学習を方向づけることができる。
- タイム差はまさにハードリングの技能を表すことになり、走力の高低にかかわらず、その技術の学習を中心的なテーマにすることができる。
- 結果的なハードル走のタイムが問題ではなく、タイム差が問題となるから、必ずしも走力の高い子どもがよい成績になるとは限らない。タイム差をめぐって、ハードル走の技術ポイントについての相互学習を展開しやすくなる。
- タイム差を問題にすることによって、ハードル走のよりよい動き方についての課題が子どもたちの共通の問題として意識できるようになる。ハードルの越え方やインターバルの走り方などを理解して意識的な練習を促していく方策になる。

《B群》
- 子どもの能力に応じた目標設定ができるようになる。
- 目標が具体的になり、明確で非常にわかりやすい。
- 自己の短距離走のタイムが基準値になるから、それぞれの子どもにとって受け入れやすい目標が設定できる。
- ハードル走のタイムでの他者との比較ではなく、自己との競争となり、個々の子どもの達成感を高めていくことができる。
- ハードル走のタイムは、およそ短距離走の能力が高い子どものほうがよいはずである。そうだとすれば、足の遅い子どもは初めから意欲を燃やして課題に取り組むことはできないであろう。このような方式であれば、現時点での走力にかかわらず、みんなが同じスタートラインで学習活動に参加することができるようになる。

＊　　　　　＊

　このような学生たちの意見を板書し、A群を「学習内容への取り組みを焦点化させ、クローズアップする視点」、B群を「子どもたちの現時点での能力を前提にしながら、学習意欲を喚起していく視点」として整理し、先のような教師の課題設定の背後に存在する意図と、「子どもへの目的意識的な働きかけ」の手段・媒体を構成することの繋がりを理解していく手掛かりにしてもらうのである。

　ここで掲げた講義内容の具体的事例を、より一般的な視野から説明し直してみたい。先に述べたように、「教材」とは、教師の意図的な働きかけの構造の中で、「学習内容」の習得を促す手段的・媒介的性格を担っていること、また子どもが取り組む直接的な対象であることから、教材が備えるべき基本的な条

件として第一に以下の事柄を取り上げるべきであろう。

❶その教材が習得されるべき学習内容を典型的に含みもっていること

　教材には、子どもに習得させたい認識的・技術的、そして社会的行動の学習内容が明確に盛り込まれている必要がある。したがって、子どもが非常に熱中し、楽しく取り組むといった理由から教材づくりを行ったとしても、意味ある内容が豊かに学習される見込みがないとしたら、それは教材としての前提を満たしているとは言えないであろう。前述の事例の中に示した教師の願いやねらいに現れているように、教材づくりの際には、どんな能力を育てたいのか、そのためになにを教え学ばせるのかについての思考が必要である。これは、教材づくりにおける「内容的視点」である。

　ここでの学習内容の抽出は、素材として選び取られた運動の分析・解釈を通してなされるが、もっとも重要なのはその学習内容を子どもの視点、つまり学び手の側に立って再構造化することである。つまり、「わかりやすさ」や「技能の獲得のしやすさ」といった観点から、1時間の授業、さらに単元展開において確保できる時間数やそのプロセスを想定して、学習内容を取捨選択し、組み替える必要がある。

　多くの運動はすでにスポーツ科学的な見地から多様に研究されてはいるものの、学習者（子どもや初心者）にとっての難しさや、運動の獲得にとってより本質的な事象が意外と見落とされている場合も少なくない。このことに関連して、これまで生み出されてきた優れた教材に共通しているのは、「運動がうまくできない子どもから学ぶ」という視点がきわめて大切にされてきたことである。運動学習における「子どものつまずき」を直視することが、実は本質的な運動技術の問い直しや再考を促すことにつながっていくのである。ここに、授業における学習内容と教材づくりに関する研究と実践の核心の一つが存在している。本書の中でも、それぞれの運動領域に関わった学習内容についてのいくつかの新たな解釈や提案を行っているので検討していただきたい。

　なお、この作業自体は「学習内容研究」に相当する部分ではあるが、それは教材づくりを進めていくための必要不可欠な前提である。今日、学習指導要領においても強調されているように、子どもの発達段階に応じた指導内容の系統性・発展性を見通したカリキュラムづくりや単元づくり、また学習内容を明確にした授業づくりが期待されている。教材づくりの仕事は、学習内容を鮮明に意識することから始まると言ってよいであろう。

　ここで、学習内容を抽出すること、また抽出された内容間の関係を検討する

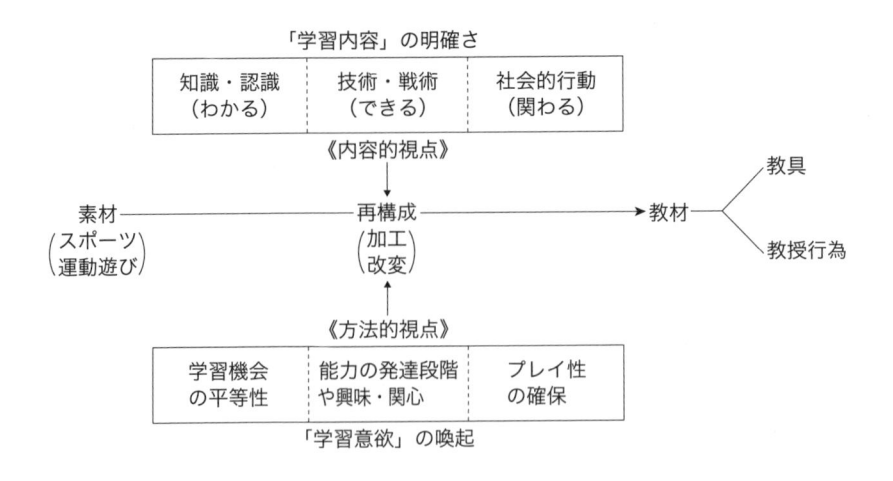

図1-4 教材づくりの基本的視点[*12]

こと、そしてそれに応じて学習内容を子どもたちの取り組む教材（主として運動課題）に創り変えることは、「学習内容」と「教材」の「二つのレベルでの組み替え」として説明できることでもある。[*10,11]

❷その教材が学習者の主体的な諸条件に適合しており、学習意欲を喚起することができること

　たとえ、「学習内容」の分析・抽出が明確で、論理的に妥当なものであったとしても、構成された教材が実際に子どもの学習意欲を喚起しないようなものであれば、教材としての機能が十分発揮されない。学習意欲を喚起するためには、①子どもの興味・関心に配慮しながら、能力の発達段階に応じた適切な課題が提示されるべきであり、②すべての子どもに技能習得における達成やゲームでの学習機会を平等に保障していくこと、また、③取り組む対象が挑戦的で、プレイの面白さに満ちた課題であることなどが求められる。これらの条件は、とくに運動学習の指導の方法論と密接に結びついていることから、教材づくりの「方法的視点」と言える。

　繰り返しになるが、運動への「学習意欲」を掘り起こしていくことは今日的な大きな課題である。すべての子どもが積極的に学習参加できるようにしていくための教師の働きかけの重要な部分に「教材づくり」が位置づいていることは間違いないであろう。

[5] 単元教材と下位教材群の創出
　　――階層的な教材づくり

　創られる教材には1単元全体を通して、あるいはその多くの部分において提示されるものもあれば、その単元展開の中で部分的に用いられるもの、個々の認識的・技術的内容に対応した下位レベルの教材もある。一般教授学の知見を援用すれば、その相対的な位置づけの違いに応じて、前者のような大きな教材を「単元教材」、後者のような下位レベルの教材を「下位教材」（あるいは「単位教材」）と呼ぶことができる。必ずすべての単元において必要不可欠というわけではないものの、単元教材と下位教材（群）からなる「階層的な教材づくり」は単元構成やその展開において重要な視点となる。

　そこで、先に大学生への講義内容の事例として取り上げたハードル走の話をもう一度引き合いに出して考えてみたい。

　自己の短距離走（例えば50mのフラット走）のタイムに同じ距離のハードル走のタイムを近づけていく、といった教材づくりの例であるが、2つのタイム差を問題にするという意味で、スポーツの競争形態の改変として捉えることができる。

　ここにはクラス全体としては同一の活動・課題に取り組みながらも、それぞれ個人に適合した目標設定を可能にし、走力の劣る子ども、苦手意識のある子どもの活動の意欲も掻き立てながら最大限の能力発揮を促していく方法論を読み取ることができる。また、このタイム差によってハードル走の中核課題を子どもたちの学習対象として誇張することにもなる。さらにそのことによって子どもたちに共同的な学習の契機を与え、教え合いや支え合いといった関わりを濃密に生み出す可能性が拡大される。

　このような単元を通して子どもたちが取り組む教材は「単元教材」として理解できる。まずは、このレベルで子どもたちの授業への積極的な参加を誘い込む工夫の必要性が強調されるであろう。

　しかしながら、このような単元教材レベルの工夫によって、直ちにハードル走のパフォーマンスの向上が期待できるかと言えば、そうではないことは自明である。当然、ハードル・クリアランスやインターバルのリズムなどの技術的・感覚的な学習の中での「わかる」こと、「できる」ことを保障しうる下位単位の認識教材や練習教材が豊かに準備される必要がある。とりわけ、走運動とまたぎ越しの動きを組み合わせる感覚をより易しい条件のもとで経験させ、それ

に習熟させていくなどの「下位教材」群がぜひとも工夫されるべきなのである。

このような単元教材と下位教材群の階層的な構成によって（図1-5）、子どもたちの学習の意欲や成果をさらに深化拡大させていきたいものである。つまり、子どもたちが「面白そうだ」「やってみたい」「私も頑張れそう」と思える単元教材への誘い込みの中で、わかったり、できることへの必要感を高めるとともに、下位教材群による知識の獲得や技能の向上が単元教材に取り組むさらなる意欲を増幅できるような関係が期待されるのである。

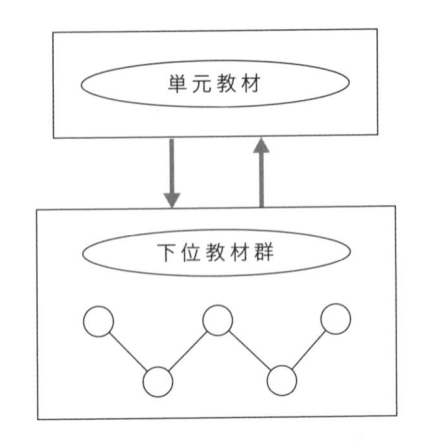

図1-5　階層的な教材づくり[*13]

ここでは、運動学習の特性の違いに従いながら、いくつかの具体例を提示してみることにする。

❶器械運動

器械運動（あるいは水泳での泳ぎ方の習得過程）領域での指導論では、近年、スポーツ運動学（人間学的運動学）の成果が大いに反映されてきている。そこでは、これまでやったことのない運動の中で、新たな動きを発生・形成していく感覚運動系の学習場面の問題が前面に立ち現われるからである。「運動ファミリー」や「運動のアナロゴン」といった用語が日常的に普及してきているのもその例証であろう。ちょうどこの理論的動向が学校の体育授業、また体育科教育学の世界に紹介され始めた頃のトピックとして、「教育技術の法則化運動」の発端となった「跳び箱論争」があった。

ともあれ、これらの理論や論争と関連して、この領域では「技」の習得を可能にする学習内容としての「運動技術」の抽出を前提にしつつ、それを「技能」化するための下位教材づくり（練習教材としての運動課題づくり）に大きな関心が払われてきたと言ってもよい。ここでは、運動の類縁性や発展性に着目しながら、達成目標となる技や動きに類似した易しい運動課題（アナロゴン）が予備的に提示されるべきことが大いに強調されてきたのである。課題性の明確な学習のスモール・スッテプ化を図っておくことは、最低限の技能保障の視点

からみて必要不可欠な手立てとなる。ただし、なにもこのことはプログラム学習方式の授業を想定しているわけではない。できればゲーム化などの方策をも取り入れ、楽しみながら学習できる挑戦的な課題づくりが求められる。また、スモール・ステップ化された下位教材群は、子どもたちの漸次的な動機づけにも大いに貢献する。このような段階化された下位教材群が、例えばマット運動における「集団リズムマット」（シンクロマット）や「ペア・マット」、あるいは個人での「技の連続づくり」といった単元教材の中で有効に活用されることがポイントになるであろう。

❷陸上運動

　陸上運動（競技）の運動学習の性格は、どちらかと言えば前者のような感覚運動学習の側面がやや後退し、すでに習得している動きの達成の度合いを高めていくところに求められる。

　この領域の運動は一見非常に単純に思える。そのため、子どもたちにとっての運動の技術的課題性が見えにくい。そしてまた、そのパフォーマンスは現時点での子どもの走力や跳躍力に大きく依存している。したがって、背景にある競技文化の世界の思考をストレートに授業場面に移せば、とくに苦手な子どもの中には動機づけどころか、逆に拒否反応を示してしまう場合もある。ここでは「記録」は両刃の剣となる。記録は一方で、自己の達成や向上を映し出す明瞭な鏡でもあるが、他者との比較を促し、序列化する装置にもなってしまうからである。

　このようなところから、とくに1970年代頃より顕著に試みられてきたのは、先に取り上げたハードル走の事例で示したような、子どもの能力差を前提にした個人の目標設定を可能にする単元教材レベルの工夫であった。例えば、ハードル走の例はそのままリレーなどにも応用可能である。チームのメンバーの各個人の短距離走のタイムを基準にしたチャレンジを生み出す仕掛けである。「めやす表」などを利用した走り幅跳びや走り高跳びなどの跳躍運動での取り組みも同様の発想を有していると考えてよい。

　またさらに、「学習集団」の側面や「チームの仲間との関わりを含んだプレイ性」の視点から、「個人的種目のチーム競争」といった形式を取り上げることができる。一般的に個人で完結する運動をチーム（グループ）における集団的な活動として仕組むことも単元教材を考える上では大いに着目したい方法である（個人的運動の集団化）。

　このような単元教材の中で、取り組む運動の認識的・技術的なポイント、例

えばリレーにおけるバトンパスのタイミングといった学習内容に対応した下位教材が豊かに準備される必要があろう。

❸ボール運動(球技)

　学習指導要領の内容記述の仕方の変化も伴って、この領域の議論が活発である。とりわけ、教え学ぶべき内容としての「戦術的」側面がにわかにクローズアップされてきている。

　そこでは、カリキュラム論のレベルでのボール運動の教科内容のフレーム(および素材選択の枠組み)を考える意味でのボール運動の分類論の問題が存在することも確かであるが、ボール運動の指導の捉え直しが起こっていることを見逃してはならない。その捉え直しとは、一方ではボール運動(ゲーム)の授業の本質の再検討であり、他方、それはゲームに実質的に参加し、プレイする喜びを味わえていない子どもへの働きかけの問題でもある。これらは当然、表裏一体の教授学的思考として密接不可分に結びついている。

　とくにこの領域では、ボール操作やボールを持たないときの動きといった技能に加えて、ゲームにおける「状況の判断」や「行動の選択」といった側面が重要な役割を果たしている。ゲームの中で「なにをしたらよいのか」がわからなければ、ゲームに積極的に参加することはできない。

　学習指導要領「解説」の中で、ゲーム・ボール運動・球技の領域における「ゲームの修正」が強調されているが、これはまさに教材づくりの必要性を意味している。小学校段階での「易しいゲーム」「簡易化されたゲーム」、また中学校段階でのゲームの条件を「工夫したゲーム」というのは、主として単元教材(いわゆる「メイン・ゲーム」)に対する記述として理解してよい。

　ボール操作が難しく、ゲーム状況において求められる判断が複雑であれば、学習者はその本質的な面白さを味わえない。そこでは、学習者の体格や能力に適したコートや用具を工夫しながら、求められる運動技能を緩和していく視点とともに、中心的な戦術的課題をクローズアップしていくゲーム修正が重要になるのである。

　また、このメイン・ゲームのパフォーマンスを高めていくために挿入される「ドリル・ゲーム」(ボール操作に関わった技能の習得を促す)や、「タスク・ゲーム」(ゲームの中で要求される判断に基づいた行動を易しく学習する)などは下位教材の工夫として位置づけられるものである。

[6] 教材の機能を高める「教具づくり」

　「教材づくり」に付随して、技能の獲得をより一層高めたり、課題を子どもにわかりやすく提示するための「教具づくり」が求められる。
　一つの具体例を取り上げてみよう。図1-6は、林恒明が小学校2年生を対象に実践した「台上前転」の指導プログラムを、子どもに提供する運動課題の系統的配列の視点から構造化したものである。[*14]「台上前転」という一見単純に見える達成課題に対して、このような周到なステップが準備されているのである。
　ここでは最終的に3段程度の跳び箱で、滑らかな台上前転ができるようになることを共通に期待した場合、台上での前転における「頭越し感覚」や、助走（走ること）と踏み切り（両足で跳ぶこと）の結合、いわば「異なる運動の組み合わせ」、そして、踏み切りから着手への「体の投げ出し」といった事柄が学ばれるべき運動感覚であり、技術的課題（学習内容）となることが見通されている。またそれらは、子どもにとっての難しさ（つまずきをおこすであろうところ）の読み取りでもある。ここに林の運動認識（運動課題を創出していくための前提となる運動の解釈）が現れている。それにしたがってこのような下位教材群としてのスモール・ステップが生み出されているのであるが、この授業の単元後半に「2.5段」の指導が位置づいている。
　林は、2段の跳び箱からさらに高いものへと挑戦したがってくる子どもたちに、「2段だけれども、ちょっとむずかしい」課題を挿入する。「これができないと3段、4段は跳べないよ」と促すのである。具体的には、2段の跳び箱の手前にロープを使って架空の川をつくり、この中に落ちないようにロープの前から踏み切って跳んで台上で回るという運動課題に子どもたちを誘い込むのである。
　この課題には、後続の学習対象に発展していく跳び箱運動一般に共通した「支持跳躍」の第一飛躍局面を大きくしていくこと（体の投げ出し）、また「足で踏み切って、手で受けて、足で着地する」という「足―手―足の運動の連続性」を強調し、学ばせていく「学習内容」が含まれている。ここでは「川を跳び越える台上前回り」が教材であり、その際に踏み切り位置を遠くする目安として用いられているロープが「教具」として構成されているのである。実際には、このロープが運動課題の条件を生み出しており、「体の投げ出し」の学習を方向づけているのである。このように教具は教材づくりの中で、教師の教育的行為の目的意識性を反映するものとして意味づけうるものなのである。

台上前転の系統的課題

〈下位教材〉

スピードのある
台上前転（3段）

助走からたて3段のとび箱で台上前転ができる　⑦たて3段

・2.5段ができる

助走からたて2段のとび箱で台上前転ができる　⑥たて2段

⑤助走してたて1段

2、3歩助走から台上前転ができる（たて1段）

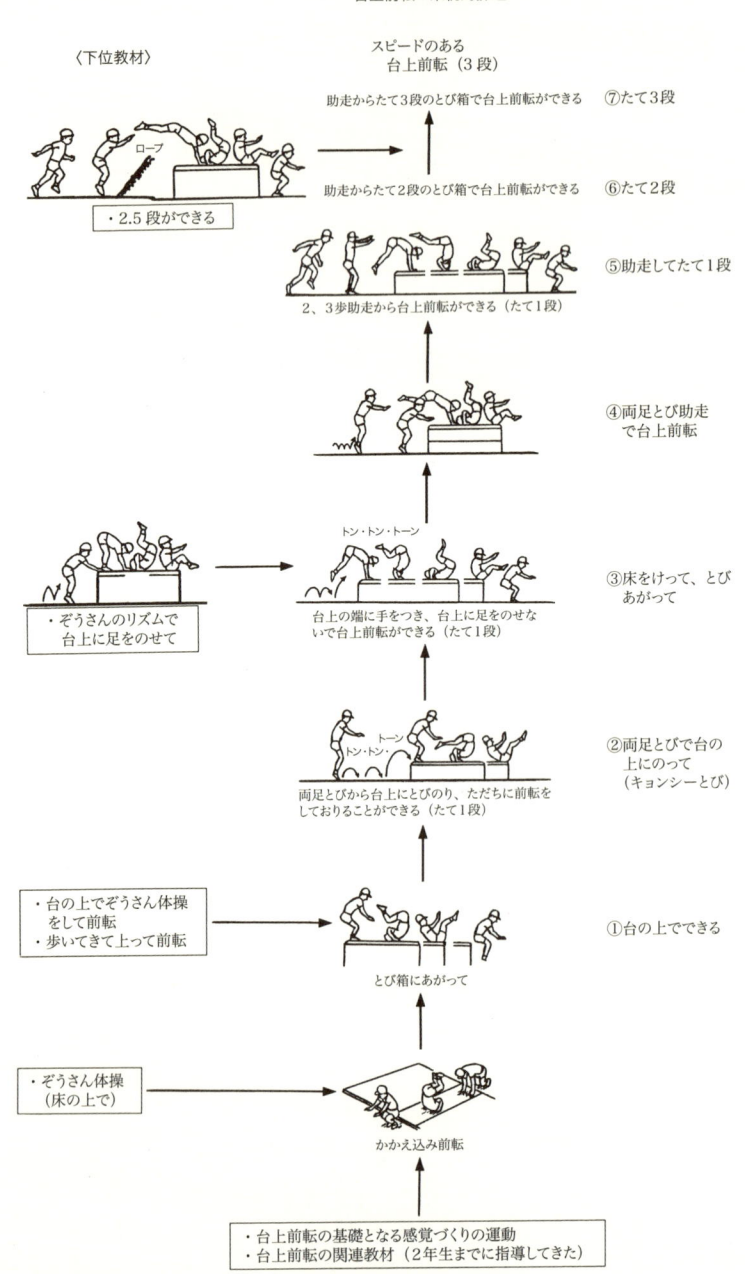

④両足とび助走で台上前転

トン・トン・トーン

・ぞうさんのリズムで台上に足をのせて

台上の端に手をつき、台上に足をのせないで台上前転ができる（たて1段）

③床をけって、とびあがって

トン・トン・トーン

両足とびから台上にとびのり、ただちに前転をしておりることができる（たて1段）

②両足とびで台の上にのって
（キョンシーとび）

・台の上でぞうさん体操をして前転
・歩いてきて上って前転

とび箱にあがって

①台の上でできる

・ぞうさん体操
（床の上で）

かかえ込み前転

・台上前転の基礎となる感覚づくりの運動
・台上前転の関連教材（2年生までに指導してきた）

図1-6　台上前転の指導プログラムにおける教材構造[*14]

体育における運動学習では、既存のスポーツ種目を主要な素材としていることから、通常でも多くの「用具・器具」を利用している。ただし、これまで指摘してきたことからすれば、「教具」というのは一般的に用いられる単なる用具・器具ではないことが理解できよう。それは、合理的な運動学習（認識学習を含む）を生み出す補助的・物的な場や課題の意図的な状況・条件を創り出す手段として考案され、工夫されるものである。この意味で、「教具」には以下のような主要な機能が内包されていると考えてよいであろう。[*15,16]

....

①運動の習得を容易にする（課題の困難度を緩和する）。
②運動の課題性を意識させ、方向づける（運動の目標や目安を明確にする）。
③運動に制限を加える（空間・方向・位置などを条件づける）。
④運動のできばえにフィードバックを与える（結果の判断を与える）。
⑤運動の原理や概念を直観的・視覚的に提示する（知的理解を促し、イメージを与える）。
⑥運動課題に対する心理的不安を取り除き、安全性を確保する。
⑦運動の学習機会を増大させ、効率を高める。

....

　いくつかの例を掲げてみよう。
　大人から見れば大変単純に思える運動であっても、子どもにとってはそれを学習するためのレディネス（学習の準備状態としての類似の運動の先行経験）が欠如していれば、その習得には大きな困難度が伴うことが多い。また、その運動の中にいくつかの複合的な課題性が存在する場合には、それらを解きほぐしてより易しい条件づくりをする必要がある。
　前にも取り上げたように、これまでやったことがない動きを発生・形成することが課題となる器械運動に典型的な感覚運動系の学習場面では、目標となる技の習得に向けたスモール・ステップ的な下位教材づくりの中で教具の工夫が試みられるべきであろう。マット運動や跳び箱運動の回転や反転の動きづくりのために、落差や段差を利用した物的な条件を生み出すのは、動きの感覚をつかんでいくための一例であろう。同時に、このような場合には、安全性を確保して、心理的な不安を軽減することも大切なポイントになる。
　先に掲げたもののうち、運動の目標や目安を明確にしたり、運動の制限を加え、条件づけることは、運動のできばえにフィードバックを提供することと表裏一体でもある。たとえば、ハードル走において、そのハードル・クリアランスをなるべく低く解決するのに、振り上げ足や抜き足が触れるようにボードや

厚紙をハードルにセットしたり、着地後の第1歩を大きく踏み出すためにケンステップやフープなどの目印をおくなどの工夫は、学習者にとって動きの目標や目安になるとともに、その課題が上手く達成できたかどうかのフィードバック情報となる。また、ボール運動（球技）などで、ボールやシャトルの軌道を方向づけ、調整するためのターゲット（標的）を設けたり、エリアや高さを条件づける指標となるものを工夫することも同様な機能を果たすことになる。

　さらにこの領域では、子どもたちの能力段階に応じてゲームの面白さを保障するための前提として、ボール操作の難しさを緩和する方向での工夫が求められる。投・捕・打動作が易しく、心理的抵抗の少ないボールや、シュートの成功に結びつくゴールの工夫は、とくに苦手な子どもたちの学習意欲を喚起させ、実質的な学習機会を増大させることに貢献する。また、単にボール操作に関わった運動技術的な視野ばかりでなく、特定の戦術的行動を大いに促進させ、クローズアップすることを意図した用具・器具の積極的改変や選択も今日的課題の一つであろう。

[7] 教材の機能を引き出す教師の「教授行為」

　ここで明記しておかなければならないのは、「学習内容」を抽出し、それに基づいてすぐれた教材が創られ、授業の中に挿入されたとしても、それだけでよい授業が生み出され、大きな学習成果が得られるわけではないことである。「教材」はよい授業の必要条件であり、授業の成否を大きく左右するものではあるが、決して十分条件ではないのである。「教材のよさ」とは、あくまでも「潜在的可能性」[*17]に留まるものであって、そのよさを実際に引き出すのは教師の力量であると言っても過言ではない。とりわけ、その「教材」がまさに活かされ、意味をなす「授業設計」（総じて、単元や学習指導過程の構成、学習形態の選択を含み込んだ授業計画）と、「教材」に取り組む子どもの学習活動を焦点化させ、方向づけ、活性化させていく授業の中での多様で刻々の「教授行為」に支えられなければならないことはいうまでもない（図1-7）。そこでは、「教材」に包み込まれている内容的な意味に学習者を出会わせる具体的な手順や方法にまで嚙み砕き、解きほぐすことが必要となる。

　実のところ、これらの教師の仕事は、まさにその教師の「授業の想像力（イマジネーション）」によって相互に紡ぎ出されるものと考えてもよいであろう。[*18,19]つまり、どのような子どもたちの学習活動が展開されて欲しいのかについての授業の姿を予め想起することが必要であり、その先取りされたものとの関係か

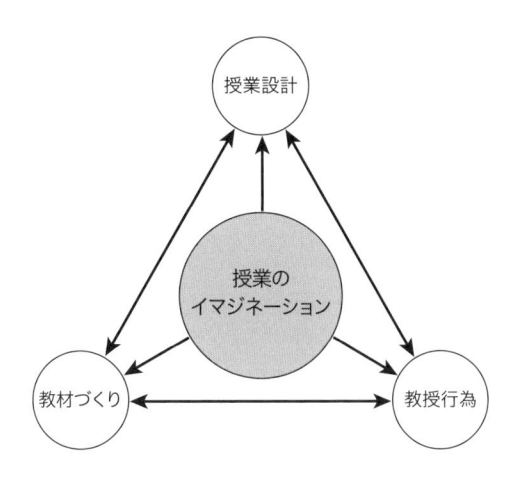

図1-7　授業のイマジネーションと授業設計・教材づくり・教授行為

ら、教師は種々の手段を講じ、子どもに多様に働きかけていくその方途について思考を巡らすことができるようになるといってもよい。ここではとくに、教材の機能を引き出す「教授行為」の重要性について若干ながら指摘しておきたい。

　一般に、「教授行為」とは、説明、指示、発問、演示などの子どもに向けた投げかけの行動や、賞賛・助言（フィードバック）、受容など子どもの活動に対する応答的な行動、さらには学習活動の組織化を含む、授業において子どもに直接向き合う場面での多様な働きかけの総体である。

　運動学習の中で、子どもたちは最初から課題を明瞭に把握しているわけではないし、課題の解決への道筋を理解し、見通しをもっているわけではない。そこで、教師の働きかけは授業において取り組む対象への子どもたちの関与の仕方をより確かなもの、より能動的なものにするためになされるのである。ちなみに、体育授業における「教師の四大行動」といわれるものの中でも、とくに、授業の中での課題把握やまとめの場面でのクラス全体に対する「直接的指導行動（instruction）」、また、練習やゲーム場面での、個々の子どもや特定のチーム（グループ）に関わった「相互作用行動（interaction）」がこのことに密接に結びついているといってよい。

　たとえば、子どもにとって、学習する運動の目標像やイメージ、またそこにおいて「すべきこと」「なにができたらよいのか」が鮮明に意識できるかどうかが能動的な取り組みの入口であるとすれば、教材（課題）についての教師の

「説明」「指示」などの言葉は、当然ながらわかりやすく、具体的であることが求められるであろう。また、「演示」「発問」は教材の要点を確認させていくとともに、子どもの意識を的確に方向づけ、導くことに向けられていく必要がある。さらに、教材に取り組んでいる子どもの運動のできばえに関わって、それを見取り、フィードバック（賞賛・助言）の言葉を投げかけていくことは、子どもと教材の関係を濃密なものにしていくための教師の働きかけである。

[注]

‡1 一般に教科教育において、その教授＝学習の対象になる内容的側面のことを教科内容と呼ぶ。広くは教育内容あるいは教授内容ともいわれる。教授学においては1960年代後半頃より、とりわけ教材と区別されるものとして定着してきた経緯がある。体育科教育では、この教科内容に相当するものとして学習内容という用語が一般に定着している。その直接の契機は、1953年の小学校学習指導要領体育編において、この用語が導入されたことによる。

‡2 これについては次の文献を参照していただきたい。
岩田靖（1987）体育科教育における教材論(I)―「教材」概念の明確化に向けての前提的考察、スポーツ教育学研究7（2）：27-40、および、岩田靖（1988）体育科教育における教材論(II)―「教材」をめぐる概念システムに関する考察、スポーツ教育学研究8（2）：11-23

‡3 「教材解釈」といえば、斎藤喜博の授業論の中核の一つになる術語であるのは有名であるが、斎藤が頻繁に取り上げる授業例は、文学の読みの指導であり、合唱の指導であり、マットや跳び箱運動を中心とした体育の授業であったのはその意味で偶然ではないのである。また、体育の中で「教材解釈」の重要性を指摘してきた研究者は少なからず斎藤の教材解釈論の影響を受けていると考えられる。

‡4 一般教授学において教材における「単位」の概念を提示したのは藤岡信勝（1979）である。それは教材の「最小のまとまり」を意味している。なお、藤岡（1982）は、「単元教材」は理想的には、「すべて単位教材のみから構成されるべきであろう」と指摘している。つまり、単元教材は複数の単位教材群として理解できるということである。ただし、体育の場合には、「単元教材」を「単位教材」群とはまさに「階層」の異なるものとして捉えていくことが必要であろうし、「単元教材」自体も運動種目の教授学的改変を通して工夫されるべき対象なのである。

‡5 しかしながら、スポーツの用具や器具もそのスポーツの達成的な課題性を生み出すルールの一部であり、またそこでの運動を方向づけたり、規制する役割を担うことになるため、体育授業を構想していく際に工夫すべき重要な対象となるのはいうまでもない。そこでは、意図的になにかを「教え・学ばせたい」とする教師の願いが生まれたとき、一般的な意味での用具や器具も「教具」の意味合いをもつことになろう。

[文献]

＊1 鈴木秀一・須田勝彦（1976）基礎学力の指導過程、城丸章夫・大槻健編、講座日本の教育・6・教育の過程と方法、新日本出版社、pp. 79-117

*2 宮内孝・河野典子・岩田靖（2002）小学校中学年のベースボール型ゲームの実践―ゲームの面白さと子どもの関わり合いを求めて、体育科教育49（4）：52-55
*3 児玉秀人・宮内孝・岩田靖（1998）状況判断能力に着目したボール運動の指導―バスケットボールの「課題ゲーム」づくりに関する事例的研究、体育授業研究（1）：28-36
*4 岩田靖（2010）体育の教材・教具論、髙橋健夫・岡出美則・友添秀則・岩田靖編、新版・体育科教育学入門、大修館書店、pp. 54-60
*5 岩田靖（1995）学習内容（教科内容）、阪田尚彦・髙橋健夫・細江文利編、学校体育授業事典、大修館書店、pp. 14-15
*6 高島稔（1981）教材、松田岩男・宇土正彦編、新版・現代学校体育大事典、大修館書店、p. 26
*7 Siedentop, D. (1983) Developing Teaching Skills in Physical Education, Mayfield Publishing Company
*8 岩田靖（1997）体育科の教材づくり論、竹田清彦・髙橋健夫・岡出美則編、体育科教育学の探究、大修館書店、pp. 223-253
*9 岩田靖（1996）体育科教育における「教材解釈」と「教材構成」の関係把握についての検討、宮崎大学教育学部紀要・教育科学（80）：113-127
*10 藤岡信勝（1981）社会科教材づくりの視点と方法・3・二つのレベルでの「組みかえ」、社会科教育18（6）：94-100
*11 岡出美則（1991）体育の教材構成過程における二つのレベルでの情報の組みかえ、愛知教育大学教科教育センター研究報告（15）：79-90
*12 岩田靖（1994）教材づくりの意義と方法、髙橋健夫編、体育の授業をつくる―創造的な体育教材研究のために、大修館書店、pp. 26-34
*13 岩田靖（2008）子どもの積極的参加と学習成果を促す教材づくり―魅力的な「単元教材づくり」の重要性、体育科教育56（5）：50-52
*14 林恒明（1991）体育における教材づくり、体育科教育39（7）：64-67
*15 岩田靖（2002）体育科の教材・教具論、髙橋健夫・岡出美則・友添秀則・岩田靖編、体育科教育学入門、大修館書店、pp. 73-80
*16 岩田靖（2003）体育になぜ教具が不可欠か、体育科教育51（10）：10-13
*17 岩田靖（2000）体育の授業づくりの構造―意味ある明確な学習課題の創出とその展開、体育科教育48（8）：66-68
*18 岩田靖（2006）体育授業の質を高めるストラテジーとは、体育科教育54（4）：14-17
*19 岩田靖（2010）授業のイマジネーションに支えられた教材づくりの必要性、体育科教育58（4）：60-63

典型教材から学ぶ

　体育の教材づくりに関わった先人たちの過去の成果から学び直すことを通して、これまで述べてきた教材づくりの強調点をさらに補足してみたい。
　体育の授業づくりの中で、教え学ぶのに相応しい学習内容の教授＝学習に対して、その有効性が高いすぐれた教材のことを「典型教材」と呼ぶ場合がある。その教材によって大きな学習成果が得られることが多くの実際の授業を通して確認されていることを意味していると考えてもよい。また、その教材に取り組む過程が、子どもにとって楽しさを味わわせ、学習意欲を大いに喚起し、子どもから高い評価を受ける授業の創造が可能であると判断されているものでもある。この用語に込められているのは、よい体育授業を生み出していくための教師の共有財産となりうる教材の開発が非常に重要な課題となることだといってもよいであろう。[*1]
　ここでは、いくつかの例を掲げてそれらの典型教材たる所以を探りながら、今後の体育に求められる教材づくりの本質的な視点やそのターゲットに迫ってみたい。

[1] 子どものつまずきを直視する

　学習指導要領に体現された、いわば「体育的学力」の保障の視点からみて、その一つの大きなポイントは技能学習の意義や価値の見直しであろうと思われる。これは前述したように、「運動の楽しさ」の原点をもう一度見つめ直すことでもあろう。「できる」「うまくなる」ことに向けての易しく、丁寧な働きかけが求められているともいえる。
　先にも指摘した事柄ではあるが、よりよい教材や指導法は、運動がうまくで

きない子、つまずいてしまう子、意欲的に学習に参加できない子にこそ焦点を当て、そこから学ぶことを通して創出されるのであり、過去の成果もそれに尽きるといっても過言ではないであろう。このことはこれから取り上げるものすべてに共通していると考えられる。その筆頭に、学校体育研究同志会の共同追究によって生まれた「ドル平泳法」を掲げておきたい。[*2]

　1950年代後半以降の生活体育をめぐる論争、あるいは問題解決学習と系統学習との対立を含んだグループ学習論争を経て、体育における運動技術学習の位置づけの重要性が浮き彫りにされる中で、60年代に執拗に探究された同会の実践研究の一つが水泳における初心者指導法であった。それは、子どもの実態、とりわけ、呼吸の難しさの読み取りを介して、教え学ぶべき動きの要素とそれらの構造を発見的・革新的に再構成した指導プログラムであると評価できる。

　その背景には、たとえば、「伏し浮き→面かぶりバタ足→面かぶりクロール→クロール（呼吸）」といった指導順序にみられる「呼吸」の後付け的発想を排し、むしろ逆に、「呼吸」こそを前提にし、中核にした順次的な指導の手立てを確立していく思考が流れている。また、「泳げる」ということは、「呼吸をコントロールしながら、からだを水に作用させ、水上または水中を移動できる」ことだとする運動認識が鮮明化されている。

　安定的な呼吸が確保できない状態や段階では、子どもたちは水中の環境に不安ばかりでなく、恐怖すら覚えるものである。そのような状態では、身体はきわめて硬直し、泳ぎに必要不可欠なリラクゼーションから乖離してしまうことになる。そこで、身体全体のコンビネーションの中でとくに、「腕の動作と呼吸との協応」の大切さが指導のポイントとして選び取られている。子どものつまずきから学んだ学習内容の組み替えと、その学習可能性を開く教材づくりの典型的事例といってよいであろう。

[2] すべての子どもを運動の楽しさに出会わせる

　「……子どもたち、特に『劣等生』の子どもたちに注ぐ深い愛情……その経緯についての記述が深く私たちの胸を打つ……考案された方法は、例えば、スタートの地点は子どもたちの能力によって違え、ゴール付近でみんなが一直線に並ぶ8秒間走という卓抜なものであり、それは子どもたちの学習意欲を高めるだけでなく、測定の手間を著しく省き、授業の効率を高めるのである」[*3]、「競争の楽しさは、『結果の未確定性』にある。……この運動を実にうまく教材化

したという点で山本貞美氏の8秒間走の工夫には敬服する。氏は、この方法によって、本来競争型の運動を個人記録への挑戦という達成型と追い抜き走という競争型の二つの要素をもたせている」[*4]

　これらは、山本貞美が考案した「8秒間走」への体育授業研究者からの評価の記述である。表現は相違しているものの、短距離走の指導の背景に歴然と存在している個々の子どもたちの能力差へのアプローチについてであり、子どもたちにとっての学習意欲や挑戦欲求を掻き立てる新たなプレイ性に関する事柄に共通性が見出しうる。

　この教材づくりの端緒は、1960年代の中頃、東京オリンピックの時代にまで遡る。山本は、走るのが「遅い子」にもみんな、『『全力疾走』とはこんなにもすばらしく、また気持のよいものだということを実感させたい」という強烈な願いから、長年にかけて改良を重ね、短距離走という種目の時・空間を反転させ、個々の子どもの現時点での走力を出発点にしたチャレンジを促す教材を仕立て上げたといってよいであろう。[*5]

　なお、この教材にみられるように、クラス全体としては同一の学習活動、同じ課題に取り組みながらも、それぞれの個人に適合した目標を設定することを可能にし、最大限の能力発揮を探究させていく方法論について、教授学における「統一と分化の原理」として解釈し、評価したのは小林一久であった。[*6]

　ただし、個々の子どもに合った目標設定（目標の分化）ということが「学習の個別化」を意味するものではないことをここで明記しておきたい。むしろ、この教授学的原理の適用の今日的意味は、パフォーマンスを向上させる技術情報の焦点化とその共有による豊かな「共同的学習の創出の可能性」にあることを強調しておきたい。このことは次に掲げる視点とも大いに関係している。[*7]

[3] 集団的達成の喜びに眼を向ける

　1998年の学習指導要領において投げ出された「心と体の体育」のテーマにおいては、仲間との豊かな交流を基盤にした運動学習が強調された。そのことは今日でも引き続き、そしてより一層大切にされるべき視点として位置づけられている。この視点を教材づくりに向けた場合、大いに注目されてきたものに「個人的運動の集団化」の方法論を掲げることができるであろう。とくに、器械運動や水泳の領域に反映されてきたものである。この源流の一つとして、「集団マット運動」の着想に学ぶべきところが多い。

　1970年代前半以降、当時の「能力主義的」な教育動向や、体育における「体

力づくり」中心主義的な傾向に対する批判的な立場から、運動の技術学習と子どもの集団的力量の向上をめざす実践が生まれた。出原泰明による「集団マット運動」の実践である。それは基本的には子どもに次のような課題を提示したものであった。

「①マットを方形や十字形またはマットなしで床全面を使い、②グループ全員が同時に演技し、③音楽に合わせて、できれば『表現』するテーマを持って、④発表会を行う」

この発想の根底には、「一つの技ができるかどうかだけを問題」にしてきた従来の器械運動の指導や、集団の質を不明確にしてきたグループ学習への批判が存在したが、出原がイメージしていたのは、集団で同一の課題に取り組むことにより、実際に存在する子どもたちの能力差を原動力にしながら、子どもたちの技術認識を媒介にした積極的な相互交流の姿であったと考えられる。このような集団的・共同的な学習の営みの世界へ子どもたちを誘い込み、集団的達成の面白さを味わわせ、それに向けてのやり甲斐を経験させていくことは、今後の体育において大いに着目すべき事柄であるに違いない。

基本的には個人的運動であるものを「集団マット運動」に加工することは、素材の教授学的改変における一つの形式として捉えることができる。それは、集団がめざすべき目標やその手段（プロセス）について、みんなで共有し、わかり合っていく学習を引き出すための方法論といってよいであろう。

[4] 本質的な運動技術を問い直す

1980年代初頭に立ち現われた「教育技術の法則化運動」は、教師の指導技術の問題をえぐり出し、授業実践にさまざまな影響を与えたが、その契機となった「跳び箱論争」はぜひとも教材論の視野から問い返し、読み直す必要がある。『現代教育科学』誌上においてなされた向山洋一と小林篤による斎藤喜博の跳び箱指導法をめぐる論争は、実は開脚跳び越しの動きの習得過程における中心的な運動技術（学習内容）と子どもが直接チャレンジする課題（教材）との関係を問い直していくコンテキストで理解するとき、よりよく整理できるように思われるからである。「とび箱が跳べない子は『腕を支点とした体重移動』ができないためである」という向山の指摘は、学習内容の鮮明化を意味していたのである。このことは大変重要であった。

しかしながら、向山の開脚跳びの指導法が「またぎ越し」のレベルに留まっているものであり、「支持跳躍運動」という跳び箱運動の本質的な観点から学

習内容の再検討（腕を支点とした体重移動、第1飛躍局面における体の投げ出し、助走と跳躍の結合）と、それらに対応したスモール・ステップになりうる教材づくりの必要性と実際の方策について記述したのは髙橋健夫であった[*11,12]。具体的には、連結跳び箱の開脚座支持渡り、うさぎ跳び、その場両足跳躍からの円椅子跳び越しなどの運動課題の創出と位置づけに関する指摘である。これらは、新たな動きを形成する感覚運動系の学習における運動のアナロゴンとしての下位教材群の創出・選択の重要性を浮き彫りにした典型例として理解できる。

[5] 運動について「わかる」ことを保障する

　体育における教材づくりは、技能の獲得や習熟を問題とする課題ばかりではない。最後に、技能習得過程において「認識」に働きかける側面からも工夫する必要があることを強調しておきたい。いわば、運動について「わかる」ことに向けられるものである。

　学習指導要領において、「知識、思考・判断」に関わる学習内容がこれまで以上に重視されているが、子どもたちの「思考・判断」を豊かにしていくためには、その前提として、取り組んでいる運動に対する知識・理解がきわめて重要であるといってよいであろう。このことは、とくに1970年代後半以降、体育における学力問題が議論されたころ、「わかる（認識）とできる（技能）の統一」といった問題意識の中から醸成してきたといってよい。

　ここでは、目標となる動きやゲームの技術的・戦術的なポイントを理解させたり、あるいは自分やチームのできばえの実態を確認させることに向けた教材づくりを掲げることができるであろう。その典型例を先の出原が短距離走の授業において創出した「スピード曲線」や「田植えライン」[*13]に見てとることができよう（とくに、田植えラインの中で利用されている足跡曲線を映し出す釘やリボンは、教具のレベルで捉えることができる）。また、ボール運動における多様な調査（シュートの有効空間・触球数・ボールの軌跡による空間利用など）やゲーム分析表の開発とその利用も「認識教材」の範疇において解釈しうる典型教材として取り上げることができる。

　「典型教材」といわれるものは我々のすぐれた共有財産である。教材の具体的な形式のみではなく、その背後に存在した発想の原点、そこに込められた願いやねらいをも深く見つめつつ、学び直し、発展的に継承していく必要があろう。

[文献]
* 1 岩田靖（2006）典型教材、日本体育学会監修、最新スポーツ科学事典、平凡社、pp. 212-213
* 2 学校体育研究同志会編（1972）水泳の指導、ベースボール・マガジン社
* 3 小林篤（1984）創意にあふれた科学的指導の書、山本貞美、体育科扱いにくい単元の教え方②・陸上運動編、明治図書、pp. 205-212
* 4 西順一（1991）子どものための教材論、体育科教育39（3）：24-27
* 5 山本貞美（1982）生きた授業をつくる体育の教材づくり、大修館書店
* 6 小林一久（1980）達成基準を明確化した体育授業の改善、現代教育科学23（12）：51-57
* 7 岩田靖（2005）体育科教育における陸上運動・陸上競技の教材づくり論―「統一と分化の原理」の教授学的再考、信州大学教育学部紀要（115）：45-56
* 8 中村敏雄・出原泰明（1973）「集団マット運動」の実践―高校三年女子、体育科教育21（10）：30-38
* 9 岩田靖（1995）体育科の教材構成に関する基礎的研究（2）―運動技能の教授＝学習過程における下位教材群の構成に関する予備的考察、宮崎大学教育学部紀要・教育科学（78）：105-115
* 10 向山洋一（1979）斎藤喜博を追って、昌平社
* 11 髙橋健夫・池田裕昭・藪内聡子（1986）跳び箱運動の授業・その2、体育科教育34（11）：66-71
* 12 髙橋健夫（1993）運動技能と学習指導、体育科教育41（12）：14-18
* 13 出原泰明（1981）高校・短距離走の実践から考える、体育科教育29（9）：48-49

第2章

教材づくりの実際
［小学校編］

第2章-1

5年生・みんなでクリア!
「チャレンジ運動」

　社会や環境の変化の中で、子どもたちの生活から「3つの間」(時間・空間・仲間) が失われたといわれる。その中でも、「仲間の喪失」は、子どもたちが集団的な遊びなどを通して、他者と直接的に関わる経験や学びの機会を減少させてきたことを意味する。実際、学校生活の中でも子どもたちの「対他者能力(コミュニケーション能力)の欠落傾向」を感じている先生方も多いのではなかろうか。

　このような背景から、体育授業においても「心と体の一体化」がなお一層強調される現在、「仲間との豊かな交流」を生み出すことを一つの大きなねらいとしている「体ほぐしの運動」をより有効に機能させることが大切になるものと思われる。

　そこで、オリジナルな教材づくりというわけではないが、「チャレンジ運動」(Team Building through Physical Challenges) を、新たな実践視点の提起を含めて取り上げてみたい。小学校5年生での実践事例である。

[1]「チャレンジ運動」の教材づくりの発想

❶体育の「賢い学習集団」のベースとしての「仲間づくり」

　「グループの仲間みんなでなにかをなしとげようとするとき、なにが必要になるかな?」

　このような問いを子どもたちに投げかけたとすれば、おそらくこぞって、「協力!」という言葉があちこちから返ってくるに違いない。ときには小学生でも、「チームワーク」などという表現が飛び出してくるかもしれない。子どもたちは、「協力」が大切だということを頭ではしっかり「知っている」のである。

それではと、さらに問い返してみたい。「じゃあね、『協力』っていったいなにをすることなの？」と。実際、この質問に「きょとん」とし、具体的な行動が指摘できない場合が多いのである。このことは、集団的達成のよさや楽しさへのイマジネーション（想像力）の希薄さを示していると考えることができるし、それを生み出すための積極的な働きかけ方を身近に感じ、描き出しえないことの証であるかもしれない。

　さて、「チャレンジ運動」は、アメリカのミドゥラとグローバーが「仲間づくり」プログラムとして提案したものであり、髙橋らによって邦訳されて以降、「体ほぐしの運動」教材の一つのバリエーションとして実践の輪が広がりつつあるといってよいであろう。同様な発想は、我が国ではすでに野外教育の分野で自然体験活動の一環として活用されてきているものであり、むしろチャレンジ運動は、その「体育館版」と考えてもよいのかもしれない。

　ただし、ここでは以下の事柄を主張しておきたい。

　体ほぐしの運動というのは、「体つくり運動」の下位領域として設定されている。その意味で、カリキュラム上では総じて他の運動領域（スポーツやダンス、あるいはそれらに発展していく領域）とは異なる位置づけを与えられているのであるが、ここで述べてきた「仲間との交流」の課題を、より積極的に体育学習全般の共通の土台として強調すべきではないかということである。それは、仲間と関わり合う力量もスポーツの楽しさを生み出す能力の一部として捉えられるし、また、仲間との肯定的な関係づくりがよい体育授業の前提ともなるからである。

　さらに、チャレンジ運動による仲間づくりの成果が高いのは、明瞭な課題設定のもとで、その解決に向けた情報をメンバー間で出し合い、課題達成に向けた共同的な活動の中でその有用性を確かめ合うといったプロセスが濃厚に実現されるからであろう。そのことは、実は、他の運動領域の中での、「動きのコツや行動のモデルを発見し、それをみんなでわかり合い、共有していく学習活動」の一つの縮図だといえる。これは、本書第1章で、「わかり合い、支え合う体育授業」を主張したこととも重なり合うことである。そうだとすれば、「仲間づくり」とは運動の学び方の問題の一側面でもあり、チャレンジ運動は、まさに運動学習に向けての「賢い集団づくり」に大いに貢献するのではなかろうか。つまり、「体ほぐしの運動」といった特定の領域を超えて、その意義を見直してみたいということである。

❷「息を合わす」「アイディアを出し合う」「支え合う」

　ここでの教材づくりでは、「賢い集団づくり」を大いに意識する中で、子どもたちのチャレンジに向けての「協力」の視点として、「息を合わす」「アイディアを出し合う」「支え合う（サポートする）」ことを前面に提示し（これらは具体的な場面では、重なり合う部分も多くあるが）、課題の解決・達成の手掛かりにさせるとともに、グループや全体での振り返りの中心的なポイントとした。

　そのため、課題解決の過程でのグループのメンバーのアイディアや行動のよさを相互に見出し、賞賛し、評価する場面を大切にした。ここでのメンバー間の承認や肯定的な相互作用が、個々の子どもの集団への所属感を深め、集団的な活動への意欲をさらに喚起していくことに大きな力となるであろうと思われる。

　単元を構成するチャレンジ課題の選定とその配列は表2-1の通りである。グループは5〜6人編成。選択したチャレンジ課題（教材群）は、先に掲げた協力の3つの視点のうち、「アイディアを出し合う」ことを常に大切にしながら、「息を合わす」ことから始めて、「支え合う」ことが重要になるものに移っていくような配列を考えた。

　どのチャレンジにおいてもグループの人数を前提にしながら、課題を成り立たせる条件、つまりルール、場の物理的設定などを調整していくことが必要になる。「課題の難易度」が子どもたちの試行錯誤を経ての解決を促す鍵を握っているからである。また、当然ながら安全への配慮は欠かせない。

　さらに今回、子どもたちの学習意欲をさらに高めていくことを意図して、各

表2-1　単元計画

第1時	第2時	第3時	第4時	第5時
オリエンテーション	・ほぐしのウォーミング・アップ ・チャレンジ課題の確認			
チャレンジ①「中国へジャンプ」（ジャンピング・マシーン）	チャレンジ②「桂林の谷わたり」（グランドキャニオン）	チャレンジ③「揚子江を渡れ」（川渡り）	チャレンジ④「昆明の岩」（ザ・ロック）	チャレンジ⑤「万里の長城」（壁登り）
	・グループでの学習の振り返り ・全体での振り返りとまとめ			

課題への挑戦に際し、教師が用意した「2008年・北京オリンピック・チャレンジツアー」と題したクイズを提示し、課題達成時にクイズの解答が手に入るというワンポイントを挿入した。

[2] 授業の展開と子どもの様子

　5年生の4クラスを対象に5時間扱いの単元を構成した（授業はクラスごと）。加えて、この学習の期間中に実施した集団宿泊行事の「高原学校」（長野市飯綱高原、2泊3日）の中でも、チャレンジ運動と趣旨を同じくする集団での課題解決プログラムを野外で体験している。身体的・精神的にも急激に変化し始めるこの時期の入口、また学年が変わった1学期、子どもたち一人ひとりが体を動かす楽しさをベースに、仲間との集団的達成の喜びを見出す中で、友との信頼感や協力することの大切さを期待しての実践であった。

　実際の授業について、5年3組（5～6人・男女混合の6グループ）を例に

写真2-1　高原学校の様子

記述してみたい。

　単元では、毎時、心と体をほぐし、友との関わりを生むウォーミング・アップの後、「全体およびグループでのチャレンジ課題の確認→課題へのチャレンジ→グループおよび全体での振り返り」といった流れで授業を展開した。

　全体およびグループでの「確認」の内容としては、「チャレンジの達成課題(スタートの状況や用いる道具を含む)、ルール、罰則」と予想される「協力ポイント」である。

■第1時「ジャンピング・マシーン」

　チャレンジ運動の学習の進め方に関するオリエンテーションの後、「ジャンピング・マシーン」(大なわ)に挑戦した。「縄の回し手以外のメンバーが全員縄に入って連続10回」の課題解決に向けて、縄に入るタイミングを考えたり、縄に入っていく順番や回し手を代えてみたりしながら、どのグループも成功させていった。次に用意しておいた「レベルアップ・チャレンジ」(連続跳びをしながらメンバー間でボールを順番にパスするなど)も、子どもたちの意欲をさらに掻き立てる結果となった。

　振り返りで、「協力できてすごく楽しかった」という声を掘り下げると、「協力」の具体的な姿について「縄に入ったり跳んだりするタイミングがよくなるように、声をかけ合い、息を合わせた」ことがポイントだったことが多く語られた。

■高原学校での「チャレンジ・アドベンチャー」

　学校を離れ、自然に囲まれたアスレティック場に12のチェックポイントを用意し、グループごとに回りながらチャレンジした。チャレンジに向けての協力の過程と達成感を「生の体験」として味わえるように、各チェックポイントの課題には自然体験的要素を織り交ぜた。ここでの経験が第2時以降の学習への肯定的態度を深める結果になったように思われる。

■第2時「グランドキャニオン」

　体育館に設置されている登り綱を利用しての「グランドキャニオン」。「登り綱を使って、フロアに落ちないように注意しながら、一方の跳び箱からもう一方の跳び箱に全員が乗り移る」という課題であり、身体接触が必要になるため、さてどうなるものかと少々心配であったが、子どもたちは離れている綱に体を伸ばす友達を支えたり、宙づりになりそうになっている友達が下に落ちないように抱きかかえたり、また向こう側の跳び箱に乗り移る瞬間に友達を引き寄せるなど、身体的なサポートの姿が頻繁にみられた。「(向こうの跳び箱からの)ロープの受け渡しのときに息を合わせた」「乗り移った跳び箱での手助けを考

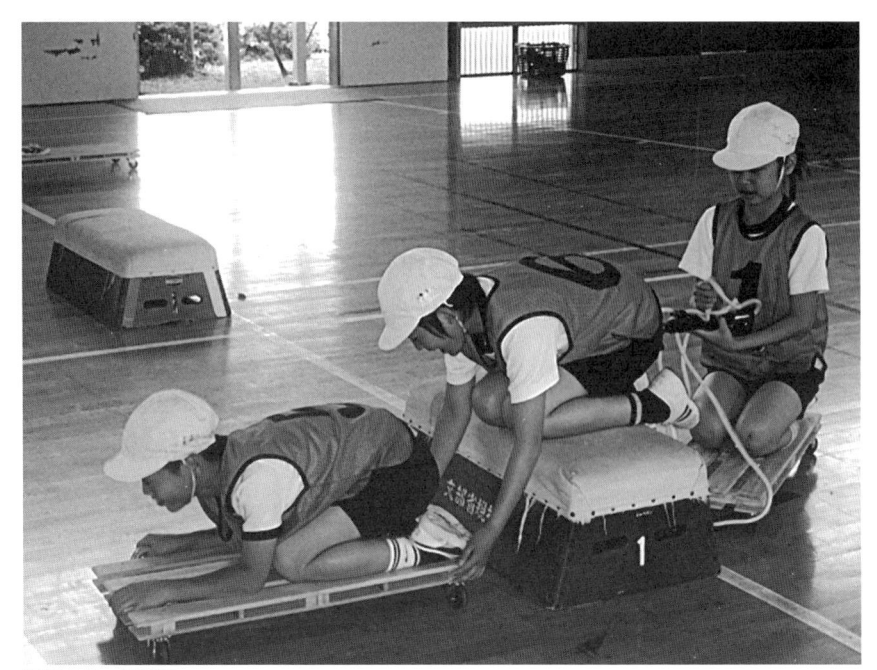

写真2-2　川渡り

えて順番を工夫した」「体や足を抱えられたときに、支えてもらったと感じた」といった振り返りが子どもたちから得られた。

■第3時「川渡り」

　1人乗りのスクーター2台、手こぎ用のリング1個、ロープ1本といった用具を使っての「川渡り」。「体育館後方の岸（ライン）から25mほど離れた体育館前方の岸（ライン）まで、川に見立てた床に触れないようにメンバー全員で渡り切る」という課題で、川の中央に島（跳び箱）を設定し、「全員が一度は島に立ち寄ってから向こう岸に渡る」という条件を加えた。チャレンジでは、用具をうまく使いこなすことと、どのような手順でメンバーを進めるのかが課題解決の鍵となる。ここではとくに、グループのメンバーが分散してしまうところに大きな課題性が生じた。

　子どもたちはスクーターに乗った友達を押したり、ロープで引っ張ったりして、友の「支え」を感じる光景が自然と生まれていたようである。振り返りの中では、「スクーターに乗った1人がリングを使って前に進みながら、ロープでつながれたもう1台のスクーターを引っ張るというアイディアがよかった」

写真2-3 ザ・ロック　　写真2-4 壁登り

という発言が印象的であった。
■第4時「ザ・ロック」
　30cm四方の板を岩に見立てた「ザ・ロック」。「グループの全員が床から離れ、板の上に10秒乗っている（全員が板の上に足を乗せなくてもよい）」という課題である。当然ながら、アイディアと支え合いが重要になる。
　このクラスでは、先に触れた高原学校に向けてのフォークダンスの学習の際には、男女が手をつなぐことさえも大いに抵抗を感じていたにもかかわらず、本単元での仲間との関わりの体験の積み重ねから、このチャレンジ課題にスムーズに移っていくことができた。男女を問わず、互いの体を抱えたり、支え合う姿が自然と現れた。
　ここには、「グループのみんなでクリアする」といったチャレンジ性が先のような抵抗を払拭させることになるのであろうし、そのチャレンジ性の柱には、アイディアの相互交流の大切さが存在していると考えてよいであろう。
■第5時「壁登り」
　最後のチャレンジは「壁登り」。体育館の上に8段の跳び箱とマットを使っ

て壁をつくり、「駆け上がることなしに、また、マットの耳などを持たずに、メンバー全員が登り切ることができれば達成」という課題であった。前時までのチャレンジを通して「協力」することを学んできた子どもたちは、非常に効率よく情報を交流し、「高い壁を登るための土台になる」「先に登る友達を下から押し上げる」「壁の上から引っ張り上げる」などといった姿が次々にみられた。そしてすべてのグループが10分あまりで解決してしまった。

次のレベルアップ・チャレンジでは、登っていくメンバーへの手助けの仕方に制限を加えたが、スムーズに登る方法を発見し、これまた難なく達成に導いた。そこで大切だったのは、「みんなで上手く成し遂げるコツ」を見出すことと同時に、それが「確実にメンバー間に伝達された」ことであった。

以下に単元終了後の子どもの振り返りの一例を掲げておきたい。

＊　　　　　　　　　＊

チャレンジ運動は、すごく楽しかったです。授業が進むと、なかなかできなくなりました。みんなでアイディアを出し合って、全部試してみても全然だめだった時があったけれど、もう1回みんなで考えたらクリアできました。それは、「協力」してやったからだとおもいます。とくに「昆明の岩（ザ・ロック）」では、肩車した方がスペースをとらないから、3人が肩車をしてもらって、上に乗っている人が肩を組んで支え合った時にできました。クリアしたときは最高にうれしかったです。この学習を通して協力度が前より上がったと思います。

[3] 「仲間づくり」の学習成果の検討

5年3組の単元において、その第1時から最終時まで実施した「仲間づくりの授業評価」[*4]のスコアを表2-2、図2-1に示している。

スコアは各次元と総合評価についてのクラス全体の平均値である。非常に高いレベルでの上昇傾向があったことが明瞭である。とくに、集団的な「思考」「相互作用」「人間関係」のスコアの変化は、「みんなで考え、伝え合い、わかり合う」ことのよさの現れであったものと思われる。

良好な仲間関係は、当然ながら他の運動領域の授業成果にも波及する（広くは、学校生活全般における教育成果にも影響を与えるであろう）。その意味で仲間づくりのプログラムは意義深いといえる。

先にも記述した「課題解決のコツの発見とその伝達」、このことは、みんなで「わかり合う」ことだといい換えることができるであろう。それは、子どもたちの肯定的・受容的関係を生み出す原点となるに違いない。これはまさに体

表2-2 仲間づくりの授業評価のスコア

次　　元	第1時	第2時	第3時	第4時	第5時
集団的達成	2.90	2.95	2.91	2.93	2.99
集団的思考	2.74	2.79	2.85	2.90	2.93
集団的相互作用	2.71	2.83	2.97	2.98	2.94
集団的人間関係	2.72	2.83	2.91	2.85	2.91
集団学習意欲	2.94	2.98	2.91	2.93	2.99
総合評価	2.80	2.88	2.92	2.92	2.96

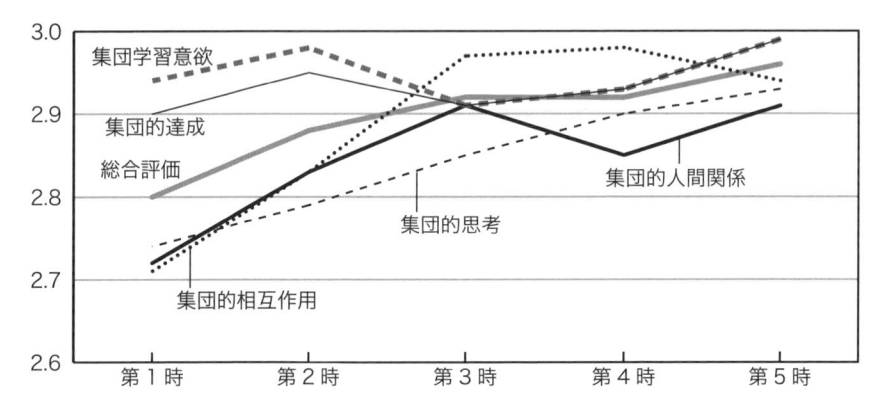

図2-1 仲間づくりの授業評価の変化

育学習のベースとなる「賢い学習集団」のもっとも重要なポイントではなかろうか。

(研究協力者：竹内隆司)

[文献]
* 1　ダニエル・W・ミドゥラ、ドナルド・R・グローバー著、髙橋健夫監訳（2000）チャレンジ運動による仲間づくり―楽しくできる「体ほぐしの運動」、大修館書店
* 2　岩田靖（2005）スポーツ教育、いま何が問題で、何をどうすべきか、体育科教育53 (1)：26-29
* 3　髙橋健夫（2000）心とからだの体育授業　第1回　新学習指導要領に即した授業の課題、体育科教育48 (6)：60-63
* 4　小松崎敏・髙橋健夫（2003）仲間づくりの成果を評価する、髙橋健夫編、体育授業を観察評価する―授業改善のためのオーセンティック・アセスメント、明和出版、pp. 16-19

第2章 -2

6年生・みんなで超えよう全国平均！
「チャレンジ・ペースシャトルラン」
――プレイフルでチャレンジ性豊かな「持久走」の教材づくり

　子どもたちの運動への二極化と体力・運動能力の低下傾向。これは子どもたちの運動生活をめぐる大きな問題点の視角である。
　さて、「体力の向上」は、生涯スポーツへの資質・能力を育成することに向けての体育学習における複眼的な目標に位置づいている。しかしながら、「体力の向上」に直接的に関わる「体つくり運動」は、授業づくりという側面からみた場合に、他の領域に比較して敬遠されてきたのではないかと思われる。そこで、体力低下の現状を正面から受け止めつつ、もっと成果が実感できるような授業の創造をめざし、この下位領域である「体力を高める運動」の教材づくりを試みた。
　取り上げたのは、子どもたちにとって圧倒的に人気のない「持久走」である。子どもたちには「マラソン」といったほうがわかりやすいが、「つかれる・つらい・つまらない」、いわば「3T」の運動を、意欲的に取り組める授業に仕立てられないものかと考えたからである。
　教材づくりにおいて重要なのは、子どもたちが取り組む運動の課題に豊かな学習内容が内包されていることと、子どもたちの学習意欲を喚起できるような魅力や工夫のあることである。持久走で強調すべき学習内容はなんなのか、嫌いな運動をいかに魅力あるものに改変することができるのか。小学校6年生の実践例を掲げてみたい。

[1]「チャレンジ・ペースシャトルラン」の　　教材づくりの発想

　この教材の重要なキー・ワードは「チャレンジ」である。子どもたちの奥底

図2-2　チャレンジ・ペースシャトルラン　　写真2-5　授業の様子

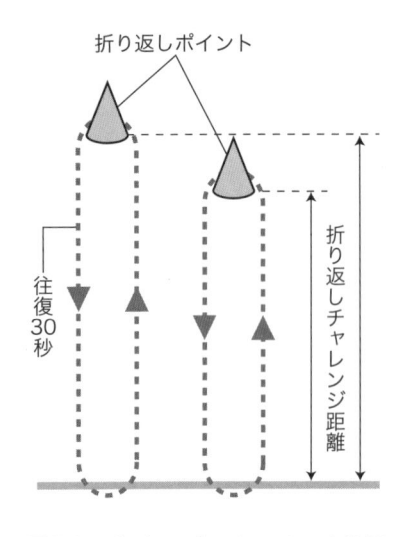

に潜んでいる「挑戦欲求」に働きかけるのである。一人ひとりが自分の現時点での体力と向き合ってそれぞれの目標や条件を決め、それに向かって精一杯チャレンジして欲しい。また、頑張る自己や友の姿に気づき、みんなで高め合うといった体育授業に求められている人間関係づくりの面での願いや期待も背景に存在する。

　この教材は、新体力テストの20mシャトルランの形式と山本氏が考案した「折り返し持久走[*1]」の発想に学びながら構成したものである。トータルで5分間の持久走であるが、同一のスタート地点から折り返しポイントを30秒ごとに往復する（10往復となる）。折り返しまでを「折り返しチャレンジ距離」とし、個々の子どもが自己の走力・体力を前提に、5分間走り続けられる距離を選択して挑戦していくのである。

　そこでは、前記の20mシャトルランの形式を取り込み、スタート地点からの往復のスタートは30秒間隔で一定とする。したがって、30秒より速いペースで往復してしまうと、スタート地点で待ち時間を作ってしまうことになる。すなわち、選択した距離の往復に際し、ペースを保って無駄な時間を減らし、スピードの変化による負担を最小限に留めて走り、5分間での走距離を単元展開の中で徐々に伸ばしていくことが子どもたちの課題となる。

　ここでは往路・復路15秒のペースを生み出すために、1秒間隔で「ド・レ・

ミ・ファ・ソ・ラ・シ・ド・シ・ラ・ソ・ファ・ミ・レ・ド」の15の音階（ドレミタイマー）を手掛かりとして利用できるようにした（チャレンジの間、CDプレーヤーから音声を流した）。また、4分30秒経過後、つまり最後の30秒間は「ラストスパート・タイム」とし、残った力を発揮できるようにした。これもチャレンジ意欲をくすぐる仕掛けの一つである。

　たとえば、折り返しチャレンジ距離を50mに設定して、ラストスパート・タイムに110m走れた場合は、走距離が1,010mということになる。ただし、無謀ともいえるような距離設定を避けるため、30秒の時間内に2回続けて戻ってこられない場合や、自らリタイヤした時点でチャレンジ終了とした。

　これらの事柄を含め、配慮した点を掲げると次のようになる。

①続けて長く走るためには、短距離走とは異なる走り方があり、自分に合ったペースが重要である（技能）。
②体力を高めるには、よい刺激や継続的な取り組みが大切である（知識）。
③持久走（時間走）として、子どもたちに共通の運動時間を設定する。
④自己の能力や体力に合わせて折り返し地点を選択・決定できる。設定距離は2m刻みとする。
⑤30秒ごとに次の往復に向けてスタートが一斉になるため、併走状態になることが多く、友達のペースも参考にできる。
⑥ラストスパート・タイムを設けることにより、最後まで精一杯チャレンジし、新たな伸びをめざして努力できるようにする。
⑦クラスみんなの共通目標を掲げる。「5分間走り続けよう！」「距離を伸ばそう！」「20mシャトルラン全国平均を超えよう！（クラス平均）」
⑧力の接近した3人でグループをつくり、「チャレンジャー・記録係・計時係」の役割分担で活動する。

[2] 授業の展開と子どもの様子

　単元は第1時がクラス共通の折り返し距離での「試走」、第2時〜第6時をこの教材での個人の設定距離に基づいた「チャレンジ①〜⑤」とし、最終第7時には、高めた力で「20mシャトルラン」に再挑戦するといった展開をとった（再挑戦というのは、実践校の行事プログラムとして毎年企画されている「チャレンジ・ウォーク」に向けて、子どもたちに自己の体力への関心を高めさせようとの意図から、事前に20mシャトルランに取り組んでいることを示している）。そこでは、前記⑦の「クラスみんなの共通目標」を大いに強調した。

表2-3　K君の記録と感想

第1時	試走		[折り返しチャレンジ距離30m／5分完走／600m] 意外と30秒くらいに走れてよかった。あまりつかれずに走れてよかった。
第2時	チャレンジ	①	[折り返しチャレンジ距離34m／5分完走／680＋36m] 前回よりも4m長くしたけれど走れた。ちょっときつかったけど、ラストスパートでまだ走れたからよかった。ペースはほとんどぴったり走ることができたのでよかった。
第3時		②	[折り返しチャレンジ距離38m／5分完走／760＋36m] 今日は少しきつかったけど走りきることができた。中間地点を回るとき大回りになってしまい、時間を少し使ってしまった。プラス距離が36mあったのでまだ行けそうです。
第4時		③	[折り返しチャレンジ距離42m／5分完走／840＋19m] 今日は最後のほうが限界になってしまったけど、走りきることができてよかった。今日がきつかったので、次からは「限界型」になってしまいそうです。
第5時		④	[折り返しチャレンジ距離44m／5分完走／880＋20m] 今日はもうほぼ限界になってしまったけど、走りきることができてよかった。次回はできるかわからないけれど、46mやってみたいです。
第6時		⑤	[折り返しチャレンジ距離46m／5分完走／920＋11m] 今日はもう「無理」と思ったし、きつかったけど完走できてよかった。
第7時	20mシャトルラン		[事前40回／目標46回／結果50回] チャレンジ・ペースシャトルランという運動を体育の授業でやりました。最初に試しの30mをやりました。簡単にできました。次に34mに挑戦しました。ラストスパートで36mをプラスしました。チャレンジ②・③はものすごくきつかったです。チャレンジ⑤は46mをやりました。すごくきつかったけど、完走できてよかったです。最後にシャトルランの全国チャレンジをやりました。50回まで行けることができました。前回よりも記録が上がったのでよかったです。

　ここでは単元における主要な学習活動について記述するとともに、K君の記録および感想（表2-3）と授業展開についてその一部を紹介したい。K君は体育授業に意欲的に取り組んではいるが、どちらかというと能力的には高くない子どもである。

■第1時「試走」
　体力づくりについての知識・理解面、および「チャレンジ・ペースシャトルラン」に関するルールや学習の進め方について説明した後、実際に校庭で走ってみた。十分な時間はとれなかったが、子どもたちは往復30秒の時間感覚や

スピード感を確かめるように試していた。隣のクラスでの先行実践経験から、最初の設定距離はかなり易しく30mに統一しておいたため、体への負担もほとんどなく5分間走り切れた様子であった。

■第2時「チャレンジ①」
　30秒のペースをつかむことを中心に「ドレミタイマー」の音や記録係・計時係からの情報を伝え合ったりすること、また同じ「折り返しチャレンジ距離」の友達の走りに合わせたりすることの重要性を強調した。前回の試走の感じから、一気に10m伸ばす子、慎重に2mだけの変更にとどめる子などさまざまであった。

■第3時「チャレンジ②」
　続けて長く走るためには、リズムをつくることが大切である。ピッチ、ストライドなど人それぞれ違いはあるが、無駄な力を使わない「省エネ走り」を心掛けること。また、子どもたちの距離設定の仕方と結果から、「着々慎重型・限界チャレンジ型・無謀チャレンジ型・気持ちあきらめ型」など、子どもたちのチャレンジの様子を表現する言葉を示し、自分の意識や取り組み方に揺さぶりをかけていった。

■第4時「チャレンジ③」
　呼吸の仕方に目を向けさせた。呼吸を意識することで走りのリズムをつくったり、体への負担を軽減したりするのは有酸素運動では重要である。しかし、慣れない子どもたちにとってはやや難しい課題であった。「楽に走れた」と感じた子どもはわずかで、走るだけで精一杯という状況であった。しかし、今後に生きてくる重要な指導事項の一つと捉えている。

■第5時「チャレンジ④」
　今回も呼吸に意識を向けさせた。「吸う・吸う・吐く・吐く」「吸う・吸う・吐く」など、自分に合ったリズムでよいが、苦しいときこそしっかり吐くことを強調した。

■第6時「チャレンジ⑤」
　最終チャレンジである。一人ひとりがかなり限界に近い距離設定になってきた。そんなときに支えになるのが、友の励ましや頑張りである。クラスみんなの目標「20mシャトルラン全国平均を超えよう！」を再確認した。また、隣のクラスが全国平均を上回ったことを伝えるとさらに気持ちに火がついた。

■第7時「20mシャトルラン」(体育館)
　20mシャトルランの実施方法を確認し、準備運動・体慣らしを行った。「目標は全国。でも、それを超えた2組（隣のクラス）も超えたい」と意欲を述べ

てくれた。また、チャレンジの前には男子が、「円陣を作って気合いを入れよう」といって丸くなるのをみて、女子も同じように集まって声を掛け合っていた。思わぬ出来事に我々もうれしくなってきた。みんなが目標記録をめざして頑張って走ってくれた。走り終わってくたくたの子どもたちも、一生懸命走る友達に大きな声援を送っていた。目標に一つ足りなくて泣き出す女子もいた。

結果はみごと、全国・2組の記録を男女ともに上回り（表2-4）、みんなで万歳をして、喜びを味わうことができた。

試走から初めの段階ではそれほど疲れることもなく、みんなで行ったり来たりの往復にいくらかの面白みを感じてくれたようであった。形成的授業評価（図2-3）からもそのことが窺える。しかし、「成果」「学び方」次元でみると、子どもたちにとって意味のある学習ではなかった。

ところが、ある程度チャレンジ距離が伸び、「苦しさ」や「達成感」というものが感じられるようになった頃から変化が生じてきた。「できるかできないか」「どうやって走ったらいいのか」「ペースがつかめない」「苦しい」「頑張ろう」「友達が応援してくれる」など、さまざまな感情や意識が芽生えてきたことによって、取り組んでいることの意味や結果を自覚できるようになってきたのではないだろうか。また、教師自身も指導したこと

表2-4　20mシャトルランのスコア

		男　子	女　子
全国平均（2007）		60.3	46.9
2　　組		63.2	50.7
1　組	9月	52.3	43.5
	単元末	68.0	52.6

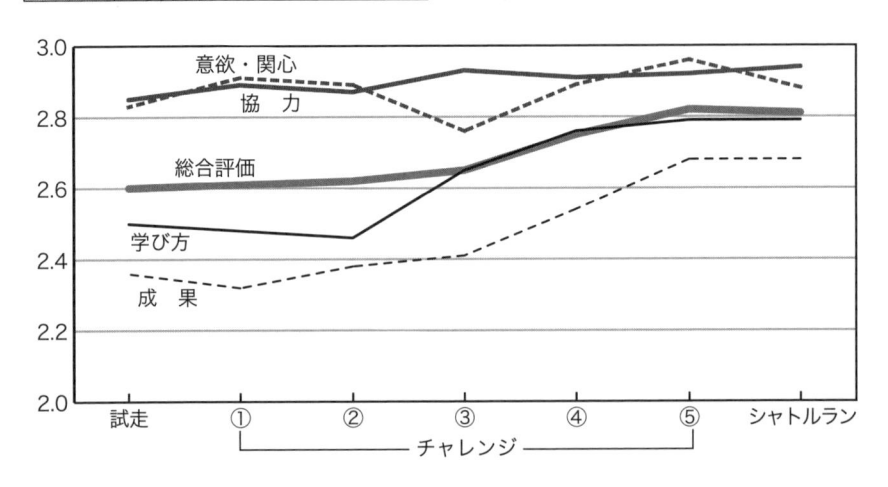

図2-3　形成的授業評価（クラス全体）

写真2-6　授業後の様子

に関わって、できるだけ一人ひとりに直接声がけをしたり、子どもたちの頑張りを賞賛したりするように心掛けていた。形成的授業評価では、チャレンジ③以降、「成果」「学び方」次元も顕著に向上し始め、総合評価も高いスコアを示すようになった。

　「つかれる・つらい・つまらない」と思われがちな「持久走」を教材化した授業であったが、形成的授業評価ではかなり良好な結果が得られた。実際、授業の中でも子どもたちの意欲的な姿に大きな手ごたえを感じることができたように思われる。全7時間の短い単元ではあったが、毎時走れる距離を伸ばし、頑張れる自分に気づくことができた。また、みんなで目標を達成する喜びも味わうことができた。
　今回の教材づくりは、授業を構想する上での「チャレンジ」であった。

（研究協力者：渡辺　誠）

[文献]
＊1　山本貞美（1982）生きた授業をつくる体育の教材づくり、大修館書店、pp. 83-126

第2章-3

2年生・投能力のステップ・アップ
「ロープ・バトンスロー」

　文部科学省の統計資料によれば、今日、子どもたちの体力・運動能力の低下は「下げどまり」にまで達しているのではないかといわれる。子どもたちの生活空間における活動の内容・形態の変化に伴った運動遊びの減少がそのもっとも中心的な問題として語られてもいる。学習指導要領において、体力的・技能的側面がこれまで以上に強調されたのもそれに端を発しているといえるであろう。

　しかしながら、その際、体力・運動能力に関わる現代的課題を体育授業の問題としてどのように引き取るのかについては慎重な対応が必要である。トレーニング的な授業の処方がよいわけではない。体力テストなどの低下傾向を解釈するとき、問題の中心的な視角は「潜在的な身体の能力を動きに転化できない」子どもたちが拡大しているところにあると考えられるのではないであろうか。「動けない子ども」が増えているのである。その意味から、誤解を恐れずにいえば、とくに小学校期の体育の主要なテーマの一つは「動ける体づくり」にある[1,2]。それは、生涯スポーツの入口に位置づく大切なポイントであろう。運動の基礎・基本への着眼をより一層確かなものにしていく必要があるのである。

　ここで問題とする「投能力」においても、投を支える体力的問題というより、動きそのものの獲得に大きな課題が存在している。今日、ボールを使った遊びの経験がきわめて貧弱であり、また、投動作に類縁した動きを含んだ遊び文化などもほとんど子ども間で伝承されなくなり、消滅傾向にある中では、体育授業においてより一層注目していく必要がある。

　ここでは、投能力のステップ・アップを期待して取り組んだ小学校2年生対象の「ロープ・バトンスロー」の授業実践を取り上げたい。

[1]「ロープ・バトンスロー」の教材づくりの発想

❶投運動の動きの課題性

　投運動の意図的な学習の必要性は、この動きが実は非常に難しいものであるところからも指摘できる。「投げる」というのはありふれた動きであって、一見、単純な運動経過のように錯覚しがちであるが、実際にはいくつもの課題が複雑に絡み合って成り立っていると考えられる。

　それでは、投動作（ここではオーバー・スロー）の難しさはどこにあるのであろうか。おそらく大きくは、「踏み出し足（利き腕の反対）を軸とした体躯の鞭運動」と「肩を支点にした腕の鞭運動」という「二重の鞭運動」の実現が要求されるところにあるといってよい。二重の鞭運動の構造は、踏み出し足を軸にした踏ん張りによって、利き腕の肘を引き出していくこととして表現できるのかもしれない。オーバー・スローとは、体幹よりも後方にある投擲物を肘によって引っ張り出すことなのである。

　前方に引っ張り出すためには、他方で、踏み出し足によって接地面を押さえる、あるいは掻き込むような力性を発揮しなければならない。また、踏み出し足の押さえ（これによる腰の入り、胸の張り）と肘の引き出しの運動経過が同期されねばならないのである。そして実は、この「二重の鞭運動」は、「手首のスナップ」に結びつけられることに向けた複合的かつ連続的な構造である。

　このような複雑性のゆえに、投動作は一朝一夕に獲得できるものではない。多くの時間とトライアルが必要である。しかしながら、とくに、小学校の低学年から中学年くらいの間に、洗練されるところにまで至らなくとも、投動作の全体的な「粗形態」形成に取り組んでおくことが大切になるであろう。投動作の獲得は、ボール等を投げることばかりでなく、たとえばラケットやバットを振るといった打動作などとも類縁しており、将来的なスポーツ学習のバリエーションの基礎になっていくものでもあるからである。

❷「ロープ・バトンスロー」とは

　本書の後続の箇所で紹介する小学校中学年の「並びっこベースボール（修正版）」。とくに、守備側の「判断」をクローズアップしたベースボール型のゲームの入口に位置づく教材として設定したものであるが、このゲームは判断の善し悪しを強調するために送球に関わる運動技能を要求していない。さて、第1章-2で紹介したエピソードのように宮内氏とこの教材を創り実践した後、当

然ながら送球の技能を含んだゲームへの段階的発展を考えていくことが課題となったが、今日の子どもたちの現状からすれば、投・捕の能力の向上が求められるのはいうまでもない。子どもたちが投動作に楽しく、豊かにチャレンジできるよい手立てはないものか。運動の二極化の中での運動能力の低下問題を背景に、投能力向上に貢献する指導プログラムの探究と実践に強い関心が向けられ始めていた頃であった。そのような中でのアイディアの一つが「ロープ・バトンスロー」の教材づくりであった。[3,4]

当時、投動作（オーバー・スロー）の本質的課題として、先の「二重の鞭運動」の大切さを考えていた際、しばしばアスレティック広場で見かける滑車付きのターザン・ロープをスタート地点まで投げて戻すときのようなイメージで、自分の体幹よりも後方にある対象物を肘から引っ張り出してくる動きが誘い出される易しい運動課題づくりができないものか、といった発想を宮内氏に伝えたところ、みごとに教材化してくれたのが「ロープに通したバトンスロー」であった。

ロープに通されたバトンを投げ出すためには、ロープの方向に沿ってバトンを引き出す必要があるし、その方向に力を加えなければならない。したがって、まっすぐに投げようとすれば自ずと肘を畳み込むように後方から引き出してくる動きが誘い出されるよさがあるだろうと考えている。しかしながら、前述したような「二重の鞭運動」の視点から考えれば、投動作の動きの大まかな全体像が発生していない段階で、子どもをロープ・バトンの場に連れていき、それにチャレンジさせたとしても、すぐさまうまくいくわけでは当然ない。そこで、「ロープ・バトンスロー」を単元教材として設定しながら、若干の予備的運動を下位教材として加えた授業を構想してみた。

❸「ロープ・バトンスロー」の設定

直径6mmのナイロンロープにバトン（塩ビパイプを加工したもの。長さ50cm、人差指と中指で引っ掛けて投げ出す金具を取り付けた。図2-4の写真）を通し、体育館2階ギャラリーの柵とバドミントンの支柱を利用して、図2-4のような場を設定した。ロープ上部にはヒットマークを付け、そのマークから順に黄色・赤色・青色ゾーン（2m間隔）を示して到達点の伸びを確認できるようにした。このような場を体育館に14ヶ所設置することで、個人の学習機会が確保されるように留意した。

ここでは、①両足をそろえて投射方向に正対し、体躯を反って投げる、②踏み出し足を出した状態からテイクバックし、反りをつくって投げる、さらに③

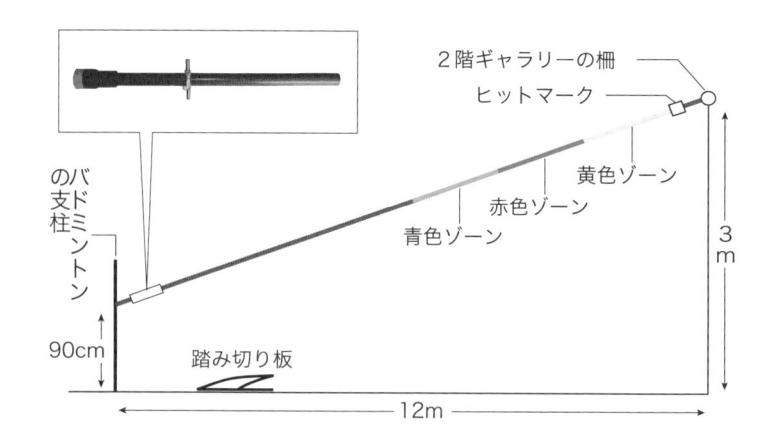

図2-4　ロープ・バトンスローの場の設定

体重移動をしながら、踏み出し足を踏み切り板の上に乗せて投げる、といった課題のステップを導入した。踏み切り板を用いたのは、踏み出し足で接地面を捉え、腰を入れ、踏ん張る感覚をつかむことができるのではないかと考えたためである（写真2-7）。

❹予備的運動の挿入

　ロープ・バトンスローでの動きの質をさらに高めるため、「風船揺らし」「ホースで粘土叩き」「紙鉄砲」といった予備的運動を学習課題に合わせて提示し、単元の中で継続的に取り組んだ。

写真2-7　バトンを投げる際には踏み出し足を踏み切り板に乗せて投げる

■風船揺らし

　踏み出し足を軸とした体躯の鞭動作は、主に反り動作と捻り動作で構成されている。この動作はほぼ同時であり、自動化された状態でこそ力が発揮される。そこで、足の踏ん張りからの反りを強調するために、「風船揺らし」を構成した。この運動課題では段ボールを用いて風を起こし、吊り下げられた風船（床面より約2mの高さ）をどれだけ離れたところから揺らすことができるかにチャレ

写真2-8　風船揺らし　　写真2-9　ホースで粘土叩き

ンジさせた（写真2-8）。ここでも踏み切り板を活用した。
■**ホースで粘土叩き**
　「長く、しなる」対象を体の後方より引き出す課題は、自然とテイクバックの大きさ、肘の引き出し動作を導くのに効果があるのではないか。そこで、ゴムホース（80cm）を持って、体育館ステージ上に置かれた粘土に向かって叩きつける運動を行った。粘土を目標物とすることで、まっすぐに、そして強くホースを振り下ろすことができるかどうか、粘土の変形によってフィードバックされるようにした（写真2-9）。
■**紙鉄砲**
　投動作を導く運動遊びとしてすでによく知られているものである。「ホースで粘土叩き」とそのねらいにおいて重なる部分もあるが、本単元においては上半身と下半身のリズム（動きの同期）づくりを意図して課題化した。「大の字つくって、（軸足に）のって、ドンッ、パン！」のかけ声をつけ、踏み出し足に乗り込んでいく感覚を「ドンッ」のタイミングで感じ取らせようとした。
　ただし、「大の字」を意識しすぎることで視線が安定しなかったり、踏み出し足への体重移動が「やじろべえ」のようになって、創り出したエネルギーが前方へ抜けてしまったりする様子も見られる。ある程度、タイミングがつかめた段階で準備の姿勢を「大の字」から「グリコのポーズ」へ変更した。このポ

ーズがワインドアップモーションやより水平方向へ体重を移動させる動作につながっていくこと、踏み出し足の踏ん張りによって上体の鞭動作に結びついていくことを期待した。

[2] 授業の展開と子どもの様子

　本実践では、技術的課題を「肘を引き出すことによる肩を支点にした腕の鞭運動（上肢の鞭動作）」と「踏み出し足（利き腕の反対）を軸とした体躯の鞭運動（体躯の鞭動作）」からなる「二重の鞭運動」として捉え、その動きの形態発生と、動き伝導の側面の視点から教材を組み込み、全5時間扱いの単元を構成した（表2-5）。

　学習前に投動作の習得状況を確認するために実施した「テニスボール投げ」の様子から、Y君とCさんの姿に着目した。ここでは、その2人の姿を引き合いに出しながら授業の様子について振り返り、指導のポイントについて記述し

表2-5　単元展開におけるねらいと教材（運動課題）の構成

指導内容		時限 第1～3時	第4・5時
ロープ・バトンスローにおける技術的課題	上肢の鞭動作	①テイクバック（肩→肘→手首の順で位置する） ②肘の引き出し（耳の横を肘→手首の順で通過する） ③力を加える距離（最大テイクバック時からリリースまでの距離が伸びる）	
	体躯の鞭動作	①反り動作 ・投射方向に正対 ・下肢の動作 　両足をそろえる 　踏み出し足の固定 　送り足から踏み出し足への体重移動	②反り動作＋捻り動作 ・投射方向に横向き ・下肢の動き 　踏み出し足の固定 　送り足から踏み出し足への体重移動
下位教材	チャレンジ課題	〈風船揺らし〉 段ボールを使い、どれだけ離れたところから風船を揺らすことができるか。 〈ホースで粘土叩き〉 足とホースの音をどれだけ大きくできるか。	〈紙鉄砲〉 ・投射方向に横向き ・下肢の動き 　踏み出し足の固定 　送り足から踏み出し足への体重移動
	主な指導言葉	「風船（的）をしっかりみて、風（ホース）を送る（振る）んだよ」 「おへそを前に向けて、突き出すようにしてごらん」	「大の字つくって、のって、ドンッ、パン！　のリズムだよ」

てみたい。

■第1〜3時

　体育館に入ると、まるで蜘蛛の巣のように張られたロープと今までに見たこともない教具に目を輝かせ、運動の説明に耳を傾ける児童の姿があった。

　単元を通した「ロープ・バトンスロー」の学習課題の中核の一つに「上肢の鞭動作」を据えたが、単元前半となる第1〜3時では、その動きを有効に導く「体躯の鞭動作」を構成する「反り」にポイントを向けた（予備的運動では、「風船揺らし」「ホースで粘土叩き」を行った）。

　上半身と下半身の動作がほとんど同期せず、動き全体がぎこちないY君は、ロープ・バトンスローに強い関心を示し、幾度となくヒットマークに向かってバトンを投げ込んでいた。テニスボール投げの測定時には腕が伸び、体幹を極度に前傾させてボールを放り出すといった感じであったが、バトンスローでは、その取り組み始めから肘を折りたたみ、上肢をしならせて投げる動きが現れた。ロープ・バトンスロー自体が腕の動かし方を誘発しやすいといってよいのであろう。また、両足をそろえて体躯の反り動作のみに焦点化することから始めることによって、上肢との連動を感覚的にとらえやすくしたことがY君の「身体の混乱」を整理し、複合的な課題を有するオーバー・スローの動きの入口に立たせたようであった。

　一方、全体的な動きはある程度まとまっているように思われたものの、力強い動作が見られなかったCさんの様子は、本人が漏らした「なんだか窮屈な感じ……」という言葉に象徴されているように感じられた。この課題によって、力の加え方に身体的な意識を向けることはできていたように推測されたが、今までの運動経験の中で、上体を反り、腰を入れて動き出すことが少なかったために、両足をそろえた姿勢からの課題に「窮屈さ」を感じることになったのではないかと考えられた。

■第4・5時

　単元後半のバトンスローでは、「上肢の鞭動作」を継続的に大切にするとともに、体躯の鞭動作において「反り動作」に「捻り動作」を加えた学習課題を設定した。「捻り動作」は、準備局面での投射方向に対して横向きの姿勢から動き出すステップで引き出そうと考えた（予備的運動には、第4時以降、「紙鉄砲」を取り上げ、体躯と腕の動きが淀みなく連続していく感覚をポイントにした）。

　投射方向に対して横向きになることで、子どもたちに大きなテイクバック動作が見られるようになった。しかし、この姿勢からの動作では、立ち位置に気

をつけなければ、ロープから体が離れすぎ、肘を伸ばして投げる「振り出し投げ」の状態になってしまうこともあった。また、遠くへ飛ばしたいという気持ちが強くなりすぎると、期待した上半身と下半身の動きの連動から乖離してしまう傾向もみられた。

　ここで注視しなければならないのは、この姿勢からの動きにはさらに次のような難しさが伴っていることである。それは、「投擲物を投げ出す方向」と「体重移動させる方向」の2つをつかみとらなければならないことである。この2つの方向がつかめないままにバトンを投げるとロープが波打つように揺れてしまい、バトンがスムーズに飛んでいかない状態が頻発する。そのような子どもに対し、「ロープをボヨンボヨンさせないように、バトンを滑らせるよう投げてみよう！」といったフィードバックを投げかけていった。

　単元計画の構想段階では、「反り動作」を中心にしたステップと、「捻り動作」を加えたそれとを段階的に区分して指導することが、意に反して動きのぎこちなさを招くことになるのではないかとの危惧もあった。しかしながら、実際には子どもたちにとっても先のようなロープの揺れに対する明瞭な課題を生み出し、学習を深めることにつながったといえる。

　第4時に、「踏み出し足を台に乗せた状態から投げる」から「送り足から踏み出し足への体重移動を加えて投げる」ことへ移行したとき、Cさんに転機が訪れた。踏み出し足を何度もステップさせて、下半身で創り出した力を上半身

表2-6　単元における形成的授業評価（クラス全体）

	第1時	第2時	第3時	第4時	第5時
成　　果	2.49 (4)	2.54 (4)	2.70 (5)	2.69 (4)	2.77 (5)
意欲・関心	2.85 (4)	2.86 (4)	2.89 (4)	2.91 (4)	2.95 (4)
学 び 方	2.57 (4)	2.86 (5)	2.82 (5)	2.89 (5)	2.88 (5)
協　　力	2.31 (2)	2.48 (3)	2.61 (3)	2.68 (4)	2.79 (4)
総合評価	2.55 (3)	2.67 (4)	2.75 (4)	2.78 (5)	2.84 (5)

※括弧内は5段階評価。

につなぐように、膝の曲がり具合、腰の入り具合の感覚を確認していた。その後は、「『動きのこんな感じ』を『体がわかった』」かのように、投げの動作が力強くなっていくのが観察され、非常に印象的な姿であった。Y君も最初の様子から全く想像することができないほど上半身と下半身を同期させたダイナミックな動作で何度もバトンを投げ込み、ヒットマークに当てる姿を見ることができるようになっており、とても驚かされた。

なお、表2-6は、この単元での形成的授業評価のスコアを示している。授業づくりの方略として、本実践ではとりわけ個々の子どもの運動課題へのチャレンジを重視したために、学習過程における子ども同士の関わりの側面はやや希薄となったが、総じて、子どもたちにとって意欲と成果を引き出す単元になりえたと考えられる。

[3] 学習成果の検討

❶遠投距離からみた成果

全5時間単元の授業の前後に行った「テニスボール投げ」の遠投距離を比較してみたい（男女ともに14名、計28名、表2-7）。男子平均で2.8m、女子平均で3.2mの向上が確認された（記録を4m以上伸ばした子どもは男子で5名、女子は7名であった）。

表2-7 単元前後の「テニスボール投げ」の記録

	単元前	単元後	伸び
男子	15.8m	18.6m	2.8m
女子	8.8m	12.0m	3.2m
全体	12.3m	15.3m	3.0m

実際、練習対象となったバトンと、測定で用いたテニスボールでは投擲物が異なるため、とくに「放し方」に関わった動きとその感覚的問題が隠されてはいるが、全体的な投動作の獲得による記録の向上として理解してよいのではないかと思われる。

❷投動作の質的動作評価

ここでは先行研究[5,6]により示されている投動作の外部的な観察評価に関する項目を参考に20項目を抽出し、単元の前後における動きの変化を検討した。単元前後のテニスボール投げの際に、子どもたちの投動作を側面よりVTR撮影し、表2-8の項目について2名の観察者によって評価した。本稿では、このデータの詳細については割愛せざるをえないが、ほぼすべての動作評価項目にお

表2-8 投動作の動きの観察評価項目

局面	身体部位	項目
準備	上肢	ボールを人差し指と中指を使って握っている（握り方） 腰の下から後方へ円を描き、バックスウィングする テイクバック時の位置　①（肩→肘→手首の順で位置している） 　　　　　　　　　　　②（肘の位置が肩の位置より高くにある） 　　　　　　　　　　　③（逆手を前方へ突き出している）
	体幹	投射方向に対して横向きである（体の向き）
	下肢	ワインドアップがある（支持面が送り足にある）
主要	上肢	肘の引き出し（肩の位置を肘→手首の順で通過）がある スナップがある（ボールに回転がみられる） 逆手を後方へ掻き込んでいる
	体幹	体躯の後傾（胸の反り）がある 体躯の回転（腰のひねり）がある
	下肢	ステッピング（支持面が踏み出し足）がある 踏み出した足のつま先が投射方向に向いている
終末	上肢	ボールリリースの位置が頭より前である フォロースルー（投げ手反対側の前下方への振り下ろし）がある
	体幹	体躯の前傾（反り返し）がある
	下肢	ステッピング（送り足）がある
総合	接続	視線は常に投射方向（的）に向いている 各動作がリズム良く、スムーズに行われている

いて変化がみられ、とくに単元の中でポイントにした「体躯の鞭運動」につながる「体躯の後傾（胸の反り）がある」「ステッピングがある」「踏み出した足のつま先が投射方向に向いている」といった項目で大きな向上が確認できた。

　このような単元を意図的に仕組むとすれば、低・中学年段階における「体つくり運動」の「多様な動きをつくる運動（遊び）」領域が相応しいであろう。とりわけ、ゲーム・ボール運動領域での技能的発展をも見通しながら、カリキュラムに位置づけていくのも一つの方策であると考えられる。
　なお、投運動に限らず、下半身で踏ん張ったり、体幹の軸である腰を強調した動き、また、それらと上半身の動きをつなげたりする運動遊びや運動課題の

指導により一層眼を向けていくことが重要になるのではないかと思われる。

(研究協力者：北垣内博・椎名　望)

［文献］
* 1　岩田靖（1998）楽しさの前提を豊かに掘り起こす、学校体育51（8）：196-197
* 2　岩田靖（2009）体育・スポーツ教育における今日的学力について―教科教育における授業実践の観点から、体育哲学研究（39）：80-83
* 3　宮内孝（2004）仲間と力を合わせてゲームを楽しみながら投能力を高める教材づくり、体育授業研究（7）：50-56
* 4　宮内孝（2009）それは「できない」原因が子どもにはないと悟ったとき、体育科教育57（8）：14-15
* 5　深代千之ほか（1982）幼児にみられる投能力の発達、Japanese Journal of SPORTS SCIENCES 1 (3): 231-236
* 6　宗倉啓ほか(2004)「投げる」動作の向上をはかる教具に関する研究、体育授業研究(7)：11-20

グループ対抗「ワープ走」
4年生・何度もチャレンジ
――「体が喜ぶ」リズム走の教材づくり

　小学校高学年における陸上運動のハードル走に発展していく前段階の、中学年での走運動を取り上げたい。キー・ワードは「『体が喜ぶ』リズム走」である。ハードル走は疾走の変形であり、インターバルとハードル・クリアランスのリズミカルな繰り返しが命である。したがって、運動の本質的な課題からみても当然、「リズム」が重要であり、欠落させることのできないポイントである。
　そのことをここでは、今一度学習者である子どもの側から捉え直してみたい。
① 一般に、動きの習得や習熟にとって「運動リズム」(movement rhythm)というのは非常に大きな手掛かりとなる。ハードル走においてはそれが顕著に感じられたり、考えられる対象となる。
② 動きの繰り返しの断面は、「運動組み合わせ」（異なる動きの結合：走る＋またぎ越す）である。ハードルの高さが要求されれば、より難しい課題となるが、子どもたちにとってこの学習との出会いの場は、動きの変形や繰り返しに対する「体の喜び」であるべきであろう。走運動を条件づける場に自己の体を適合させること（ピッチ、ストライドのリズミカルなコントロール）が子どもたちにとっての面白さ（身体的な爽快感・心地よさ）の源泉になるであろうし、学習を発展させる大きな幹になると考えられる。
③ さらにリズムは、その運動に取り組む者同士の関わりを生み出す契機になりうる。運動のリズムは行い手にとって重要であるばかりでなく、動きの観察者にとっても大きな媒体になり、相互に関わり合うための具体的な情報源になりうる。

[1]「リズム走」(ワープ走)の教材づくりの発想

　小学校4年生の授業実践を紹介したい。ここでは、主として課題とされる動きへの挑戦を志向する傾向が強い子どもたちの発達段階を考慮した「30mリズム走」を取り上げてみる。自分の体を場の条件に合わせてリズムカルに走ることを中心課題におき、その心地よさ、爽快さを徹底的に追究することをベースにしながら、記録達成をめざした学習へと発展させていくことを意図した授業である（「30m」の距離設定は、この段階の子どもたちの疾走様態、リズムの感じ取りの可能性、そして何度も繰り返しチャレンジしてくれる距離などの視点を前提としている）。以下に単元の中に位置づけた3つの教材について説明しておく。

■ワープ走

　2つのリング（直径80cm）を前後に並べてロープ（110cm）で結んだもの（「ワープリング」と命名）を障害とし、スタートからゴールまでの30m間に、インターバルが一定になるように3組設置する（図2-5）。そして、ハードル走と同じ3歩のリズムになるように、①踏み切り足を手前、振り上げ足を奥のリングに入れて走ること（リズム＝"ワー・プ"）、②インターバルを2歩で走ること（リズム＝"イチ・ニィ"）をルールとし、「ワープ走のリズム」＝"ワー・プ・イチ・ニィ・ワー・プ・イチ・ニィ・ワー・プ"を意識して走ることを課題と

写真2-10　ワープ走　　　　　　　写真2-11　スーパー・ワープ走

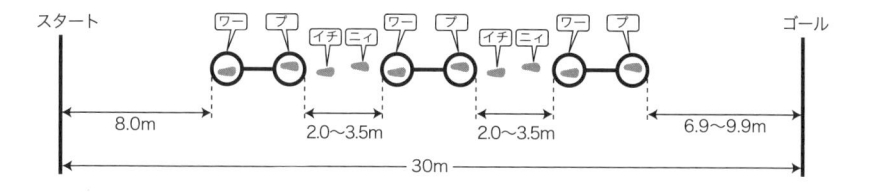

図2-5　ワープ走のコース設定

した。また、インターバルの違うコースをいくつか設置し、その中から自分に合ったコースを選ぶことによってリズミカルに走れるようにした。
■**チェンジリズム・ワープ走**
　場の条件に合わせていくリズム・コントロールを意図的に強調するために、ワープリング間のインターバル距離に変化をつける。
①3つのワープリングを近づけて設置し、短い歩幅で刻むように走る（第2時）。
②同一コース上のインターバルが一定の距離にならないように設置し、リズムをコントロールしながら走る（第3・4時）。
　また、これらのコースでグループ対抗による折り返しリレーを行う。
■**スーパー・ワープ走**
　ワープリングのロープ上に、立体障害（30cmの段ボール）を設置し、ワープ走と同様のルールで走る。障害を低く越えること、自分に合ったインターバルのコースを選び取って、リズミカルに走れるようになることを課題とした。また、ワープ走でのベスト記録とのタイム差を得点化し、グループ対抗による競争を行った。

[2] 授業の展開と子どもの様子

❶「風になったみたいに走れたよ！」（ステップ1・第2〜4時）
　ステップ1の学習を「リズミカルに走る心地よさを味わう学習」と位置づけ、毎時間の前半に「チェンジリズム・ワープ走」、後半に「ワープ走」を行った。
　前半の「チェンジリズム・ワープ走」では、折り返しリレーに向けてグループごとに、①走りのリズムを確かめる、②走り方を考え、確かめながら試走する、③少しずつスピードを上げていく、という手順で練習を進めた。スピードにのった状態で、ピッチ、ストライドを調整しながら走ることは、子どもたち

表2-9 単元の時間計画

	ステップ1				ステップ2		
	第1時	第2時	第3時	第4時	第5時	第6時	第7時
10	オリエンテーション	学習の準備・リズムサーキット					
		チェンジリズム・ワープ走 いろいろなインターバルのバリエーションに体を合わせて走る。			スーパー・ワープ走 グループでリズミカルに走れるように練習し、グループ対抗戦を行う。		
20							
30		ワープ走 自分に合ったコースを選び、リズミカルに走る心地よさを味わう。					単元のまとめ
40		学習のまとめ・片づけ					

にとって大きなチャレンジ対象となる。リズムを手掛かりにしながら、思い通りにならない自分の体をコントロールすることに面白さを感じ、子どもたちは進んで試走を繰り返した。

そして、インターバルに歩幅の目印を設置したり、「(インターバルは)"ギュッ"と踏みつける感じで走る」など、走り方のコツをアドバイスし合ったりしながら、設定されたインターバルのバリエーションに体を合わせて走ることができるようになっていった。折り返しリレーでは、「速く走ろう」という意識が先行し、スピードを出しすぎて自分の走りをコントロールできなくなる姿も見られたが、子どもたちにとって「チェンジリズム・ワープ走」は、リズムに合わせて自分の体をコントロールしながら走る面白さを十分に味わえる教材となった。

各時間の後半「ワープ走」では、2.0m〜3.5mの4種類のインターバル・コースを用意した。第2時、数種類のインターバルのコースを、友達同士で「ワー・プ・イチ・ニィ・ワー・プ……」と声をかけ合い、リズムを意識しながら走った。子どもたちは一定のリズムを繰り返して走ることに「楽に、気持ちよく走れる」と心地よさを感じた。そして、前半の「チェンジリズム・ワープ走」と比較しながら感想を話し合う中で、「途中でリズムが遅くなったり、速くなったりせず、ずっと同じリズムで走り切れるようになりたい」とワープ走でめざしたいリズミカルな走りのイメージを共有することができた。

第3時では、スピードを上げた積極的なインターバル走を引き出したいという意図から、「インターバルを広くしていくこと」を課題とした。子どもたちは、

インターバルを広くすることによって、走りのリズムが変化し、乱れが生じたことを感じ取ると、それを修正しようとそのコースを繰り返し試走した。「普通に走るより、ワープ走の方が速く走れるような感じがした」「風になったみたいに走れて、すごく気持ちよかった！」など、ほとんどの子どもたちがリズミカルに疾走する爽快感を味わえたことが、学習カードに書かれた感想から窺えた。

　第4時は、自分なりに一番気持ちよく、そして、速く走れる「"ベストコース"を見つけること」を課題として取り組んだ。「もっと体を前に倒すようにして走るといい」「(ワープリングをまたぐ時の)"ワー・プ"をもっと低く跳ぶといい」など、リズミカルに走るコツもアドバイスし合いながら、グループでリズムを手掛かりにお互いの走りを観察し、ベストコースを確かめていった。

　この時間、校内の数名の先生方に授業を参観していただいたが、「この子たちはなにが楽しくて、こんなにも繰り返し走り続けるのか？」と疑問をもたれるほど、子どもたちは何度も繰り返して走り続けた。これはきっと「体が喜ぶ」世界に子どもたちを誘い込むことができたということではなかろうか。

❷「みんながベストタイムを出せたよ！」(ステップ2・第5～7時)

　ステップ1での学習を通して、子どもたちはリズミカルに走ることの心地よさを味わうことができた。そこで、ステップ2の学習を「リズミカルに走れるようになるための学習」と位置づけ、立体障害を加えた「スーパー・ワープ走」でもリズミカルに走れるようになることと、それによってワープ走のベスト記録に迫ることをめざして学習を進めた。

　第5時、前時に選んだベストコースで、初めてのスーパー・ワープ走に挑戦した子どもたちは、ワープ走と同じように、リズミカルに走りたいという願いをもって試走を始めた。しかし、前時までの爽快な走りのリズムを生み出せず、これまで心地よく走れていたコースを最後まで走り切れなくなってしまったり、タイムが大幅に落ちてしまったりしたことに、子どもたちは大きなショックを受けた。そこで、再度走りのリズムに目を向けさせ、「障害を跳び越えるときのリズムが遅くなる」ことを確認すると、その原因を「障害を『フワッ』と跳んでいるからいけない」「低く跳ぶようにすればいい」ととらえ、リズミカルに走れるようになるための走り方を話し合う姿が見られた。

　第6時では、そうした子どもたちの考えを取り上げ、「低く障害を跳び越すためにどうすればよいか」という課題について実際に試走しながらグループごとに考える時間を設けた。そして、障害をおく位置に着目させることで、「障

害を遠くから踏み切って、近くに着地すれば低く越えることができる」という共通の認識をもつことができた。子どもたちは、立体の障害を着地側のリングに近づけて設置し、お互いの障害を跳び越す高さを見合い、声をかけ合ってチャレンジした。

最後の時間となった第7時は、時間のはじめに「低く跳べるようになったのに、記録が伸びなかった」という子の走りについて全体で考えた。リズムに着目させて実際の走りを観察すると、子どもたちはインターバルの「イチ・ニィ」のリズムが短く詰まっていることに気づいた。低く跳べたことでスピードが落ちなくなったとともに、これまでの学習の積み重ねによって、ストライドが伸びてきたためであることを伝え、「最後の対抗戦に向け、"ベストコース"で"ベストタイム"を出そう！」と呼びかけた。子どもたちは、リズムを手掛かりに複数のインターバルのコースを試走し、最後までトップスピードで走り切れるコースを探したり、もう少しでリズミカルに走れそうなコースで走りのリズムを修正しようと試みていた。また、チャレンジしている友達と並走しながら「ワー・プ・イチ・ニィ・ワー・プ……」と、その走りのリズムを確かめて伝えたり、障害を跳ぶ高さや姿勢などについてアドバイスを送ったりしながら、積極的に関わり合って活動し、最後の記録計測に向かった。

1人2回ずつの記録の計測を行う中、スタートしようとする友達を応援する声や、走っている友達に「ワー・プ・イチ・ニィ……」とリズムを伝える声、記録更新をたたえ合う歓喜の声が、どのグループからも聞こえてきた。そして、全員の計測を終え、「グループ全員がベストタイムを出せた！」と肩を組んで喜び合っているグループがいくつも見られた。実に、28名中26名がベスト記録を更新させた。また、更新できなかった2名も、目標とした最後のワープ走の記録を上回る結果を残し、全員が満足して単元の学習を終えることができた。

次に掲げるのは、単元終了後における子どもの感想の一例である。

＊　　　　　　　　＊

今日、最後のワープ走でした。まず、自分に合ったベストコースを決めました。私は、2.5mだと遅くなっちゃうので、3.0mのコースにしました。最後のところでリズムが合わなくなっていたけど、Kくんたちが「ワー・プ・イチ・ニィ……」とか声をかけてくれて、だんだんできるようになりました。そして、最後に記録を測ったら、何と、今までのベストが出せました！　すごく、すごくうれしかったです。ワープ走は、とっても楽しかったです。

＊　　　　　　　　＊

本単元では、第2時以降、形成的授業評価を実施している。詳細は割愛せざ

るをえないが、単元を通して全体的に期待通りの良好なスコアが得られている。クラス全体の総合評価では、第5時にスーパー・ワープ走での立体障害の抵抗からか、ややスコアの落ち込みがみられたが、その後、単元終盤（第6・7時）では5段階評価の「5」を示している。

ちなみに、単元最初の30m走のタイムによって抽出した走能力の「上位群」「下位群」別のデータでも、両者ともに単元終盤では2.8～2.9のスコアが得られ、とくに苦手な子どもの授業への積極的参加も促しえたと考えられる。

[3] 学習成果の検討

❶子どもたちの走りが変わった

表2-10に示したように、単元中盤の「ワープ走」、終盤の「スーパー・ワープ走」においてもタイムの大きな向上がみられた。また、立体障害を置いた「スーパー・ワープ走」のタイムが最終的にはワープ走をも上回っている。加えて、30mという短い距離にもかかわらず、単元前と単元後のフラット走のタイムはクラスの全体平均で0.2秒の短縮が認められた。実際、「速く、軽く走れるようになった」と自分自身の走りの変化を感じている子どもたちの声も多く聞かれた。また、きわめて主観的ではあるが、単元終了後の子どもたちの走りを見ても、以前と比較して、明らかにスピード感や力強さが感じられるようになった。とくに、もともと走力の高くなかった子どもたちの走りは大きく変容し、膝が前に出てストライドが広がるとともに、軽快に地面を叩き、つま先で引っ掻くように走れるようになったように思われる。これは、本単元で取り上げた3つの教材において、子どもたちが自分の体をリズムに合わせるようにストライドやピッチをコントロールして走ろうとした効果であったといってよいのか

表2-10　各段階における平均タイム

時 （月/日）	第1時 (10/11)	第2時 (10/16)	第4時 (10/23)	第5時 (10/30)	第7時 (11/8)	単元終了後 (11/15)
計測内容	30m フラット走	初めての ワープ走	最後の ワープ走	初めての スーパー・ ワープ走	最後の スーパー・ ワープ走	30m フラット走
男　子 女　子	6.07 6.41	6.55 6.98	6.17 6.70	6.56 7.10	6.00 6.48	5.91 6.17
全　体	6.23	6.75	6.42	6.81	6.23	6.03

もしれない。

　リズムに合わせて走ることの面白さや、リズミカルに走ることの爽快さ、心地よさを求めて、子どもたちが何度も何度も繰り返し走ったことは、結果として走能力の向上に結びついた。このことは、単に走の繰り返しによるドリル効果のみならず、「ベタ走り」とも表現しうる子どもたちの走形態の改善にプラスの影響を与えたものと推測できるであろう[‡1]。

❷友との豊かな関わりを生み出し、学びを深めることができた

　ステップ2において、子どもたちはとても豊かに関わり、リズムよく走れるように声をかけ合ったり、アドバイスをし合ったりしながら学習することができた。これは、グループ対抗戦を取り入れたことによって、チームとしての意識が芽生え、みんなで支え合いながら記録を伸ばしていこうという願いをもてたためである。

　そのようにして必然的に生まれた関わりを、さらに豊かで、お互いの学びを深めるものへと結びつけたのが「リズム」であった。リズムは、子どもたちにとって、自他の走りを見返すための明瞭な視点となり、めざす走りのイメージや、そのための課題を共有していくための大きな手掛かりとなった。そのため、子どもたちは、お互いの記録の伸びを自分のことのように喜び合ったり、友達のつまずきや高まりをとらえて声をかけ合ったりしながら、実に温かい雰囲気で学習を進めることができた。

　私たちが探究したいと願っている「わかり合い、支え合う体育」[*1]授業の一例であろうと考えている。

（研究協力者：斎藤和久）

[注]

‡1　このことに関わって、十数年来気になってきたことがある。それは、子どもたちが履いている運動靴がきわめて走運動に不向きなものになっているのではないかということである。どうみても、底が厚かったり、硬かったり、また重そうな靴ばかりである。走能力の学習・発達において、確かに一方で、「思いっきり走る」経験が不足していることも抜き差しならない問題ではあるが、このような靴ではベタ走りを助長してしまうのではないだろうか。高価な靴の現代的なマイナスポイントであるかもしれない。

[文献]

*1　岩田靖（2008）「確かな学力」を保障する学習指導過程をデザインする、体育科教育 56（13）：14-18

第2章-5

6年生・リズムのコントロール
疾走の変形としてのハードル走

　体育の教材づくりにおいてもっとも大切にしたいのは、運動の面白さ、楽しさを生み出す本質的な課題性のありかを解釈すること、あるいは捉え直すことであり、それらをクローズアップしていくことである。また、これと表裏一体のこととして、「苦手な子どもから学ぶ」、あるいは「子どものつまずきを直視する」[*1]という視点も欠かせない。

　ここでは、このような視線をハードル走にも向けてみたい。つまり、リズミカルな走りを生み出せていない子どもたちの身体性になにが起こっているのかという視角から、指導の課題を掘り下げてみることである。

　ここで取り上げるのは、4年生のときに「ワープ走」(前出)を経験している子どもたちが取り組んだ6年生段階でのハードル走の授業例である。

[1] ハードル走の教材づくりの発想

❶ハードル走の前提としての「リズム」の再解釈

　ハードル走での子どものつまずきに視点を当てた場合、遠くから踏み切れない子（ハードルの近くから跳ぼうとする子）、高く跳んでしまう子、着地足がブレーキになったり、ふらついてしまう子、着地後の第1歩が大きく踏み出せない子といった存在や現象の背後にあるものを運動学習の視点から読み解く努力をしてみることが最大のポイントになるであろう。

　ここでまずは、往々にしてハードルに対する「心理的問題」がつきまとっていることを注視しておかねばならない。「ハードルにぶつかったら……」「ハードルに足を引っかけてしまったら……」、このような不安のもとでは、学習意欲が喚起されないと同時に、好ましい動きの獲得に向けての積極的なチャレン

ジを導くことができない。加えて、ハードル走の学習の段階を想定した適度な課題性を創出するハードルの高さの検討も必要であろう。これらのことを踏まえた上で、次の事柄を考えてみたい。

　ハードル走の指導では、発達段階を見通した学習内容の軸として、「『走』と『またぎ越し』の『運動組み合わせ』」の視点が注目される。ハードル走をインターバルの走りとハードルのクリアランスのセットとして考えれば、その循環運動として理解することができるが、そこではとりわけクリアランスにおける走りの変形をともなった動きを維持できるかどうかが子どもにとって重要な課題となろう。この観点からすれば、従来、振り上げ足の着地から走への組み合わせの感覚学習の必要性が見逃されてきた状況はないであろうか。これは、「振り上げ足の振り下ろし（掻き込み）」や「着地後の第1歩」の重要性といった既知の技術ポイントの再解釈の視点になるであろうし、また、「リズムの大切さ」を見直す視点となるものと思われる。

　ここからすれば、ハードル走というのは、実は「二重の運動組み合わせ」であることを確認する必要があろう。つまり、子どもたちにとって、「走＋跳」（走りながら踏み切る）とともに、「跳＋走」（着地足が走のキックになる）の動きを組み合わすことが求められていることになる。その意味で、ここでの疾走状態の「変形」とは、「フラット走時のストライドより広い跳躍運動を走運動にリカバリーすること」であるともいえる。いい換えれば、着地を走の動きとして先取りできることである。「リズム」の源泉とは、この運動組み合わせの中に潜んでいるといってよい。[*2]「水平方向のスピードの減速を防ぎ、維持すること」が課題となるのである。この視角からハードル走の学習指導を掘り起こしてみることが、実現しうる学習成果へと導く一つのキー・ポイントではなかろうか。

　これから説明する単元の授業に向けての願いは、およそ以下のような姿の現出であった。それは、「変形を含んだ走のリズム・コントロール」として、「インターバルをスムーズに走り抜けていくハードル走」である。中心的なコンセプトは、先にも述べたように着地足がキックになるところにおかれている。そこでは、スピードを求めていく中で、ハードルをクリアしていくことに不安を感じずに踏み切っていくことができること、また、着地足がブレーキにならずに、走の維持ができることが大切であると考えた。いわば、「着地足を起点にしたリズム」を生み出すことである。着地後の第1歩を大きく踏み出せるようになることも、この延長線上に位置づけることができるであろう。

写真2-12　着地足がキックになる動き　　写真2-13　塩ビパイプ製のゴム・ハードル

❷ハードルの設定と教材づくりの実際

　ハードルは手作りハードルを利用した。すべて塩ビパイプをフレームにした「ゴム・ハードル」である（引っかかった場合にはゴムも外れるようにしている、写真2-13）。前述したように、ハードルへの不安を解消し、思いきり走れる前提条件を生み出すためである（体育授業の中に、競技文化の形式を直接そのまま持ち込む必要はないであろう）。

　単元の中では、「40mハードル走」（単元教材）を課題とし、高さ50cm、4台のハードルを共通設定とした。ハードルの高さは、とくに振り上げ足とその着地にポイントをおいた学習の視点を強調するため、抜き足の動きに意識を向けなくてもすむレベルになることを考慮した。インターバルは、フラット走時における各自のストライドの4歩分を一つの目安としながら、5.5mから7.5m（50cm刻み）の範囲の広がりをもたせた。対応する子どもの多いインターバルのコースは複数用意した。

■下位教材の挿入

　「着地足を起点にしたリズム」を大切にするために、振り上げ足の動きと着地の感覚学習を促す下位教材（運動課題）について触れておきたい。

　通常、ハードル走において、「3歩のリズム」という表現がとられる。実際、同じ側の足での踏み切りと着地を行えば、偶数の4歩の繰り返しになるのは当然である。ここで、「3歩」というのは、「インターバルの中で完結するストライドに対応した歩数」を指示しているのであろう。そこではそのリズムを刻む

写真2-14　着地足から走り出す

際に、しばしば着地足を「トン」などと呼び、着地後の第1歩からリズムを数えること、つまり、「…トン・1・2・3〜トン・1・2・3〜トン…」といったような方法が多くとられていたものと思われる。しかしながら、ここでは着地足がキックになって走りを維持することに焦点を当てているため、着地足からの3歩のリズムになるように、「…1・2・3・ジャ〜1・2・3・ジャ〜1…」の形式を採用した（「ジャ」はジャンプのジャ）。このリズムを自分で走りながら刻んだり、友達から声をかけてもらったりするのである。
〈ジャンプ・アンド・ラン〉
　着地足でよりよいキックを生み出す感覚学習を促すために、ステップから前方に跳び出して、着地足からすぐさま走り出す課題を設定した。着地でつぶれずに走の動きに結合できること、つまり、「『ドスン』と降りるのではなく、『ギュッ』っと走る」イメージづくりを強調した（写真2-14）。
〈ホワイト・ライン〉
　着地が走の動きとしてリカバリーされるためには、振り上げ足を疾走状態と同じように前方に出して振り下ろすことが大切になる。いわば、「真っ直ぐに走る」ことである。とりわけ、着地から次の1歩のフェイズで体がふらついたり、蛇行していないかどうか、チームの仲間と観察し合いながら練習できるように、コースの中央に白線を引いた場を利用した（写真2-15、2-16）。

■ハードル走のタイムの得点化とグループ対抗
　ハードル走の個人的達成度は、各自のフラット走のタイムを基準にした得点

写真2-15　コースの中央に白線を引いた場　　写真2-16　白線を目印にまっすぐ走る

形式とし、単元後半では、この得点のグループ平均による競争を取り入れた。フラット走のタイムを30点とし、これにどれだけ近づけたかを得点化する（0秒1刻み1点で、たとえば、タイム差が1秒であれば20点、1秒5なら15点とする）。

[2] 授業の展開と子どもの様子

　単元は9時間で構成した。全時間を通して4〜5人からなるチーム学習形式で授業を進めた。40mフラット走のタイム測定（ストライド調べを含む）、ハードル走に関する教室学習の後、単元前半のステップ①では、「自分の目安のコースで、最後までスピードを落とさずにリズミカルに走る」ことを課題とした。そこでは、ハードル走についての技術的な認識を共有した練習を促していくために、クラス全体に対する共通学習の意味合いを大切にした。

　引き続く単元後半のステップ②では、ステップ①での学習を土台としたチームでの練習を中心にし、タイムトライアルによるグループ対抗戦を位置づけた。取り組む運動そのものは個人で完結するものであるが、これまでも強調してきたように、集団化による「わかる・できる・関わる」学習活動のプロセスを創出していくためである。なお、最終時は記録会とした。

❶「ワープ走のときのように、気持ちよく走るには?」(オリエンテーション、第1・2時)
　第1時、4年生時の単元「ワープ走」の学習を振り返って話し合い、リズミカルに、気持ちよく走れたことを全体で確認した。そして、障害がハードルになっても、ワープ走のときと同じようにインターバルを同一歩数(「ハードル走のリズム」、"1・2・3・ジャ〜"と提示)で、気持ちよく走ることをめざして、40mハードル走の試走を行った。ゴムのハードルであったため、当初から子どもたちは恐怖心をもつことなく積極的に挑戦することができ、短時間ではあったが、コースを選択しながら繰り返し試走する中で、多くの子がインターバルを同一歩数で走ることができるようになった。40mを走り切れたことへの達成感やリズムを意識して走る楽しさを味わいつつも、「全然気持ちよく走れなかった……」と自身の走りを振り返り、一定のリズムで走ることができなかったことや、ハードルをクリアするたびに失速してしまったことへの問題意識をもつ子が大半を占めた。
　第2時では、そうした子どもたちの感想をもとに、「40mハードル走でも、ワープ走のときのようにリズミカルに、速く走れるようになろう!」と単元の目標を設定した。そして、単元「ワープ走」における学習や第1時での自分たちの走りを想起し、重ね合わせながら模範VTRを視聴させることにより、ハードル走の中核的な課題性が全力のダッシュとスムーズなジャンプの繰り返しにあることに気づかせ、単元の目標を達成するために大切なポイントを子どもたちの話し合いから次のように整理した。
　①低く、スムーズにハードルを跳び越す。
　②インターバルの"3歩"をしっかりダッシュする。
　③左右にフラフラせず、真っ直ぐにダッシュとジャンプを繰り返す。

❷「リズミカルに、速く走れるようになろう!」(ステップ①、第3〜5時)
　第3時は、最初に「はじめの記録」の計測を行った。そこでの走りや第2時の試走を振り返り、ほぼ全員が、低く跳べていないことを問題としてあげた。そこで、第3時の共通課題を「(ハードルの手前)遠くから踏み切り、ハードルを低く跳び越す」とし、ステップ①の学習をスタートさせた。遠くから踏み切り、前方にまたぎ越すように跳ぶと、低く跳べるようになることを確認し、ハードル手前に白線を引いて、踏み切り位置("ジャ")の目安とした。子どもたちはハードルへの恐怖心がないため、ハードルから離れた位置からでも思い切って前方へ跳び出していくことができた。グループ内で互いに踏み切った位置やジャンプの高さを見合い、声をかけ合いながら練習する中で、低くハー

ドルを跳び越す感覚をつかみ、ハードル走のリズムで、2台、3台と低く跳び越せる台数を増やしていくことができた。しかし、多くの子どもたちが白線で踏み切ろうとするあまり、全力で疾走することができず、走りのリズムを生み出すことができずにいた。

　そこで、第4時、ハードルを低く跳び越すことの目的を再確認し、共通課題を「第1ハードルまでとインターバルを全力でダッシュし、リズミカルに走る」とした。子どもたちは、第1ハードルまでの歩数を調べてスタート足を決めたり、走りのリズムに着目して声をかけ合ったりしながら練習を進めた。その中で、インターバルが詰まっていく子どもたちの姿が多く見られたため、目安のコースよりもインターバルの広いコースへの変更を促していった。そして、第1ハードルまでの加速と、ハードル手前の白線を活用した低い跳び出しによって、スピード感のある走りになり、リズムも生まれてきた。子どもたちは、そうした自他の走りを振り返って手応えを感じた一方で、後半になると失速し、リズムが乱れてしまうことに問題意識をもった。

　第5時は、その原因が「3歩ダッシュの1歩目」にあることを確認することからスタートした。"1"の足がつぶれ、"ズブッ"や"ドスン"という「着地」になっているため、失速し、リズムが乱れてしまうのだと認識した子どもたちは、下位教材「ジャンプ・アンド・ラン」に繰り返し取り組み、1歩目を"ギュッ"と「走る」感覚を養った。実際のコースで試走すると、スピードを調整してしまう姿もあったが、「今のは"ドスン"ってならなかった」「つぶされないで"1・2・3"としっかり走れた」などと互いに声をかけ合いながら練習し、次第に1歩目をしっかりキックできるようになっていった。時間の後半には、コース中央に白線を引き、友達の走りを正面から観察させたところ、1歩目がつぶれず、3歩ダッシュが全力でできていると、体が左右に揺れず、真っ直ぐに走れていることに気づいた。インターバルを1歩目からしっかり走り出すためのコツとして、振り上げ足を真っ直ぐに振り上げて素早く振り下ろすこと、踏み切った足を素早く引きつけることの2点を全体で確認し、ステップ①の学習を終了した。

❸「グループでアドバイスし合って、ベストタイムを出そう！」(ステップ②、第6～8時)

　これまでの学習を整理するとともに、グループ対抗戦のルールを確認して、第6時よりステップ②の学習に入った。子どもたちは、学習資料（スピードアップ・カード）をもとに、自分の課題を確認して練習方法を選択しながら積極的に練習に取り組んだ。グループ対抗戦への意識とともに、ステップ①の学習

表2-11 ハードル走の単元における形成的授業評価

		第3時	第4時	第5時	第6時	第7時	第8時
成　果	男　子	2.76	2.88	2.55	2.88	2.74	2.64
	女　子	2.15	2.44	2.41	2.72	2.47	2.69
	全　体	2.47 (4)	2.67 (4)	2.48 (4)	2.81 (5)	2.61 (4)	2.67 (4)
意欲・関心	男　子	3.00	3.00	2.86	3.00	3.00	2.89
	女　子	2.89	2.96	2.92	2.96	2.92	3.00
	全　体	2.94 (4)	2.98 (4)	2.89 (4)	2.98 (4)	2.96 (4)	2.94 (4)
学び方	男　子	2.89	2.89	2.79	2.93	2.92	2.89
	女　子	2.81	3.00	2.89	2.96	3.00	3.00
	全　体	2.85 (5)	2.94 (5)	2.83 (5)	2.94 (5)	2.96 (5)	2.94 (5)
協　力	男　子	3.00	2.96	3.00	2.93	3.00	3.00
	女　子	2.96	3.00	3.00	2.92	3.00	3.00
	全　体	2.98 (5)	2.98 (5)	3.00 (5)	2.92 (5)	3.00 (5)	3.00 (5)
総合評価	男　子	2.90	2.93	2.77	2.93	2.90	2.83
	女　子	2.64	2.80	2.76	2.87	2.81	2.90
	全　体	2.77 (5)	2.86 (5)	2.77 (5)	2.90 (5)	2.85 (5)	2.86 (5)

※括弧内は5段階評価。

から、互いにアドバイスする観点を明確にもてていたため、グループでのアドバイス活動はきわめて活発に行われた。コース中央の白線や振り上げ足の裏を手掛かりに正面から観察したり、ハードル手前の白線や走りのリズムを手掛かりに側方から観察したりしながら、チームの仲間の課題に応じたアドバイスをし合うことができた。そして、終始一定のリズムで全力疾走できるようになったり、インターバルの広いコースに変更することでストライドを広げ、さらにスピードにのって走れるようになったりするなど、時間を重ねるごとに力強いインターバル走と低くスムーズなクリアランスを向上させていった。

　各時間の終末には、自分の走りに手応えを感じ、期待感をもって記録の計測に挑戦する姿が見られ、自他の記録やグループ得点に一喜一憂しながら、自己記録への挑戦を楽しむことができた。そして、単元のまとめの場面において子どもたちは、記録の向上はもちろん、互いの走りの変化や、それに向けてグループで協力して学習できたことを単元の成果として、満足感をもって受け止め

ることができた。

　表2-11に掲げたのは、単元第3時以降、第8時まで実施した形成的授業評価のスコアである。第2時まではオリエンテーションや教室学習が大きな部分を占めていたこと、第9時は記録会を中心にしたため対象としていない。

　表中のスコアからすれば、総じて安定して高い評価が得られたといって間違いない。ただし、学び方や協力次元に映し出されている積極的で協力的な学習活動の様相の中で、成果次元がやや揺れたのが気になった。全体的には大きなパフォーマンスの向上がみられたにもかかわらず、時間によってスコアが上下した原因はなんであったのか。これは想像でしかないが、各時のグラウンドコンディションの違いが影響を与えていなかったか、とも思う。走運動では記録の出具合がこれによって左右されやすいところもあるからである（ちなみに、第6時はきわめて好条件であった）。

[3] 学習成果の検討

❶40mハードル走のタイムの変化

　単元の第3時に、自己の40mフラット走時のストライド調べのデータをもとに、目安となるインターバルを選択し、試走した後、はじめの40mハードル走のタイム測定を行った。また、単元後半のステップ②において、グループ競争をしていく中でタイムトライアルを重ねた。ここでは、はじめの記録と単元後半のトライアルの中で得られた各自のベスト記録を比較するかたちで学習成果にかかわるパフォーマンスの変化を提示しておく。

　表2-12は、男子・女子・全体、および上位・中位・下位群別の変化と短縮タイムの平均値（小数点第2位を四捨五入）を示している。なお、対象授業の

表2-12　40mハードル走のタイムの変化

	単元はじめ	ベスト記録	短縮タイム
男　子	8″3	7″4	0″9
女　子	9″5	8″1	1″4
全　体	8″9	7″8	1″1
上位群	8″0	7″2	0″8
中位群	8″8	7″8	1″0
下位群	9″9	8″2	1″7

クラスは28名であったが、はじめとベスト記録の双方のデータが単元の時間内で得られている男女各13名・計26名によるものである。上位・中位・下位群は、はじめの記録による上位男女各4名、中位男女各5名、下位男女各4名で構成されている。

　表に示されているように、男女ともに確実な学習成果が得られた（26名のすべてがはじめの記録を更新している）。また、はじめの記録によって区別した技能別群のデータでは、とりわけ下位群の飛躍的な伸びが確認された。一般的にみて、技能の下位群が記録の絶対値的な視点においてパフォーマンスの向上の可能性が高いといえるが、そのような子どもたちの達成度を可能性にとどまらせずに、まさに実現させていくことが課題であり、責任であろう。なお、クラスの子ども全員が、自己の選択したインターバルのコースにおいて3歩のリズムで走り通せるようになったことも大きな成果であった。

　単元終盤の第8時、授業の途中で校長先生がグラウンドに出て来られ、子どもたちに声をかけながら活動を見守っておられた。観察していた筆者が挨拶に近寄ると、「最初の頃と比べて動きがものすごく変わったねぇ～」とおっしゃった。実際、各時間に撮影していた映像で見比べれば歴然としている。着地で「ドスン」と降りていた多くの子どもたちが、インターバルを力強く駆け抜けている。思い切って突っ込んでいけるハードルの物的条件を前提としながら、「着地足を起点としたリズムコントロール」を焦点に、みんなで学び合った成果であったと考えられる。

（研究協力者：斎藤和久・菅沼太郎・板花啓太）

[文献]
* 1　岩田靖（2006）典型教材の本質から学ぶ教材づくりの視点、体育科教育54（12）：14-17
* 2　岩田靖（2010）ハードル走の教材化過程における情報の組み替え、体育科教育学研究26（1）：23-28

第2章-6

4年生・「走り幅跳び」の教材づくり（その1）
チャレンジ・ワン・ツー・ジャンプ

　校庭の片隅に設置された砂場を使って、走り幅跳びの授業が行われている。一つの砂場の延長線上に子どもたちが1列に並んで、順番に走ってきては、跳んでいる。測定や記録係、砂ならし役の子どもを除いた多くの子どもたちが、走り出す順番を待っている。教師は、助走のスタートに対して合図をしたり、時としてスムーズに進まない測定作業を促している……。これに類似した授業風景は決して珍しくない。

　このような授業からの転換はできないものか。このことを大きな前提としながらも、さらに今日的な体育授業の課題を見据えつつ、小学校の走り幅跳び（跳躍運動）の教材づくりについて考えたい。中学年段階（4年生）での「走・跳の運動」領域の授業である。

[1]「チャレンジ・ワン・ツー・ジャンプ」の教材づくりの発想

　今日の体育授業の理念として掲げられている「心と体の体育」の理念を重視したい。

　運動への二極化、運動能力の低下の問題や、コミュニケーション能力の育成への課題を踏まえれば、運動の基礎・基本を大切にしながら、子どもたちにとって易しい教材（運動課題）を工夫することによって、できる限り多くの子どもが成功感や達成感を味わえる学習の場を提供していくことが必要となるであろうし、さらにまた仲間との豊かな交流が生まれる授業づくりが課題である。

　これらに関わって、まずは以下に説明する授業実践の中での教材づくりの強調点を掲げておきたい。

❶運動課題における発達適合性——学習内容抽出の焦点としての「運動組み合わせ」

　小学校中学年段階の走り幅跳び（跳躍運動）。子どもたちの運動能力や発達特性に応じた学習内容の焦点は、いかなるところに当てられるべきであろうか。つまり、この段階での基礎・基本となる運動学習の中身に関する解釈についてである。

　ところで、走り幅跳びを物理学の観点から捉えるとすれば、端的に踏み切り時における「初速」と「跳躍角度」が決定的な要因になるといってよい。跳躍の放物線を描き出すベクトルが重要なのである。したがって一般的には、より速度のある助走から体を上昇させるための踏み切り技術がキー・ポイントになるのは当然であろう。

　ただし、今述べたいわば2つの要因から導かれる課題をこの時期の子どもたちに直接的に、そして同時に要求することは非常に難しいというのがここでの教材づくりの考え方の出発点である。これらは概して大人の世界において実現されうるもの、さらには競技的な世界における課題設定だといえなくもない。通常では、助走のスピードが速くなればなるほど、踏み切り技術の駆使は容易なものではなくなるのであり、とりわけ小学生段階の子どもに焦点化されうる課題ではないものと思える。

　加えて、小学校低・中学年の段階では、それ以前に、「走ること」（助走）と「跳ぶこと」（踏み切りからの跳躍）といった異なる運動の連続性を獲得する「運動組み合わせ」(movement combination; Bewegungskombination) に大きな課題が存在していることに気を配るべきであろうが、このことは意外と見過ごされているといってよい。

　たとえば、助走から踏み切りの契機を得られずにそのまま走り抜けてしまう傾向のある子ども、走りの延長で片足での着地になってしまう子ども（両足での着地ができない子ども）、なかには動きの連続性において片足で踏み切れない子どもさえ存在する。「走ってきて跳ぶ」——一見単純に見える運動ではあるが、実はそのこと自体に大切な学習の必要性が潜んでいるのである。

　したがって、この「運動組み合わせ」に習熟していない段階で、スピードのある助走（つまり、十分な加速ができるだけの距離のある助走）からの踏み切りを期待しても、それは子どもにとってきわめて課題性の高い要求になってしまうに違いない。また、このような踏み切りの難しさがあるにもかかわらず、長めの助走をしてしまいがちになる子どもも少なくない。そのような場合には、走りの途中でいわば「偶然的な踏み切り」を誘発するだけでしかないことも多

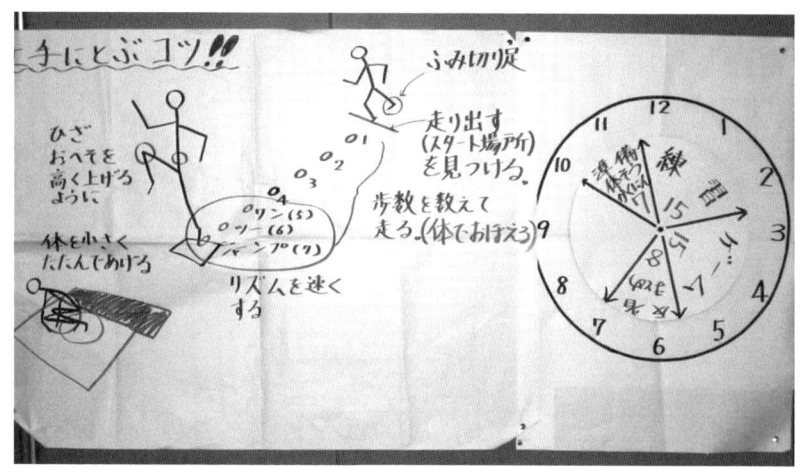

写真2-17　体育館の壁に掲示されたチャレンジ・ワン・ツー・ジャンプのコツ

く、身体の感覚的な運動学習から乖離してしまう状況が生み出されてしまうであろう。

　総じて、陸上運動の課題の特性は、すでに習得している動きの達成（leisten）の度合いを高めていくところに求められるが、この発達段階の子どもにとっては、その前提としての動きの形成（gestalten）に関わった学習に視線を向けることが大切になるのではなかろうか。換言すれば、とくに小学校段階では、「動ける体づくり」といった視点から学習内容を強調すべきではないかということである。そのことは、子どもたちの動きの獲得のステップの中で、より細やかで、丁寧な指導が求められていることを意味している。

❷個人的運動の集団化──「統一と分化の原理」の適用

　陸上運動は、これまでの「運動の機能的特性」論からすれば、主として「記録達成」をその中心的な楽しさの源泉とする「個人的な達成スポーツ」として特徴づけられてきたといってよいであろう。しかしながら、ここでは、基本的に個人で完結する運動でありながらも、その学習の過程や活動を「個別化」に導くのではなく、逆に「集団化」する方向性を強調したい。クラスの中における子どもの能力差を前提に、個々の子どもによる能力の最大発揮を促すことを大切にしながら、学習における子どもの関わり・相互交流を増幅させる授業のあり方を探究する方法においてである。そこでは、授業レベルにおける「統一と分化の原理：Prinzip der Einheitlichkeit und Differenziehung」[1,2]という教

授学的方略が教材づくりのアイディアとして有用な手掛かりとなるであろう。

「統一と分化」の考え方を簡潔に説明すれば、子どもたちが同一の学習課題・学習内容に取り組みながらも（統一）、個々の子どもの力量に応じてその目標・めあてを設定していく（分化）ことである。「統一と分化の原理」による個々の子どもへの配慮とは、学習の個別化を生み出すためのものではなく、「分化」的方策を用いることによって、子どもたちが取り組むべき共通の学習内容をクローズアップし、それをめぐった共同的な学習を組織化するためのものであることを強調しておきたい。[*3,4]

❸教材づくりの実際──「チャレンジ・ワン・ツー・ジャンプ」

実際に、授業展開において中心的な学習活動の対象とした教材である「チャレンジ・ワン・ツー・ジャンプ」の運動課題について詳述する必要があるであろう。

この授業は、グラウンドではなく、体育館において実施したものである。クラスを6グループに編成し、それに対応した場を用意することによって（各グループに跳躍後の着地の安全のためにマットを準備）、個々の子どもの学習機会を増大させることを意図した活動を組織した。

前述したように、ここでの学習内容の中核は「走運動」と「跳躍運動」の「運動組み合わせ」にある。ただし、「組み合わせ」とは、異なる動きの断面をそのまま糊で貼りつけたり、テープでつなぎ合わせるようなことではない。2つの運動を時間的に連続して結合させる場合には、最初の動きの終末において、次の動きの契機が先取りされ、2つの動きの融合局面の形成が必要である。[*5]

当然ながらそこでは、期待される動きの原理を子どもたちに言語的に説明してみてもほとんど意味はない。重要なのは、そのような「動きの先取り」を誘発する学習状況を生み出しうる、より易しい運動課題（教材）を創出することである。

そのため、踏み切りの契機を明瞭にすること、またそれに向けての余裕を生み出すことをベースに、身体動作のリズムを大切にした短い助走からの跳躍運動をチャレンジ対象として構成した。「チャレンジ・ワン・ツー・ジャンプ」は、助走を「7歩」に短く限定した走り幅跳びである。歩数を限定することのもっとも重要な意味は、子どもにとって、「いつ踏み切ればよいのか」をはっきりさせることが、「走と跳の運動組み合わせ」の感覚運動学習をコントロールすることの前提だと考えるところにある。その上で、7歩に設定したのは次のような理由からである。

①子どもにとって、意識的に統制可能な短さであること。
②短いながらもリズムを生み出しやすいこと。
③子どもにとって負担の少ないチャレンジ課題として、繰り返しの練習に適切であること。
④奇数であることから、踏み切り足と同じ足からスタートすればよいこと。

　またここでは、身体運動の感覚的世界を掘り起こす意味から、7歩という限定に加え、踏み切り位置を正確にコントロールすることをめざした。「身体運動の感覚的世界を掘り起こす」とは、換言すれば、踏み切りを合わすという意識的行為が、運動組み合わせにおける動きの先取りを促すことを意味している。そのため、約30cm四方のゾーン（移動しないように工夫した薄いプレート）に踏み切りを合わすことを重要な課題とした。したがって、個々の子どもが7歩のリズム（ワン・ツー、ワン・ツー、ワン・ツー・ジャンプ）を経ながら、助走と跳躍を組み合わせ、連続させる練習に取り組む中で、自分に適した助走スタートの位置どりの探索・確認を大切にした。

[2] 授業の展開と指導のポイント

　実際の授業では、このような運動課題へのチャレンジを、「統一と分化の原理」を生かした個々の子どものめあてとなる達成目標の分化を前提に、グループ活動化、さらにはグループ間の集団ゲーム化して実施している。
　第1時にオリエンテーションの後、試しの記録測定を各々2回行い（11～13歩の助走）、よい方のデータを個々の子どもの基準値とした。単元の展開の中では（第2～6時）、この基準値の7～9割にあたる距離を個々の子どもの達成目標とし、時間の進行に沿ってそれぞれ目標値を高めていくようにした。その際、「踏み切りが合う」「両足着地で目標ラインを越える」ことの2つを達成の条件に位置づけ、グループのメンバーの達成度を得点化し、その練習・ゲームに取り組ませた。
　したがって、第1時および第7時を「事前記録会」「事後記録会」とし、単元なかの第2～6時を「チャレンジ・ワン・ツー・ジャンプ」の学習活動として位置づけた。
　この教材へのチャレンジにおいては、リズムある助走、踏み切りの合致、両足での着地といった一連の動きの連続性を重視し、それを通した跳躍距離の向

写真2-18　自分のマークから助走をスタート

上を期待した。そこではとくに、「ワン・ツー、ワン・ツー、ワン・ツー・ジャンプ」のリズムを強調し、「運動の先取り」を介した「走と跳の組み合わせ」を引き出しやすいように配慮した。

　また、このリズムに慣れてきたところで、最後の3歩のテンポを少しずつ速めていくように促した。実際の練習場面では、グループの仲間のチャレンジに対して、他のメンバーがこのリズムを声に出しながら、仲間の動きと同調させる関わり合いが数多くみられた。

　これらが個々の子どもの動きにおけるテーマであるが、その学習活動を支えるグループのメンバー間の「見合い活動」を大切にした。助走のスタート位置の確認やアドバイス、踏み切り位置の良否、着地の仕方や目標ラインの達成についての確認などの共同的活動を促す指導を心掛けた。それは、グループのメンバーの達成行動が、集団化したゲームのポイントに反映されるからであり、そのゲーム化を通して、仲間との関わりを豊富にさせていくことを課題としていたからである。

　この単元では、2つの授業評価を実施しているのでそれらについて述べておきたい。

　表2-13は、「単元なか」（第2～6時）における形成的授業評価のスコアである。時間数からみると大きな単元ではなかったが、スコアは単元初期より良好で、第4時以降は高い評価を受けた授業であったと判断できる。一般にスコアを高めることが難しい「成果」次元の評価も非常に良好な結果であり、この

表2-13 「単元なか」における形成的授業評価

		第2時	第3時	第4時	第5時	第6時
成　　果	男子	2.36	2.54	2.72	2.62	2.81
	女子	2.42	2.79	2.72	2.67	2.64
	全体	2.39 (3)	2.67 (4)	2.72 (5)	2.64 (4)	2.73 (5)
意欲・関心	男子	2.96	2.88	3.00	3.00	2.96
	女子	2.83	2.96	3.00	2.95	3.00
	全体	2.90 (4)	2.92 (4)	3.00 (5)	2.98 (4)	2.98 (4)
学び方	男子	2.62	2.69	2.71	2.85	2.86
	女子	2.58	2.65	2.81	2.86	2.92
	全体	2.60 (4)	2.67 (4)	2.76 (4)	2.85 (5)	2.88 (5)
協　　力	男子	2.65	2.65	2.88	2.81	2.89
	女子	2.83	2.92	2.88	2.82	2.75
	全体	2.74 (4)	2.79 (4)	2.88 (5)	2.81 (4)	2.83 (4)
総合評価	男子	2.62	2.68	2.81	2.79	2.87
	女子	2.64	2.83	2.84	2.81	2.81
	全体	2.63 (4)	2.75 (4)	2.83 (5)	2.80 (5)	2.84 (5)

※括弧内は5段階評価。

表2-14 「単元なか」における仲間づくりの授業評価

次元	第2時	第3時	第4時	第5時	第6時
集団的達成	2.30	2.58	2.74	2.69	2.73
集団的思考	2.36	2.50	2.54	2.63	2.62
集団的相互作用	2.50	2.71	2.80	2.71	2.85
集団的人間関係	2.30	2.65	2.62	2.62	2.85
集団学習意欲	2.86	2.94	2.92	2.88	2.92
総合評価	2.46	2.68	2.72	2.71	2.79

教材の授業が子どもたちにとって、自己の達成度を認知しながら積極的に取り組めるものであったと解釈してもよいであろう。
　また、この授業では、仲間との関わりを深める視点において、「個人的運動」

写真2-19　踏み切りプレートに合わせてジャンプ

の集団学習化を一方のねらいにしていたことから、子どもたちの相互関係の変化について「仲間づくりの授業評価」[*6]を実施している。表2-14にその結果を提示しておく（スコアはクラス全体の平均値である）。

　この授業の場合、チャレンジする運動課題そのものは個人的に完結するものであり、たとえば器械運動における集団マット運動などとは集団化の形式は異なるが、共同的な学習のプロセスに目を向けるものとして十分利用可能であろうと思われる。

　確かに、運動課題そのものを集団化したものではないために、「集団的達成」や「集団的思考」の側面が他の次元に比較して低い値を示してはいるが、基本的に個人的運動の領域の授業としては良好な成果ではないかと考えられる。

[3] 学習成果の検討

　ここでは跳躍距離の記録の変化を確認しておきたい。単元はじめとおわりに11〜13歩程度の助走による走り幅跳びの測定を行っている。27名の子どものうち、残念ながら4名は記録の向上が認められなかったが、表2-15のようにクラス平均で25cmの伸びがみられた。

　さて、当初のねらいは、「運動組み合わせ」を含んだ運動の課題性の観点からみて、それに習熟していない子どもたちに焦点を当てることであったが、果たして成果は表れたのであろうか。

表2-15　跳躍距離の変化

		事前記録会	事後記録会	伸び
男子	14名	232.5cm	257.9cm	25.4cm
女子	13名	220.2cm	245.3cm	25.1cm
全体	27名	226.6cm	251.9cm	25.3cm

表2-16　上位・中位・下位別の記録の変化

		事前記録会	事後記録会	伸び
上位群	9名	274.2cm	291.7cm	17.5cm
中位群	9名	218.6cm	239.8cm	21.2cm
下位群	9名	186.9cm	224.1cm	37.2cm

　そこで、クラスの子ども27名を、事前記録会の跳躍距離のデータによって、上位群・中位群・下位群9名ずつに区分けし、先と同様な変化を示せば表2-16のようになる。

　この数値から明瞭なように、もっとも大きな記録の伸びを示したのは下位群の子どもたちであった。この下位群の中には、単元はじめの段階において、片足での踏み切りがうまくできない子（両足踏み切りになりがちな子）が2名、踏み切りの契機がつかめずに（踏み切り動作の先取りができずに）助走からそのまま走り抜けてしまう傾向にある子が2名、跳躍後に両足で着地のできない子が3名、そして脚に障害をもっており、最初この運動課題にうまく対応できない子が1名含まれていた（なお、このような動きの未習熟の子どもは、これらの子を含めてクラス全体で13名おり、全体のおよそ半数に相当した）。

　しかしながら、事後記録会における子どもたちのチャレンジを撮影したビデオ映像によって観察したところでは、ほとんどすべての子どもが助走からの片足踏み切り、両足着地の運動の連続性を獲得していることが確認された。ここからすれば、とくに動きの未習熟な子どもにとって、「運動組み合わせ」に焦点を当てた教材づくりは有効であったと推測できるものと思われた。

　小学校中学年を対象にした走り幅跳びについて、とくに走運動と跳躍運動の組み合わせに焦点を当て、易しい条件下での運動課題づくりを例示してみた。これは教材づくりのレベルでいえば、個人的運動の集団化の視点をも含んだ「単

元教材」の工夫を前面に押し出したものであった。
　このような発想の延長線上において、さらに踏み切り時における「体（重心）の引き上げ」を学習内容として強調するための「下位教材群」を挿入した授業実践をこの後に紹介したい。

（研究協力者：渡辺　誠）

[文献]
- *1　小林一久（1980）達成基準を明確化した体育授業の改善、現代教育科学23（12）：pp. 51-57
- *2　吉本均編（1981）教授学重要用語300の基礎知識、明治図書、p. 224
- *3　岩田靖（2005）体育科教育における陸上運動・陸上競技の教材づくり論―「統一と分化の原理」の教授学的再考、信州大学教育学部紀要（115）：pp. 45-56
- *4　岩田靖（2006）典型教材の本質から学ぶ教材づくりの視点、体育科教育54（12）：pp. 14-17
- *5　川口鉄二（1990）運動組合せの発達をどうとらえるか、金子明友・朝岡正雄編、運動学講義、大修館書店、pp. 223-227
- *6　小松崎敏・髙橋健夫（2003）仲間づくりの成果を評価する、髙橋健夫編、体育授業を観察評価する―授業改善のためのオーセンティック・アセスメント、明和出版、pp. 16-19

第2章-7

5年生・「走り幅跳び」の教材づくり(その2)
ベストをめざして「フワッとジャンプ」

　先に、走運動と跳躍運動の「運動組み合わせ」に学習内容の焦点を当てながら、「個人的運動の集団化」の視点を加えた小学校中学年段階の走り幅跳びについて報告した。それは、7歩に限定した助走のリズムを大切にしながら、動きの連続性を獲得する中で、跳躍距離の向上を期待したものであったが、今回はそのようないわば単元教材レベルの工夫に加えて、さらに踏み切り時における「体の引き上げ」を促進するための下位教材群を導入した高学年段階(5年生)の授業実践を紹介する。いわば、「階層的な教材づくり」の事例である。

[1]「フワッとジャンプ」の教材づくりの発想

❶教材づくりと単元構成に向けての課題意識

　中学年段階においても指摘したことではあるが、高学年の子どもたちにおいても、「走」と「跳」の組み合わせの局面に中心的な課題が浮かび上がってくる。助走から上体が前傾したまま踏み切り、体が空中に投げ出されないで終わってしまうことが非常に多い。また、着地への気がかりからか、踏み切り後すぐに両足を前に投げ出してしまうことも少なくない。

　実際、まさにここのところに難しさがあるわけであるが、踏み切りによって体を引き上げ、空中に高く跳び出す跳躍の合理性に気づいていないという現実も存在する。「走り幅跳び」がめざすのは、その名の通り慣性の法則に従ったより遠くまでの跳躍距離である。ただし、動きの課題性からみれば、一方で「高く」跳び出すことでもあるのである。そのことに子どもたちを出会わせたい。テーマは「フワッとジャンプ」である。

　そこで、以下のように単元目標を設定した。

■単元の目標・・

　自分の技能を高めたり、自己記録を更新したりする喜びを感じるとともに、課題を解決するための練習に取り組んだり、友達と協力して練習したりすることの楽しさを味わい、進んで走り幅跳びの学習をすることができる。

○易しい場での跳躍により、上方へ重心を引き上げて「フワッ」と跳ぶ感覚やその心地よさをつかむとともに、助走のリズムを生かして強く踏み切って跳べるようになることをめざして学習することができる（単元前半ステップ1）。

○より遠くへ跳ぶために、助走のスピードを生かして「フワッ」と跳べるように、グループで互いの跳躍を見合って課題を確認し、その解決に向けて協力して学習することができる（単元後半ステップ2）。

・・

　そして、この目標の実現に向けて、①どの子にも「できるようになる喜び」を保障する易しい教材づくりと、②「わかる」こと、「わかり合う」ことを大切にした学習指導の方法・過程を探究しようとした。

　単元前半のステップ1においては、易しい場を利用した短い助走で、リズムを捉えて「フワッ」と跳び出す心地よさを感じさせながら、そのために必要となる運動技術のポイントをつかませたい。また、単元後半のステップ2では、自分の課題を捉え、その解決に向けて練習したり、グループの仲間と協力して学習したりすることの楽しさやよさを実感させたい。さらに、記録の伸びを得点化したグループ対抗による競争を取り入れることで、記録向上の喜びをより豊かに味わわせられればと考えた。

❷教材づくりの実際

　この実践も、体育館においてグループごとに跳躍の場を設定して取り組んだものである。単元前半と後半の学習段階に応じた2つの単元教材を設定するとともに、子どもたちの動きの習得を促していく練習教材（下位教材）を位置づけた。

　まず、単元教材は以下のように構成した。

■対抗戦Ⅰ(ステップ1)の単元教材①

　ここでは、各個人10点満点となる7歩助走の跳躍をグループで合計得点を算出して競争する。10点満点の内訳は、踏み切り位置（2点）、重心の引き上げ（5点）、着地（3点）である。

　踏み切りは、幅50cmのゾーン（20cmの白ゾーンと30cmの赤ゾーン）を設け、ぴったり合った白ゾーンであれば2点、赤ゾーンなら1点とした。また、

力強い踏み切りからの重心の引き上げをもっとも大切な学習課題としていることから、その得点の配分を高くしている。

　踏み切りゾーンから1m離して着地用のマットを敷き、その前縁に沿ってゴムを張る。ゴムの両端をグループのメンバーが持って、跳躍する子どもの首の高さに調節する。踏み切ってジャンプし、上体を引き上げてこのゴムを「へそ」の位置で切れ

写真2-20　踏み切り位置の白ゾーンと赤ゾーン

ば5点、「胸」であれば3点、そこまで上がらなければ1点とする。
　着地は個々の子どものはじめの記録の8割地点にリングを置き、その中に両足着地ができれば3点とした。

■**対抗戦Ⅱ（ステップ2）の単元教材②**
　対抗戦Ⅰと同様な場で跳躍に挑戦するが、ここでは個々の子どもの50m走のタイムから算出した目安記録を基準にして得点化し、グループの総合得点（平均点）で競争する。目安記録を6点とし、跳躍記録を±5cm刻みで1点増減する。記録の算出方法は、天野ら[*1]に示されている「5年生女子」のものを適用した（目安記録＝-36.59×50m走のタイム＋605.34）。
　記録の計測は、マットの隅からの垂直距離を測る。白ゾーンからの踏み切った場合には＋100cm、赤ゾーンからの場合は＋120cmとする（着地用のマットを踏み切りの白ゾーンから100cm離して置いてあるためである）。

■**下位教材群の挿入**
　練習教材（下位教材群）に位置づけたものについて表2-17に示した。「力強い踏み切りからの重心（上体）の引き上げ」の実現を意図して、リズムを意識した短い助走からの「走と跳の運動組み合わせ」に繰り返しチャレンジするためのバリエーションである。ここでは、まず3歩の助走（「トン・ギュ・パーン」）から始め、5歩・7歩と助走距離を伸ばしていく。この単元での主要な課題となる7歩の場合には、「1・2・1・2・トン・ギュ・パーン」のリズムで、徐々に助走スピードを高めていくようにする。踏み切り位置は先に説明したように白・赤ゾーンであり、できるだけ白ゾーンでぴったり踏み切れるように、自己に適した助走のスタート位置の調節が大切になる。

表2-17 単元で用いた練習教材（下位教材群）

場の設定	主要なねらい
ロイター板（跳び箱）幅跳び （ロイター板・跳び箱から踏み切る）	・振り上げ足を素早く、高く引き上げる。 ・腕を高く引き上げ、上体を起こして跳び出す。
踏み切り板幅跳び （踏み切り板を使って踏み切る）	・駆け上がるように高く跳び出すイメージをつかむ。 ・上体を垂直に立て、力強く踏み切る。
輪踏み幅跳び （踏み切り手前にリングを置く）	・スピードを落とさずに、最後の3歩を「タン・タ・ターン」（トン・ギュ・パーン）のリズムで踏み切る。
ゴム切り幅跳び （個々の子どもの首の高さに合わせてゴムを張る）	・振り上げ足を高く引き上げ、上体を起こして高く踏み切る。 ・ゴムをできるだけ「へその高さ」で切るようにチャレンジする。

　この中でとくに重視したのは「ゴム切り幅跳び」である。従来、走り幅跳びの授業実践において、踏み切りから高く跳び上がる動きを導くために、段ボールなどの障害物を跳び越えたり、上から吊り下げられた対象物に手で触れて着地するなど、いくつかの「教具」（指導装置）によって方向づけられた運動課題の工夫がなされてきている。本実践でも部分的に取り入れているが、振り上げ足を引きつけて重心を上昇させ、さらに上体を起こす姿勢を生み出すのに十分であったとはいえないのではなかろうか。

　たとえば、障害物を跳び越える場合には、目線が下がり、腰部を屈曲させて足を早く投げ出してしまう傾向を生み出してしまうし、また、高く吊り下げられた物に触れさせる場合では、跳躍の際、全身が伸び切ってしまい、腿（振り上げ足）の引き上げに焦点が当たらなくなる可能性が高いためである。

　この「ゴム切り幅跳び」では、先のステップ1の単元教材のところで示したように、個々の子どもの首の高さに張ったゴムを、上体の引き上げによって、へその高さで切ることにチャレンジしていくのである（実際には、ゴムは切れず、伸びるだけであるが）。これであれば、振り上げ足の膝を引きつけ、上体を起こして跳び上がる運動経過を、より易しく誘導することができるものと思われる。

　なお、毎時、ウォーミング・アップとして次のような「ジャンプ・サーキット」に取り組んでいる。

・バウンディング……一定距離をできるだけ少ない歩数で弾みながら走る。

- ハイタッチ……3歩ないしは5歩の助走で踏み切り、バスケットボールのバックボードに取り付けたパネルにタッチする。
- パラシュート……跳び箱からセイフティーマットへ跳び下りる。

　これらは、助走のリズムや足裏全体での踏み切り、振り上げ足の引きつけ、上体の引き上げ、両足での着地などの感覚づくりのために導入した。

[2] 授業の展開と子どもの様子

　第1時のオリエンテーションでは、子どもたちに「はじめの記録」を測定した際の自分たちの跳躍と、模範VTRを比べて視聴させることで、「(VTRの方は)『フワッ』と高く跳んでいる」という気づきをもたせた。そして、そのような跳躍のためには、踏み切り手前の助走のリズムが重要であることを強調しながら、めざす跳躍のイメージを「『トン・ギュ・パーン』で『フワッ』とジャンプ！」というキャッチフレーズで示し、単元の学習をスタートさせた。

❶「『トン・ギュ・パーン』で『フワッ』とジャンプ！」(ステップ1・第2～4時)

　第2時には、3歩助走からの「跳び箱幅跳び」を行った。子どもたちから「フワッと跳ぶと、ゆっくり降りてくる感じ」「体が浮かんで、すぐに着地しなくなった」という声が聞かれ、空中に「フワッ」と跳び出す感覚をつかむことができた。跳び箱を外して取り組んだ対抗戦Ⅰの「フワッとジャンプ」では、そのような感覚が味わえなかった子どもが大半であったが、「リズムをいいながらやったら『フワッ』と跳べた」という感想や、リズムをお互いに声をかけ合って取り組んだグループの様子を紹介し、「助走のリズム」を次時の課題として確認した。

　第3時では、7歩助走のリズムとそのための助走のスタート位置の決め出し方を確認した後、「踏み切り板幅跳び」に取り組んだ。踏み切りの手前にリングを設置することで、踏み切り手前の3歩のリズムを意識させるとともに、上体を垂直に起こして踏み切ることや、足裏での力強い踏み切りについても感覚的に捉えさせていった。

　子どもたちは、踏み切り板から踏み切ることによって高く跳び出せたり、「パーン」と力強く踏み切れたりすることに爽快さを感じ、何度も繰り返して跳躍した。踏み切り手前の3歩のリズムや、足裏全体で踏み切る感覚をつかみ始めたことで、「フワッとジャンプ」では、ほぼ半数の子どもが「へそでゴムを切る」ことができた。

写真2-21　踏み切り板幅跳び　　写真2-22　ゴム切り幅跳び

　ただし、7歩の助走の流れが悪かったり、助走のスタート位置が定まらず、踏み切りを失敗したりする姿も少なくなかった。まとめの場面で、体育館に響く助走と踏み切りの足音を意識させながら、リズムよく助走できた友達の跳躍を全体で観察することにより、めざす助走のリズムや跳躍を再確認した。
　第4時は、最初の4歩と踏み切り手前の3歩をスムーズに組み合わせることをめざして「輪踏み幅跳び」に取り組んだ。また、「ギュ」をしっかりとつくることで、「踏み切り板幅跳び」でつかんだ「上体を起こした踏み切り」を意識的にできるように指導した。子どもたちは、互いの歩幅に合わせてリングの位置を調整し合ったり、「イチ・ニ・イチ・ニ……」と声をかけ合ったりしながら、グループで協力して学習した。この時間の「フワッとジャンプ」では、リズミカルな7歩助走から上体を引き上げた跳躍ができ、実に27人（1人欠席）のうち22人がへそでゴムを切ることができた。

❷「スピードにのって『フワッ』とジャンプ！」（ステップ2・第5〜7時）
　第4時の終末、これまでの成果を試すために記録の計測を行った。「もっと助走のスピードをあげて跳び出したら、すごい記録が出る！」と期待して記録の測定に臨んだ子どもたちであったが、「スピードがつきすぎて、強く踏み切ることができなかった」「遠くへ跳ぼうとしたら、リズムが狂って、『フワッ』と跳べなかった」などの振り返りが多かった。実際に、はじめの記録を更新できたのは、全体の3分の1程度であった。これにより、「助走のスピードを生かして、『フワッ』と跳び出し、ベスト記録を更新すること」が単元後半（ステップ2）での学習のねらいとして確認され、第5時以降の学習で積極的に練

表2-18　走り幅跳びの単元における形成的授業評価の推移

		第2時	第3時	第4時	第5時	第6時	第7時
成果	男子	2.31	2.61	2.44	2.88	2.36	2.71
	女子	2.15	2.69	2.62	2.79	2.36	2.64
	全体	2.23 (3)	2.65 (4)	2.52 (4)	2.84 (5)	2.36 (3)	2.68 (4)
意欲・関心	男子	2.79	2.96	2.93	3.00	2.82	2.89
	女子	2.85	3.00	3.00	2.96	2.77	2.96
	全体	2.81 (4)	2.98 (4)	2.96 (4)	2.98 (4)	2.80 (4)	2.93 (4)
学び方	男子	2.54	2.67	2.83	3.00	2.79	2.93
	女子	2.65	2.65	2.77	2.88	2.88	2.92
	全体	2.59 (4)	2.66 (4)	2.80 (4)	2.94 (5)	2.83 (5)	2.93 (5)
協力	男子	2.82	2.83	3.00	2.93	2.96	2.96
	女子	2.88	2.92	2.96	3.00	2.88	3.00
	全体	2.85 (5)	2.88 (5)	2.98 (5)	2.96 (5)	2.93 (5)	2.98 (5)
総合評価	男子	2.58	2.75	2.76	2.94	2.69	2.86
	女子	2.58	2.80	2.81	2.92	2.68	2.85
	全体	2.58 (4)	2.78 (5)	2.79 (5)	2.92 (5)	2.69 (4)	2.86 (5)

※括弧内は5段階評価。

習に取り組んでいった。

　子どもたちは、ステップ1の学習を通して、めざす跳躍のイメージとそのための技術ポイントについての認識をもつことができていたため、学習資料を活用しながら、自分の課題とそれを達成するための練習の方法を適切に選択して練習をすることができた。また、互いの課題を確認して練習のための補助具（輪、ゴム、段ボールなど）を設置・調整し合ったり、跳躍の様子を観察してアドバイスを送り合ったりするなど、対抗戦Ⅱに向けてグループで豊かに関わり合いながら毎時間の活動を進めていくこともできた。グループの友達と互いに試行錯誤を繰り返しながら、汗でびっしょりになるほど何度も練習を繰り返した子どもたちは、リズミカルな助走から「フワッ」と高く跳び出していくための跳躍技術を身につけ、自分たちのイメージ通りの跳躍ができるようになっていった。

　毎時間の終末には、「3回の跳躍でイメージ通りの跳躍をしなければ……」

という緊張感や、「練習の成果を発揮できればベスト記録が出せる！」という期待感をもって、対抗戦Ⅱにおける記録の計測に臨んだ。体育館の床に響く助走の足音や、空中へと跳び出す角度から、「オーッ！」「これ、いったー！」とグループ内で大きな歓声が上がったり、互いのベスト記録の更新を満面の笑顔でハイタッチをしながら喜び合ったりする姿があった（なかには、ベスト記録を更新させながらも首をひねり、「イメージ通りに跳べなかった……」と悔し涙を流す子の姿も見られた）。

　記録へのチャレンジは毎回10分足らずの短い時間であったが、回を重ねるごとに盛り上がりを増した最終時の対抗戦は、まさに「陸上競技会」であり、自己ベストの更新もさることながら、そのような雰囲気の中で練習の成果を発揮できたことに、子どもたちは大きな満足感をもって単元の学習を終えることができた。

　表2-18に示したのは、単元第2時以降に実施した形成的授業評価のスコアである。この数値からすれば、子どもたちから総じて高く評価された授業であったと理解できる（なお、第6時は、スコアを大きく後退させているが、この授業が長野市内における教育課程研究の公開授業に当たっており、非常に多くの教員が体育館のフロアで参観していたため、実際、子どもたちの学習の場に余裕がなく、練習や対抗戦における活動が制限されてしまったためであろうか）。

　この中で、「学び方」「協力」次元が単元中盤以降、非常に高い数値が得られたのは、個人的運動を集団化しながら、学び合いを組織化したことのよさが表れているものと考えられる。

[3] 学習成果の検討

　この単元において、後半部分に欠席した男子1人を除いて、残りの27名がすべて自己記録を更新している。表2-19は、男子・女子・全体の平均値、および上位・中位・下位群別の平均値の変化とその伸びを示したものである（それぞれの平均値は小数点第1位を四捨五入している）。上位・中位・下位群は、単元はじめの記録計測時の跳躍距離によって抽出したが、それぞれの群は男女各3名、計6名からなっている。

　男子・女子ともに平均値で40cm以上の伸びがみられ、非常に大きな技能学習の成果が認められたといってよい。また、上位・中位・下位群別において明瞭に示されているように、とくに下位群の伸びが顕著であり、子どもたちにとって大きな課題となる「運動組み合わせ」に焦点化し、リズムを大切にした短

表2-19　跳躍記録の変化

	単元はじめ	ベスト記録	伸び
男　子	262cm	308cm	46cm
女　子	235cm	275cm	40cm
全　体	249cm	292cm	43cm
上位群	287cm	317cm	30cm
中位群	253cm	293cm	40cm
下位群	202cm	267cm	65cm

い助走から、上体の引き上げをねらった教材づくりが効果的であったと解釈できるものと思われる。

　小学校5年生の走り幅跳びの授業づくりについて、とくに単元展開の中に位置づけた階層的な教材の構想を中心に説明し、授業成果について記述してみた。
　毎時、単元教材として示したチャレンジの形式で、授業の終盤にトライアルを行ったが、それまでのウォーミング・アップや下位教材による練習などの段階で、子どもたちは非常に意欲的に繰り返し活動し、トライアル時には、よい記録を達成する余力が残っているのかと思わせるほどであった。競技者であってさえ、全力のパフォーマンスをそう何回もこなせるものではない。そう考えると、とくに最終時などは、トライアル時のコンディションがよければ、子どもたちはもっと記録を伸ばしたかもしれない、とひいき目に想像したくなるほどであった。
　ここでの結果は、「7歩助走」という制限を加えた中での学習成果として大いに評価できるのではなかろうか。今後さらに助走距離を伸ばしていく中で、走と跳躍のコントロールを発展させていくことが、よりチャレンジングな授業を生み出すためのポイントになるであろうし、引き続く中学校期の学習のターゲットとなっていくものと思われる。

（研究協力者：斎藤和久）

[文献]
*1　天野義裕・細江文利・岡野進編（1991）体育科教育別冊　跳・投運動の授業、体育科教育39（8）：53

第2章-8

3年生・泳ぎの基礎を大切にした教材づくり
みんなで楽しむ「グループ泳ぎ」

　学習指導要領において、小学校低・中学年の「基本の運動」の領域設定が解消された。内容的にはその下位に位置づいていた運動の構成・枠組みが変更されたわけではないが、主要には発達段階による指導内容の発展性への見通しの中で、高学年とのつながりをより明確に示したものだと考えてよい。それと同時にこの変化は、「動ける体づくり」とも表現しうる運動の基礎・基本の獲得・定着を強調するメッセージとして理解しうる。
　さて、そのような中で、「水遊び」「浮く・泳ぐ運動」の発展段階である「水泳」領域の開始学年が5年生からとなった（これまでは4年生）。これは、クロールや平泳ぎといった泳法指導の前提を低・中学年段階において豊富に耕し、掘り起こしておくことの重要性が掲げられたと解釈できる。
　そこでこのことを踏まえた小学校3年生の「浮く・泳ぐ運動」の単元における教材づくりを取り上げてみたい。

[1]「グループ泳ぎ」の教材づくりの発想

　「水中ジャンケンや宝拾いが楽しかった。バタ足の練習もおもしろいけど、とても疲れて大変だった。『何m泳げるか』のときはとてもきんちょうした。苦しくなるまで泳いだけど、あまり泳げなかった」
　これは、2年次、泳ぐことがあまり好きではなかったA君の感想である。同様な思いを抱いている子どもたちも少なくない。早く上手に泳げるようになって欲しいとの教師の思いが先行する中で、水中で思うように動けない子どもをより硬直させ、泳ぎのベースとして大切なリラクゼーションの世界から隔離してしまった姿である。また、周囲の視界や物音が遮断され、制限された水中

の孤独感などにも大いに心を寄せるべきだったのかもしれない。

さて、3年生は低学年用プールから大プールに移る学年である。ただでさえ、苦手な子どもには不安感がある。そこで、友達との温かい関係のもとに、水中での多様な身体操作を繰り返し楽しめないか、またそれを通して、身体の自由性を拡大させ、泳法習得のベースとなる身体経験や基礎的な感覚づくりができないか、との考えから、「浮く・進む・潜る」動きを中心に組み合わせた「グループ泳ぎ」の授業とその単元教材づくりを構想した。

ここでいう「グループ泳ぎ」とは、シンクロナイズドされた表現的な演技づくりの意味合いよりも、子どもたちができる動き、やってみたい動きを友達同士で組み合わせ、音楽に合わせてつないで楽しむことに強調点をおいたものである。

組み合わせる動きの要素として、クラス全体に共通に提示したのは次のようなものである。

- ロケット（壁や底を蹴ってのけのび）
- ブーパッ（バブリング、ボビング）
- バシャバシャ（水面をたたく）
- ひらめさん（手をつないで大の字浮き）
- だるまさん（ダルマ浮き）
- くらげさん（クラゲ浮き）
- ぐるぐるかけ足（円になって水中かけ足）
- いるかさん（イルカ跳び）
- バタ足
- クロール（面かぶりクロール）
- くるりん（水中前転、水面でのローリング）
- さか立ち（水中逆立ち）

■8呼間でひとまとまりの動きにする

友達と動きを組み合わせ、つないでいくことをわかりやすくするために、8呼間で動きをまとめ、次の動きへ移っていくようにした。初めの段階は音楽なしで、みんなで数えながら練習。

■動きやすく、心が弾む音楽

子どもたちが好きな曲、なおかつテンポが適当で、みんなの動きのタイミングを合わせやすそうな曲として、「南の島のハメハメハ大王」を選択。

[2] 授業の展開と子どもの様子

　授業の大きな流れは表2-20に示した通りである。
　9時間の単元構成。前半では、先に示した動きの要素に挑戦したり、練習したりしながら、グループで動きを少しずつ組み合わせてみる活動を位置づけた。また、後半はこれらの動きのさまざまなバリエーションをグループで探究させ、音楽のリズムに合わせた活動へと展開させた。グループは4～5人。プールの周辺部、やや浅くて、壁も利用できる場所をグループ活動の中心とした。

■第1～4時

　低学年段階で経験していたいくつかの動きには素早く慣れていった。今回初めて紹介したのは、大の字浮き、イルカ跳び（写真2-23）、面かぶりクロール（写真2-24）、水中前転、水中逆立ちなどである。
　「ひらめさん」（手をつないで大の字浮き）では、とくにグループの友達との連帯感を味わっている姿が見られた（写真2-25）。冒頭のA君は、身長が低く、恐怖心を抱いていたが、周囲の子どもたちが「端のほうは浅いよ」と優しく声をかけて手をつなぐと、一緒の動きに誘い込まれていた。みんなでそろって輪になり、「せーの！」の声に合わせて大の字浮きをする。1人が立つと、ほかの子どもたちもそれに気づいて立ち、顔を見合せて微笑んでいる。A君にも笑顔が見られた。どうやら、手をつないでいる友達の中での安心感から深いプールへの恐怖心はどこかに行ってしまったようだった。
　他の子どもたちも、「くるりん」や「さか立ち」を鼻をつまみながら意欲的

写真2-23　イルカ跳び

写真2-24　面かぶりクロール

表2-20 「グループ泳ぎ」の単元の流れ

時	1　2　3　4	5　6　7　8	9
内容	・みんなでいろいろな動きに挑戦し、練習する。 ・グループの友達と動きを組み合わせたり、合わせたりする。	・自分で動きを工夫する。 ・グループで動きをつないで練習する。 ・グループで音楽に合わせて動きをつなぎ、合わせる。	発表会

に挑戦していた。水中で逆さになったり、回転したりすると一瞬周りがわからなくなり、あわてて顔を出す子も見られたが、慣れてくるにしたがって鼻などつままずに、また2回転と連続してチャレンジする姿が増えてきた。

　A君は勢いがないせいか、うまくできないでいたが、果敢に挑戦し、水中に逆さに潜り込むような体勢になることができていた。立っているとき、水面に顔を出しているのが精一杯の背の高さなので、イルカ跳びの際に蹴り上げることができず少々困惑していたが、プールサイドにつかまった姿勢から類似の動きを何度も試していた。

■第5時

　まずは、「①ロケット、②ブーパッ、③バシャバシャ、④ひらめさん、⑤ぐるぐるかけ足、⑥だるまさん」を共通の基本パターンの動きとして、グループで順番につなげてみることに取り組んだ。

　最初、8呼間のリズムをとることが難しかったが、みんなで声を掛け合い、次第に慣れていった。A君は次の動きがなんなのかわからなくなって、仲間の

写真2-25　グループでの連帯感

動きを追いかけてまねしていたが、「次はひらめさん」とリードの声を伝える友達が出てきて、グループ全体が動きをスムーズに変え、つなげていけるようになった。

　後半に「南の島のハメハメハ大王」の曲を流したが、これが入ると子どものノリが断然違う。動きも一層リズミカルになった。音楽が終了するまで、基本パターンの動きの変化を繰り返したが、子どもたちは最後まで飽きることなく、見ている私たちも驚いてしまうほど活発に取り組んでいた。曲を1回通すだけでも、運動量も大変多い。

■第6時

　グループで基本パターンの動きの順番を変えたり、動きの連続を挿入したりした。

　ロケット（けのび）で壁を蹴って始め、またロケットで戻ってくるグループ、ぐるぐるかけ足で、8呼間の切れ目で180度回転し、逆方向に回るグループ、また、ひらめさんとだるまさんをつなげて、変化させながら伏し浮きを連続させるグループなど、それぞれの工夫が感じられた。

　そして、子どもたちは基本パターンの動きの範囲では物足りなくなって、「もっとすごいグループ泳ぎがしたい！」といってきた。

■第7時

　子どもたちは、基本パターンに加えて、先に掲げた他の動きも取り入れながら、次々につなぎの変化を生み出していく。「イルカ跳び」「水中前転やローリング」「水中逆立ち」を新しく取り入れていくグループが目立った。また、練習した動きにさらなるバリエーションを加えていくグループも登場した。水中前転を横回転にすることを考え、壁キックのロケットからチャレンジする子どもの動きを、他のみんながまねをし、グループの新しい動きとして加えていった。また、壁キックのけのびを仲間が4呼間の時間差で試み、壁際に並んだところから、「1・2・3・4」スタート「1・2・3・4」スタート「1・2・3・4」……というようにリズムをとって動いていた。

　そのほか、できない動きがある友達が泳ぎに加われるように工夫するグループも見られた。先のA君は水中前転ができない。そこでそのグループは、全員が水中前転で合わせるのではなく、8呼間の中で、それぞれができる違う動きを組み合わせようと考えた。3人が並ぶ。両端の2人が水中前転をする。真ん中のA君が「だるま沈み」をして、その上をもう1人がイルカで跳び越える。こんな工夫をしてグループ全員が水中での動きを合わせて楽しんでいた。

　この時間の子どもたちの様子は、グループでの関わり合いが非常に多く、ま

た、「もっとすごいグループ泳ぎをしたい！」という願いや気持ちが強く感じられた。プールサイドでの甲羅干し（休憩）の際にも、音楽を流すと次の活動が待ち遠しいのか、歌詞を口ずさみ（「♪南の島の大王は　その名も偉大なハメハメハ……♪」）、足でリズムをとる子どもたちの姿がみられた。

本時ではまだまだ満足できず、意欲的な子どもたちは、次時のめあてを「もっと広く使って、大きく動こう！」とした。

■第8時

グループ泳ぎで動く範囲が広くなり、さらにその動きがダイナミックなものになった。面かぶりクロールで四方に大きく広がって、またもう一度戻ってくるグループ、また、仲間で協力し、1人が水上に跳び上がるなど、シンクロ顔負けのチャレンジもあった。決してアクロバティックな動きが目的なのではないけれど、子どもたちの夢中さの現われでもあるだろう。A君も「すごい！」と感嘆していた。

■第9時・発表会

最終時に、それぞれのグループの発表会をした。泳ぎ方は多分に緊張しながらも、グループで声を掛け合いながら楽しそうに練習の成果を出した。プールサイドから見守る友達も、工夫されたそれぞれの「グループ泳ぎ」をみんな手拍子でリズムをとりながら浸り込んでいた。

子どもたちの表情はまさに満足そうであった。

[3] 授業への取り組みを振り返って

最初に引き合いに出し、途中で何度かその様子について触れてきたA君はこの単元の授業に対し、どのような印象をもってくれたであろうか。

　　　　　　＊　　　　　　　　　　　　＊

ぼくは、さいしょ、できないと思っていたけど、1ぱん全員の力を合わせたら泳ぐことができました。みんなでくふうして泳げたからすごくうれしかったです。

　　　　　　＊　　　　　　　　　　　　＊

単元後に記述されたA君の感想である。

A君は前述したように、「がんばらなければいけない」「長く泳がなければいけない」というプレッシャーと、不安な水の中での孤独感からプールでの授業にマイナスのイメージを抱き続けてきていた。今回の「グループ泳ぎ」との出会いの中で、A君はそれまでのイメージを払拭し、あたかも水を得た魚のように生き生きと活動する姿に変化した。

友達と無理やり動きを合わせる必要はない。お互いにグループの一員として認め合い、そして、みんなで動きを作れるように声を掛けていく。そのようなリラックスした雰囲気と、仲間がいつもそばにいる安心感がA君の積極的な学習参加を促す意欲に転化していったように思われる。いや、決してA君だけではない。泳ぎや動きの上手な子どもにとっても、1人で活動に取り組んでいるだけでは気づけない仲間の姿を感じながら、グループでの集団的達成の喜びを共有することができた。

　少なくとも、プールの環境に慣れ親しんでいない子ども、泳ぎの苦手な子どもにとって、泳法の習得やその距離を性急に求めていく授業で味わうことの多くは、水中での苦痛や孤立感などであって、友との達成感や連帯感とはおよそかけ離れたものでしかないのである。今回の「グループ泳ぎ」は改めてそのことに気づかされるものとなった。

　この「グループ泳ぎ」は、友達との肯定的な関わりと心地よいリズムにより、精神的なリラックスとともに、水中での身体的なリラックスを生み出し、まさに「水と仲良くなる」世界への一つの通路を開いてくれる教材といえるのではないであろうか。また、そのような中で培われる身体感覚こそが、実は近代泳法の習得の豊かな下地を形成してくれるようにも思われる。この授業に参加した子どもたちは、おそらく硬直した心と体から解きほぐされ、水の中に開かれた状態で泳ぎの獲得に向かって行ってくれるだろうと想像する。ここに小学校高学年での「水泳」領域に橋渡ししていく段階での「個人的運動の集団化」の意味が見通せるのではないであろうか。[‡1]

　なお、この「グループ泳ぎ」の中で取り上げる動きの要素については、高学年段階での泳法指導における子どものつまずきを大いに予想しながら、さらに再検討していく必要もあろう。

（研究協力者：前田賢二・鎌田　望）

[注]

‡1　この授業は、長野市教員10年者研修の一環として、信州大学教育学部がその一部を担当している「授業研究」（単元を構想し、授業実践から研修教員が相互に学び合う）と並行して実践されたものである。そこでは、「体育授業観察チェックリスト」、授業の「期間記録」、教師の「相互作用行動」の観察記録、子どもによる「形成的授業評価」などを研修のための媒体として用いている。

　ちなみに、他の研修教員や長野市教育センター指導主事の先生方に公開した単元第6時の形成的授業評価は、クラス全体（27名）の総合評価で、5段階の「5」が得られ、参観した先生方からも子どもの非常に活発な学習活動の様態に肯定的な評価をいただいている。その時間以降、授業はさらに盛り上がりをみせたことを付記しておく。

第2章-9

6年生
平泳ぎの「キック動作(かえる足)」の教材づくり

　学習指導要領の改訂で、「水泳」領域がスタートするのは小学校高学年からとなった。そこでは、低・中学年において水遊びの楽しさ、気持ちよさをたっぷり味わわせ、水の中でリラックスできることや、泳ぎに発展していく基礎的感覚を獲得していくことに向けて豊かな経験を提供していく必要性が掲げられたといえる。先の「みんなで楽しむ『グループ泳ぎ』」では、そのような課題への対応を少しばかり記述してみたが、その上で、人間がその人間の身体をして生み出してきた泳ぎの文化、その技の素晴らしさに触れさせていきたいものである。

　さて、水泳での動きの学習場面において、これまでやったことのない新たな動きを発生・形成させていくことが強調される、いわゆる感覚運動系の学習の側面が存在している。このような場合には一般的に、達成目標となる技や動きに類似した運動課題(アナロゴン)としての下位教材の工夫に焦点が当てられるといってよい。

　このような意味から、水泳領域で大きな難問の一つとなる平泳ぎの「キック動作」(かえる足)を取り上げてみたい。平泳ぎの習得・習熟には当然ながら、腕の動作(プル)やそれの呼吸との協応、また腕と足の動作の全体的なコンビネーション・リズムの問題などが掲げられるが、ここではキック動作に焦点を当てる。なぜなら、推進力を生み出すことにおいて大きなウエイトを占め、キー・ポイントになるのはキック動作であると思われるからである。また、多くの子どもたちのつまずきとして、「あおり足」の問題が現実として横たわっているからでもある。ここでは、授業において有効に利用しうるアナロゴンの創出といったレベルにはまだ遠く及ばないが、キック動作の習得のプロセスにおいて、「かえる足」の動きのイメージを導くことを課題として行った小学校6

年生での授業実践を紹介したい。

　なお、以下の記述の中には、筆者の恩師である信州大学教授・渡辺伸先生から学んだ事柄が多く含まれている。最初にそのことを記しておきたい。

[1]「かえる足」の教材づくりの発想

❶キック動作の構造的理解——「かえる足」とはいうけれど……

　先に掲げた「あおり足」とは、一般的に足の甲や脛（脚の前面）で水を捕え、押し出す動きを包括的に示したものであるが、こうした動きでは、平泳ぎにおいてなかなか推進力を生み出せない。

　渡辺[*1]は、「見えない動きの修正」という視点から、平泳ぎのキック動作を取り上げて以下のように述べている。

　「アナロゴンを獲得することによって、今までと違う動きを発生させる例として、水泳の授業のなかでもできる、平泳ぎの『あおり足』の修正を考えてみましょう。『あおり足』の修正は、外見的な動きのかたちだけを変えてなおそうとしても、ほとんど成功しないことはよく知られています。『あおり足』を修正しなければならないのは、ふだんあまり泳がない初心者がほとんどです。ですから、腹ばいの状態で自分には見えない脚の動きをつくり出すのはとても困難なことです。さらに、指導者がプールサイドで子どもの足に手をかけて『かえる足』の指導をしても、実際に水の中で泳ぐときにはすぐもとの『あおり足』になってしまいます」

　そして、獲得すべき「かえる足」について、次のような解説を加えている。

　「『かえる足』は…（略）…脚の内側で水をとらえて後方へ蹴り出す動きになっています。水の抵抗を脚の内側に導くために、大腿の内側へのひねりにともなって、蹴り出す直前の一瞬に現れる足首の外向きの鉤状の背屈が決定的な役割を果たしています。『かえる足』は長い歴史のなかで人間の工夫がいきとどいた巧妙な動きだと感心させられます」

　この指摘の中に、平泳ぎのキック動作の本質と深みが語られていると同時に、その難しさが示唆されてもいる。

　ところで、このつまずきの対象になっている「あおり足」の修正を考えることの中で、確認しておくべき事柄がある。それは、平泳ぎのキック動作における「足の裏で水を蹴る」、あるいは「足の裏で水を押し出す」といった通念的な認識、動きの解釈に関わることである（詳細は割愛せざるを得ないが、平泳ぎの指導に関わる多くの研究的・啓蒙的文献にこのような記述がみられる）。

　「かえる足」というのが、一種の比喩的表現であるのは間違いないし、その

写真2-26 キック動作に入る前のカエルの脚

写真2-27 キックが始まる瞬間W字になった脚

写真2-28 女子が得意なM型座り

ような表現にことさら目くじらを立てるわけではないが、カエルとヒトのこの動作の構造はかなり異なる。両生類のカエルでは、キック動作の準備段階で脚を畳み込む際、いわゆる膝も足首もおよそ胴体の延長線上の面（ほぼ水面）にあり、足首は膝よりも内側に位置するように動かしている（写真2-26）。そして、水かきで水を捕らえて大きな推進力をつくり出している。

　これに対し、平泳ぎにおいては、膝下前面は後方を向き、キック動作がまさに始まるその瞬間には、足首はむしろ膝の外側に開かれる。足を引きつけたところを後ろから観察すれば、脚全体が「W」の字体のようになる（写真2-27）。この体勢は、身体全体の姿勢の方向は異なるものの、「M型座り」とか「アヒル座り」と言われている女の子が得意な座り方と類似している（写真2-28。骨盤と股関節の構造上、一般的に成長に従ってたいてい男子にとって苦しい姿勢となるのではあるが）。したがって、このとき、内踝（くるぶし）が後方に、また足裏は上方に向くかたちになるのである（写真2-29）。この状態からキック動作が始まるわけであるから、実際には、足の裏で水を捕らえて蹴り出すわけではないといえるであろう。

　「かえる足」は「カエル（蛙）足」ではないのであり、膝下の部分の内側全

体で水を捕らえ、舟を漕ぐときのオールのようにこの内側の面で水を押しやっているのである（つまり、前述した「M型座り」をしたときに、床に触れている部位がこの面になっている）。

　この面をつくるために、渡辺が指摘していた「大腿のひねり」（膝の内転といってもよい）がポイントになる。したがって、

写真2-29　内踝が後方、足裏が上方を向いた瞬間

しばしば行われている「足を縮めて（イチ）―足裏で蹴って斜め後方に開くように押し出し（ニィー）―足を揃えるように閉じる（サン）」といった指導は、むしろ「蛙足」的だといってよい。

❷キック動作のつまずきの諸相

　子どもたちのキック動作のつまずきの状態は実際にはもちろん一人ひとり異なり、多様なバリエーションが存在している。「あおり足」にも広がりがあるし、それ以外の場合もあるが、およそ以下の4つのパターンが代表的であろう。

①ドルフィンタイプ

　膝を折りたたみ、足をお尻に付けるような準備動作を伴うところが「バタフライ」にみられるドルフィン・キックとはやや異なるが、両足を揃え、脛から足の甲でキックするタイプ。

②外あおりタイプ

　斜め後方に足を押し出し、その際、足の甲で水を外側に蹴り出すようになるタイプ。

③膝内転欠如タイプ

　先の「蛙足」的な動きを示し、大腿のひねり（膝の内転）が弱く、膝下内側の面を作れないタイプ（「あおり足」ではないが、足の裏で水を捕らえようとするため、推進力が弱い）。

④膝抱え込みタイプ

　足を引きつける際に、膝をお腹の下側に抱え込むようにしてしまい、いわゆ

る「でっちり（出尻）」姿勢になってしまうタイプ。

　これらのタイプ名は恣意的なものであるが、いずれも膝下内側の面に水の抵抗を導くことができない状態を示しているといってよい。したがって、「脚の内側で水を捕らえる感覚やイメージ」を呼び起こす指導のステップが重要な課題となる。

❸下位教材としての練習ステップ
　もう一度、先の渡辺の指摘に立ち返ってみたい。水の中で泳ぎの姿勢になったとき、自分の足の動きはまったく見えないといってよい。だからこそ、めざすべき動きの身体感覚やイメージが不可欠な手掛かりとして浮かび上がってくる。たとえば、「M型座りのイメージ」を水の中で想起してみることは一つの方法であろう。

表2-21　授業で課題としたステップの内容

ねらいと課題	課題の条件や強調するポイント
《W字姿勢のイメージづくり》 ・M型座り ・プールサイドでのW字姿勢の確認	・足の内側を後方に向ける。 ・足首を緊張させ、L字に屈曲し、足裏を上方に向ける。
《大腿のひねり（膝の内転） →膝下内側での水の捕らえ》 ・片足キューピー体操	(1)プールサイドで ・片足の膝を曲げながら内転させ、膝下内側を下方に向けて、外踝（くるぶし）を手で触れる。足首のL字を強調。 (2)プールの壁に向かって立ち、壁につかまって水の中で ・片足の膝下内側を下方に向けた状態から、その内側の面で水を下に抑えるようにすばやく足を下ろす（両足を閉じる）。 →膝下内側の面で水の抵抗を感じられるか？ 　（脛とアキレス腱のところで水が抜けていく感じがするか？）
《W字姿勢からの両足キック →膝下内側での水の捕らえ》	●両足の引きつけは「M型座りになるつもり」で (1)プールの壁につかまり、プールの底を蹴って軽くジャンプして 　→真下に水を押し出すようにすることで、「フワッ」とした浮力を感じられるか？ (2)コースロープにつかまって数回連続的に (3)浮き輪やビート板を用いて上体の浮力を確保して

また、見えない動きの中でも、動きの目標像に接近するのに大きく貢献し、意識的にコントロールしうる身体のコードがあるのも確かである。足を引きつける際のW字姿勢について、あるいは、足裏や内踝がどちらに向くのか、脚の部位の位置関係がどうなのかを指摘してみても、実際、「今、私の脚がどうなっているのか」見つけ出すのはきわめて困難であろうが、「膝」を意識することは大いに可能であろう。とくに、「M型座りのイメージ」の想起に結びつけて、「膝の内転」を強調することが有効であるかもしれない。

　そこで表2-21に示すステップを単元の前半はクラス全体に対して、また後半にはつまずきをもった子どもたちを中心に繰り返し取り組ませるようにした。

[2] 授業展開における指導のポイント

　水泳が始まる前単元における終盤の授業の一部を、平泳ぎの学習の導入として設定し、パソコン映像（「カエル」の泳ぎと「平泳ぎ」）を利用しながら、足の動かし方の違いについての発問―応答を通した後、次のような話を挿入した。

＊　　　　　　　＊

　その昔、ヒトは水の中でカエルのように、「すーい、すーい」と泳いでみたいと思いました。あのカエルの足の動かし方ができるようになれば……。ヒトは一生懸命になって、カエルの動きをまねてみました。でも、なかなか進みません。「水かき」のあるカエルと違って、足の裏で水を捕らえて押し出そうとしてもなかなか進むことができなかったからです。そこでヒトは考えました。ヒト流の「カエル足」の工夫です。平泳ぎの足の動かし方は、ヒトが編み出した素晴らしい「技」なのです。

＊　　　　　　　＊

　そして、短時間ではあったが、体育館のフロアおよびステージを利用して、M型座りとW字姿勢の類似について若干の知的理解を促すようにした。「わかれば、できる」というものではないのはいうまでもないが、平泳ぎのキックの動き（かえる足）の構造について印象深く触れさせたかったからである。とくに、W字姿勢については、プールでの学習においてもペア活動でイメージづくりを強調した（写真2-30）。

　さて、5年生時には学年全体として、とくにクロールを中心に水泳単元を位置づけていたため、平泳ぎが6年生での課題として残されていた。そのため当初より困難性をもった子どもたちが多いであろうと予想していたこともあって、実践研究的に取り組んでみた経緯があった。「案の定」といってしまえばそれまでであるが、単元はじめにクラスの子どもたち一人ずつの平泳ぎの様子をビ

写真2-30 ペアでのW字姿勢のイメージづくり　　写真2-31 片足キューピー体操

デオ撮影し、その映像をもとに筆者らで主観的に評価してみたところ、35名のうちのほとんどが先に掲げた4つのタイプのつまずきを有していた（およそ「かえる足」の動きとして判断されたのは4名にすぎなかった。実際には、①～③のタイプが多数を占めており、④の膝抱え込みタイプはごく一部であった）。

さて、先に示したステップを構成する中で大切にしたのは、渡辺の指摘にあった「腹ばいの状態で自分には見えない脚の動きをつくり出すのはとても困難なこと」ということに関わっている。つまり、ただでさえ見えない動き、それも巧妙な動きを、水の中という環境、呼吸を確保しなければならない条件において生み出すというのは課題性が非常に高いということである。そこで、W字姿勢をつくり出すための脚部の動き（M型座りのときの脚のイメージ）を体が立った状態（自分で見える状態）で確認するとともに（「片足キューピー体操」、写真2-31）、膝下内側で水を捕らえる感覚を両足キックにおいて導く際、プールサイドの壁、コースロープ、浮き輪やビート板などを利用しながら、立ち姿勢（下方にキック）→ 上体を斜めにした姿勢（斜め下方にキック）→ 平浮きの姿勢（後方にキック）といった段階を踏むようにした（写真2-32、2-33、2-34）。

ここで問題の焦点となる①・②の「あおり足」の特徴が明瞭である子どもたちには、膝下内側で水を捕らえるイメージやその感覚をクローズアップしたいと考え、写真2-35のような手作りの軟性のあるプラスチック・フィンを利用し、内踝を中心とした部位で水を捕らえる（水の抵抗を感じる）イメージづくりを

写真2-32 立ち姿勢で下方にキック

写真2-33 上体を斜めにした姿勢で斜め下方にキック

写真2-34 平浮きの姿勢で後方にキック

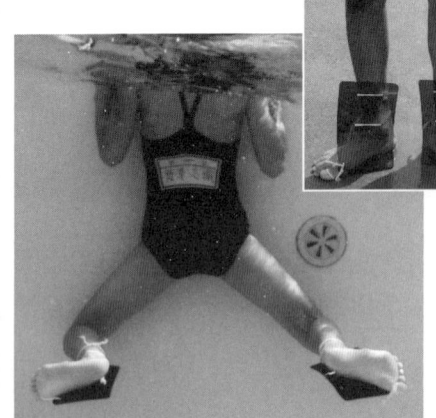

写真2-35 プラスチック・フィンと水中でのキックの確認

挿入してみた。いわば、水の抵抗、浮力を感じ取るための教具である。これを付けて膝下内側の面で水を押さえるように足を動かすことができると、水の抵抗とともに、フィンが歪んで足首に吸いつくような感覚が得られる。いわば、動きのできばえのフィードバック情報である。

[3] 学習成果の検討

　ここで最後に、素晴らしい大きな学習成果があったとまとめたいところでは

あるが、実際は、「平泳ぎのかえる足の指導はやっぱり難しいな」ということの再確認がもたらされた状況を自嘲気味に述べておかなければならない。

単元の終盤に再度一人ずつ泳ぎのビデオ映像を収録し、動きの評価を試みたところ、「かえる足」が習得されていると判断されたのは半数を超えた程度の子どもにおいてであった（少しばかり、評価が辛めであるかもしれない）。確かに、「あおり足」のつまずきを有していた子どもたちは激減し、個々の子どもにおいてはそれぞれ動きの改善にプラスの成果があったことは間違いないが、「大腿のひねり」（膝の内転）が弱く、「蛙足」的な動きの様相にとどまった子どもたちが残されてしまったからである。

一方で、他の運動領域と異なって、水環境における学習活動という前提があり、天候条件に左右されるところも考えれば、差し引いておくべきところはありながらも、中学校の必修段階における学習可能性を見通した、さらなる課題が認識されたといってよい。すべての子どもたちに、平泳ぎの素晴らしさやその喜びを味わわすために情報交流を促進させたいものである。

〈付記〉

この実践では、「M型座りのイメージ」（平泳ぎの状態で後ろから見るとW字の脚の引きつけ）を想起させる「膝の内転」を強調すべきことを大いに意識していたのであるが、結果的にはこの点がまさに課題として残されたかたちとなった。したがって、このことを解決していく新たな教材づくりの探究の必要性に迫られたといえる。さて、自分では見えない脚の動きを引き出す「M型座りのイメージ」をもう少し具体化できないものか……。

そこで、さらに一つの手段として発想したのが、写真2-36に示した教材・教具である。両足を後方に伸ばした状態から、自分の両体側にある棒（塩ビパイプ）に「足首を引っかける」ようにする運動課題の創出である。そして、引っかけた棒に沿って足を滑らせるように後方に押し出すのである。足首を棒に引っかけると、足首はL字のフック状態になり、足裏は上方、内踝が後方を向き、水を捕らえる面ができることになる。教具は塩ビパイプ3本をつないで製作した。

この棒に足首を引っかけるイメージの動きは、膝の内転と足首のL字フックを同時に引き出してくれるものとなる。また、しっかり足首を引っかけることができれば、学習者にも、また補助・観察者にも、W字体の引きつけができていることのフィードバック情報となる。

さらに、たとえば、ビート板を持って上体の浮力を得ている状態、つまり、

写真2-36　W字体の引きつけを誘い出す教具

　足のキック動作だけに集中できる条件において、実際にはこの棒がなくても、「足首を引っかけるつもりで」同じ動作にチャレンジしてみるのである。
　この下位教材を新たに中学1年生の平泳ぎの指導に導入してみたところ、「あおり足」を中心としたつまずきをもち、推進力は弱いものの、どうにか平泳ぎのコンビネーションである程度進むことのできる子どもたち（つまり、足の動きに意識を向けることができる土台を持った段階の子どもたち）には非常に大きな効果が得られた。
　まだまだ実践研究の途上であるが、ここに付け加えておきたい。

（研究協力者：竹内隆司・菅沼太郎・中村恭之・井出竜也）

[注]
‡1　筆者は、大学での小学校教員免許の対象となる教科専門科目の授業の一部で水泳も取り上げ、必ず平泳ぎのキックの問題に触れるが、受講学生の実技の実態においても「あおり足」は決して珍しいものではない。加えて、「あおり足」という現象について「初めて聞いた」という学生がほとんどである。ともあれ、「あおり足」のつまずきをもった学生たちにこのフィンを付けて動いてもらったところ、「平泳ぎの足ってこうなるんだ！」という驚きにも似た新たな発見の表情を示す反応が非常に多く、意味深長ではあるが印象的であった。

[文献]
＊1　渡辺伸（1996）運動学習の創造性を考える、吉田茂・三木四郎編、教師のための運動学―運動指導の実践理論、大修館書店、pp. 48-57

第2章-10

4年生・もっと楽しいボール運動①
「V字ゴール・ハンドボール」

　学習指導要領において、小学校のゲーム・ボール運動、および中学校の球技領域の内容表記が大きく転換された。周知の通り、「○○○型」というボール運動の分類論的発想が前面に押し出されている。この変化がなにを意味しているかを積極的に受け止めたい。それは一言で表現すれば、この領域の「学習内容」のありかを意識させる鮮烈なメッセージだということである。つまり、個別の特殊な種目にではなく、共通の戦術的課題を有する種目群の類似性をこそ、学習内容の中心に据えるべきとの主張であろう。また、大人が楽しむために大人が生み出してきた複雑な課題をもつゲームをより易しく修正することの必要性が掲げられたともいえる。このことを念頭に「ゴール型」「ネット型」「ベースボール型」それぞれの授業について取り上げてみたい。とくに、子どもたちが単元を通して取り組む中心的なゲームづくりに焦点を当てることにする。つまり、第1章で掲げた「単元教材」のレベルの工夫についてである。

[1] ボール運動の授業づくりのコンセプト

　筆者は、ボール運動の授業のキー・コンセプトを「意図的・選択的な判断に基づく協同的プレイの探究」として捉えている[1,2]。最初に、このことについての根拠をボール運動の特性理解の側面から説明してみたい。そこで、ボール運動における戦術中心の指導アプローチのあり方を提唱したイギリスの「理解のためのゲーム指導論」（Teaching Games for Understanding）における次のバンカーらの指摘を引き合いに出したい。
　「パフォーマンスの絶対的なレベルは異なっても、戦術的気づきに基づいてそれぞれすべての子どもが意思決定に参加することができるのであり、それに

よってゲームの中での面白さや、ゲームへの関与が保たれる」[*3]

　この記述はその後、ソープらの「ゲームの独自性は、そこで用いられる技術に先だった意思決定の過程にある[*4]」という、ボール運動の主要な特性についての見解につながっている。

　ここで彼らの主張する「ゲームの独自性」は、2つのレベルで解釈することが可能である。その一つは、ボール運動というのは、たとえば、器械運動や陸上運動、水泳などの運動とは異なって、ゲームの中で常に「意思決定」(プレイ状況の「判断」)が要求される特質を有していることである。したがって、その状況判断に積極的に参加できるようになることが、ゲームの面白さ、楽しさの源泉になるということである。いい換えれば、「ゲームの中で、なにをしたらよいのかわからない」というのでは、子どもにとってゲームは面白いものにはならないということなのである。このことがボール運動の指導において立脚すべききわめて大きな強調点になる。これは多様なスポーツの中でのボール運動の一つの特質である。

　他の一つは、ボール運動の領域内において、その戦術的課題(tactical problem)の構造の違いに応じて、ゲームの面白さを生み出す特徴的な「意思決定」(判断)のあり方が存在することである。ここに、「ボール運動の分類論」の意味と有用性が求められるのである。「ゴール型」のゲームでは、敵と味方がコートを共有する中で、空間を生み出しながらボールをキープし、ゴールにシュートしたり、ゴールラインにボールを持ち込むことが主要な戦術的課題になる。そこでは、パスやシュートの有効空間の創出に向けての「判断」が特徴づけられるといってよい。また、「ネット型」のゲームであれば、分離されたコートの向こうにいる相手に対し、ボールをコントロールさせないように攻撃したり、自陣の空間を守ることが主要な課題となり、相手コートの空間に関わった「判断」がポイントになる。なお、「ネット型」では、卓球やバドミントンのように相手からネット越しに打ち出されたボールやシャトルを直接打ち返す「攻守一体プレイ」の形式と、バレーボールに代表されるような自陣でのボールの組み立てが可能な「連携プレイ」の形式のゲームを区別することができるが、後者のようなタイプでは、意図的なセットを経由した攻撃を実現するための役割行動についての判断がさらに強調されることになる。さらに、「ベースボール型」では、ランナーが早いか、それともフィールディングが早いかを特定の塁上で競い合うことに向けての判断が大切になるのはいうまでもないであろう。これらのゲーム状況の「判断」の中身の違いがゲームの戦術的課題に対応しており、ゲームの分類のフレームになっていると考えることができるの

である。
　一般に運動学習である限り、そのパフォーマンスの向上には運動技能の習得・習熟が不可欠ではあるが、ボール運動では多様なプレイ状況を「判断」しながら技能的・行動的な対応（ボール操作の技能＝on-the-ball skill、ボールを持たないときの動き＝off-the-ball movement）をしなければならないところに大きな特徴があるのである。
　このような「ゲームの独自性」、いわば「ボール運動の特性」理解が、先に指摘した「意図的・選択的な判断に基づく協同的プレイの探究」というボール運動の授業のコンセプトの前提である。ボール運動とは、そのような判断に支えられた意図的な達成行動であるからこそ、チームのみんなの「協同的」なプレイが学習のターゲットになりうるのである。ボール運動の教育的価値の基盤はそこに存在しているといっても過言ではないであろう。したがって、チームのメンバーの中で、ゲームで生み出したいプレイについてのイメージや、状況に応じた行動についての理解を共有していくことが重要であろう。その意味で、「偶然のゲーム（ババ抜き的ゲーム）からの脱皮」[*2]が必要なのであり、それを促す教材づくりが求められるのである。

[2] ボール運動の教材づくり
　　——「発達適合的再現」と「誇張」

　第1章において説明したように、体育における教材づくりの基本的視点として学習内容を明確化し、それが典型的に含まれるような学習指導の媒体を構成していくことと、子どもたちの能力や発達段階に適合させ、授業の中での学習機会や課題のプレイ性を確保しながら、学習意欲を喚起していくことを大切にしていきたい。この視点をボール運動に適用させるとすれば、具体的にはどのようになるであろうか。これに関して一つの有効なモデルになるのが、先のソープやバンカーらの戦術中心の指導アプローチの中で記述されている「ゲーム修正」（modification of games）の論理である。図2-6には、ゲーム修正の2つの主要な視点である「発達適合的再現」と「誇張」とその関係が示されている[*5]。
　「フルゲーム」とは、「すべての固有な技術や戦術を備えた、大人によってプレイされるゲーム」のことであり、我々がしばしば「既存の種目」などと表現しているものを指している。しかしながら、それらは子どもが学ぶには高度で複雑であるため、子どもの学習対象に相応しく修正することが求められる。そ

```
         ┌──────────┐
         │          │  A  Full Game
         │          │     フルゲーム
  B  Representation │
     発達適合的再現 │
         │          │  C  Exaggeration
         │          │     誇 張
         │          │
         D  Representation
            and Exaggeration
```

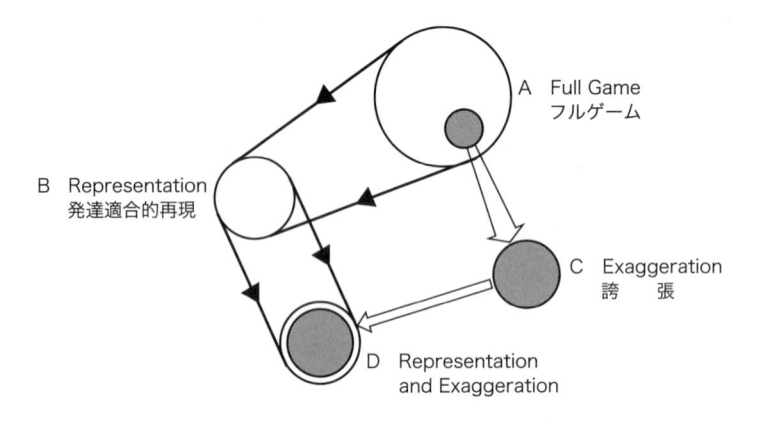

図2-6　ソープら（1986）によるゲーム修正の原理

の一つの視点が「発達適合的再現」（representation）である。これは、「子どもが技術的・身体的に未熟なために遭遇する問題を軽減」していくこと、つまり、大人のゲームと同じ戦術的構造を有しながらも、子どもの体の大きさや、能力などの発達段階に適合したプレイが展開されるようなゲームを開発していくことを意味している。「発達適合的再現」という訳語はやや堅苦しい表現であるが、それは多くの場合、コートや用具を工夫し、運動技能を緩和した子ども用の規格のゲームの中で、大人によってプレイされるゲームの本質的な面白さを味わわせようとすることを指している。また、「ミニゲーム化」の発想もこの中に含まれている。[*6]

　しかしながら、このような発達適合的な修正によって、大人のゲームに要求される運動技能的な課題性を易しくしたとしても、先に強調したゲーム状況における意思決定（判断）の側面は子どもたちにとって難しいままになってしまうのである。すなわち、ゲームの戦術的な複雑さがそのまま残されてしまい、子どもたちによる課題解決は容易ではないのである。そこで重要になるのが「誇張」（exaggeration）の視点である。それは子どもたちにとって「問題となる戦術的課題を誇張する修正」を意味しており、そのことは複雑なゲーム状況の判断の対象を焦点化したり、その選択肢を減少させることを通してクローズアップしていくことでもある。

　このような2つの視点からの修正によって、子どもたちに相応しいゲーム形式が創出されるということである。学習指導要領の解説では、小学校の中学年

写真2-37　授業の様子

における「易しいゲーム」、高学年での「簡易化されたゲーム」、また中学校での「工夫したゲーム」づくりが強調されており、ここに掲げたゲーム修正の視点に大いに学びたいものである。そして、それぞれの段階において、それぞれの「型」を特徴づけるゲームの面白さを引き出していくことがボール運動の教材づくりの中心的な課題となるであろう。

[3]「V字ゴール・ハンドボール」の教材づくりの発想

❶「みんなでチャンスを創る」ことへの誘い込み

　ゴール型ゲーム（とくにシュートするタイプ）では、有効な空間に侵入し、シュートにまで持ち込むことが攻撃側の主要な戦術的課題になり、それに向けての「協同的プレイ」をいかに意識化させることができるかが学習指導の核心となる。「みんなでチャンスを創る」がテーマになる。ここにおいて、プレイヤーがゲームの特定の状況で「なにをするのか」（what to do?）に関わる判断（意思決定）を学習内容の軸として焦点化させたい。

　しかし、常に流動するゲーム状況の中で、敵や味方のプレイヤーの位置どりに応じて「空間の意味」が刻々と変化することは、このようなゲームに慣れ親しんでいない子どもにとって非常に複雑であり、ゲーム理解は困難である。加えて、自分の動きをゴールの位置に対応させて認知しなければならないこともその難しさを増幅させているといってよいであろう。そのため、小学校段階で

は、シュートに有効な空間を明瞭にすることによって、敵・味方のプレイヤーとの関係で「シュートチャンス」を選択的に判断してプレイできるようにする工夫が教材づくりの一つの着眼点になるのではなかろうか。①子どもにとってわかりやすさを提供するものであること、②ゲームの戦術的課題の解決に向けた主要な手掛かりを生み出すものであること、③また、その手掛かりがチームのメンバーによる認識の共有を促進しうるものであること、などが掲げられるであろう。[*7]

　このような観点から、中学年を想定して構成したのが第1章の「教材・教具とはなにか」の箇所で引き合いに出した「V字型ゴール」を用いたゲームであった。[*8,9] そこではハンドボールの「ミニゲーム化」（4対4人のゲーム）を前提に、ゴール型ゲーム群に共通した戦術的課題となる、「シュートに有効な空間にボールを持ち込み、シュートチャンスを生み出したり、シュートチャンスを選択すること」をクローズアップするために、(a)シュートに結びつく有効な空間を子どもたちにわかりやすくすること（有効な空間の明確化）、(b)シュートに有効な機会や状況を積極的に判断して攻めることができる場面を提供すること（子どもにとっての易しい「判断」の選択肢の設定）を意図していた。「V字型ゴール」は、ゴール面に対応した左右の2つの有効空間を明瞭にし、その空間を意図的・選択的に利用して攻撃できるようになることを誘い出すための「教具」として考案したものである。

　通常、小学校での初期のゲームでは、ボールに密集してしまう「団子型ゲーム」的な様相や、ゴールを結んだ中央の狭い空間での「直線型ゲーム」は珍しくない。そこでは、意図的なパスによる攻撃空間の奪取という学習は非常に困難である。また、投能力の高い子どもが中心的となって支配してしまうようなゲームでは、周囲にいる味方の存在に関係なく、ロングシュートが頻発する。「V字型ゴール」の発想はこれらへの打開策であった。

　しかしながら、このゲームにも問題がないわけではない。3人のディフェンダー（残りの1人はキーパーで、攻撃には参加できる）がV字ゴールの両面を執拗にマークし、シュートコースを塞いでしまうような場面の出現もしばしばみられ、そのようなときには攻撃側のプレイが停滞してしまう状況が生起することになる。この問題を解消しつつ、「V字型ゴール」を利用する意図が生かされるようにゲームを修正することを課題とした。授業の対象学年は4年生である。

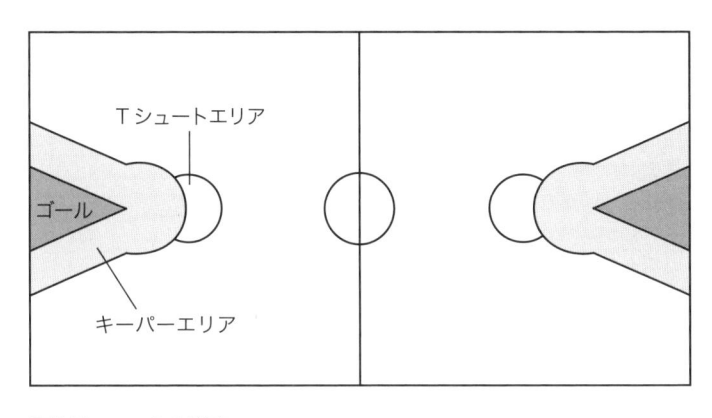

図2-7　コートの設定

❷修正版「V字ゴール・ハンドボール」

前記のような攻撃の停滞場面では、シュートの有効性の低い中央の空間の意味が低減し、有効に使いこなせないという問題を抱え込むことになる。したがって、ゴール正面を積極的に利用できるようにするのが修正版のコンセプトである。そこで、以下のようなゲーム条件（game condition）を採用することにした。

写真2-38　ゴールの形状

■コートの設定

図2-7のようなコートを設定した。広さは小学校体育館に2面設定できるバスケットボールコートと同様である。V字型ゴール面から3m幅の「キーパーエリア」を設けた。また、バスケットボールコートのフリースローサークルの一部を利用して、「トライアングル・シュート（Tシュート）エリア」とした。

■ゴールの形状とシュート方法

写真2-38に示したゴールを準備した。三角形の前面2面と三角形の上面枠の中にシュートを決めれば得点となる。この上面枠の中へのシュートが「トライアングル・シュート」であり、トライアングル・シュートエリアにパスでボールを持ち込めば、枠の中への直接のシュートおよび「バックボード」を利用したシュートを打つことができることにした。

表2-22 修正版「V字ゴール・ハンドボール」の主要なルール

- ゲームにはオフェンス3人、ディフェンス3人（そのうち1人はゴールキーパー）が参加する。
- ゲーム時間は、前半3分、後半3分のトータル6分間とし、前後半でオフェンスとディフェンスを入れ替える。
- ゴールキーパー以外のプレイヤーはキーパーエリアに入ってはいけない。
- オフェンス側がボールをコート外に出してしまったり、ディフェンス側がボールをキープした場合には、ディフェンス側の攻撃となり、センターサークルからリスタートする。
- ドリブルはなし。
- ボールを保持しているプレイヤーは3歩まで歩くことができる（判定はゆるやかなルール）。
- ボールを持っているプレイヤーから直接ボールを奪い取ることはできない（コールド・ディフェンス）。
- Tシュートエリアからのみトライアングル・シュートを打つことができる。

■ゲームの構成人数

　ゲームはコートをセンターラインでグリッドに区切り、双方のハーフコートに攻撃3人・守備3人、計6対6人のゲームを構成した。なお、守備は2人がフィールド・ディフェンダー、1人がキーパー役となる。したがって、ハーフコートでの実際のフィールド・プレイヤーによる攻防は3対2のアウトナンバー状態を生み出すことになる。

　このようなゲーム条件を設定することによって、シュートに有効な空間が子どもにとってわかりやすくなる。ゴール正面の空間もシュートに積極的に絡められるようにすることによって攻撃側の3人のプレイヤーを、シュートに有利な空間の意図的奪取が強調されるゲーム学習に誘い込むことができるのではなかろうか。なぜなら、ディフェンダー2人で3ヶ所の有効空間を守らなくてはならなくなるからである。

　また、攻撃側のボールを持ったプレイヤーが他のオフェンスの仲間2人を意識する度合いも高まっていくものと思われる。つまり、ここでの「ゲーム修正」の手続きをきわめて単純に表現すれば、ゲームの中での「よりよい『判断』がシュートチャンスを生み出すこと」、あるいは、「シュートの成功はよりよい『判断』に支えられていること」を促進する方策を指向することだといいうるであろう。つまり、個人の「ボール操作能力」の高さが前面に出るゲームではなく、「判断のよさ」を軸に据えることによって、メンバー相互の「協同的プレイの

写真2-39　ぼくの考えはこうなんだ！

よさ」を際立たせる工夫である。そのようなゲームであってこそ、運動技能の高低（個人差）を超えて、子どもたちみんながゲームに関与でき、ゲームの中での個々の子どもの存在感を高めていく学習が提供しうると考えるのである。

その他、主要なルール等は表2-22の通りである。なお本実践では、「ミカサ・アデランテ・ハンドボール1号球」（ゴム製：130～150g）を用いた。このボールの空気圧を若干低くして、軟らかく、また握りやすくなるように配慮した。

[4] 授業の展開と子どもの様子

単元は10時間で設定した。クラス全体を6チームに編成し（1チーム6～7人）、チーム学習（練習）およびゲームを中心に授業を展開した。第2時以降、毎時2コートに3チームずつ分かれ、3チームの総当り形式のゲーム（したがって3ゲーム）を実施している。

単元展開を通して子どもたちの「戦術的気づき」を促す指導が行われた（クラス全体の学習課題の把握の場面、チームごとの作戦タイム場面、全体でのまとめの場面）。そこでは、コートやプレイヤーの位置を示すモデル図や授業の中で実際に行われたゲームのVTRを利用しながら教師の「発問」を中心に子どもたちの思考に働きかけていった。おもに、攻撃側のプレイヤーの動き方についての指導であり、ボールを持たないときの動き（off-the-ball movement）

を強調した（通常このようなゴール型のゲームではディフェンスが強くなる傾向があるため、とくに守備については意図的な働きかけは行わなかった）。

単元序盤（第1〜2時）、2種類のシュート（V字面とトライアングル）を選択する面白さ（どこがシュートに結びつく有効なエリアか）、パスをすることによって攻撃側の数的優位を生かしていくことの面白さに気づくことができたように思われる。第3〜4時では、意図的にシュートに結びつく有効なエリアへ動き、シュートができた喜びが全体での話し合いの場面で出てきてはいたが、「マークされているとパスが出せない」ことへの問いが多くみられ、子どもたちはパスをつなげてシュートに持ち込むために、ボールを持っていない人がどう動くかを問題にし始めていた。

単元中盤（第5〜7時）では、ボールを持っていないときに止まっていないで、空いているところに動くことでパスをつなげていくことへの意識が高まってきた。とくに、Tシュートエリアへパスをつないでいこうとする動きが多かった。しかし、ディフェンス側もそのエリアをかなり執拗に防御するようになってきたために、V字ゴール面へのパスの展開がかなり共通の課題となっていた。つまり、「サポートの動き」の必要性が浮かび上がってきた。ただし、サポートによって味方同士が固まってしまうような場面の問題も投げかけられるようになった。

単元終盤（第8〜10時）には、ディフェンスの動きやその位置を見て、シュートに結びつくエリアへ動き、パスをつなげていくことが子どもたちみんなの課題として意識されていたようであった。いわば、V字の2面とTシュートエリアを状況に応じて選び取りながら、「みんなでチャンスを創る」面白さを深めることができたように思う。

以下に示すのは、単元終了後における子どもたちの感想からの抜粋である。

＊　　　　　　　＊

○ボールを持っている人に近づいていかなくても、空いている場所へ動けば、どんどんパスがもらえてうれしかった。トライアングルシュートが打ててよかった。

○なるべく仲間と離れて、三角形をつくれば、必ず1人空くからそれでシュートをすればいいことがわかってきた。味方にマークがきてしまって、シュートができないとき、空いている横の方に動いてパスをもらってV字シュートが打てたのでよかった。パスをしあってマークされない人をつくれたときはうれしかった。

○ボールを持っていない2人が三角形になって、ボールを持っている人に近づいたり、マークを見て空いているところに動いていったりすればパスがつながった。みんなで動いてパスをつなげたり、守りにじゃまされずにシュートできるようにして

いくのが楽しかった。
○固まらないでマークがいないところに動いていけば、パスがつながってシュートが打てた。パスがつながっていくとみんなで力を合わせた感じがして楽しかった。

[5] 学習成果の検討

　さて、このゲームの主要なねらいは、シュートに有効な空間にボールを持ち込むこと、また、シュートに有効な状況を判断して攻撃することであるため、その視点からゲーム分析を試みている。編成した6つのチームのうち、無作為に抽出した2チームについて、第2時以降にプレイされた全ゲームをVTR収録し、分析の対象とした。ここではとくに、以下の2つの視点からゲーム分析の結果を掲げておきたい。

❶攻撃場面において有効空間にボールを持ち込み、シュートできる割合

　対象とした2チームのゲームにおいて、ボールを保持した攻撃場面（オフェンスとしてセンターサークルからスタートもしくはリスタートした場面）を抽出し、表2-23のようなカテゴリーで攻撃の様相を区分することによって、各パターンの出現頻度について単元を通した変化を算出している（表2-24）。データは各時間に行われた2チームのゲームの総計であり、図2-8はその割合をグラフ化したものである。

　当然ながら、ここで期待したいのはAパターンである。表2-24、図2-8に示されているように、時間によって若干の揺れはありながらも、単元の進展に伴って確実にAパターンの出現頻度が向上しているのがわかる。また、適当でない状況や空間からシュートを打ってしまう行動を指し示しているBパターンの割合も、時間を追うごとに明瞭に減少している。

　これらのデータから、ディフェンスにマークされずに有効空間にボールを持ち込んで攻撃することが子どもたちの主要な課題として意識され、学習されたと判断してよいであろう。いわば、「偶然のゲーム」が繰り返されたのではなく、明らかに「意図的で選択的」に「みんなでチャンスを創る」プレイが学ばれていったと理解できる。

　なお、以前に構成したゲームの難点であった、両サイドを守備側に執拗にマークされた場合の「ゲームの停滞」に関しては、ゴール正面をシュートに結びつく有効な空間として積極的に利用できるようにしたことにより、ほぼ完全に払拭された。ここではデータを添えて示せないが、実際のゲーム中にそのよう

表2-23 ゲームにおける攻撃場面の分類カテゴリー

シュートまで持ち込む	Aパターン	ゴール前の有効な空間にディフェンスにマークされずにボールを持ち込んでチャンスを創り出し、シュートする。
	Bパターン	明らかにシュートに適当でない空間や状況からシュートをする。 ・ゴール前の有効空間以外の空間からシュートをする。 ・無意図的なロングシュートをする。 ・ゴール前にフリーの味方がいると同時に、自分がディフェンダーにマークされている状況でシュートする。
シュートに持ち込めない	Cパターン	ゴール前の有効空間にボールを持ち込もうとしたが、パスのミスや相手のインターセプトなどによって、シュートにつながらない。

表2-24 各パターンの出現回数と出現頻度

	第2時	第3時	第4時	第5時	第6時	第7時	第8時	第9時	第10時
Aパターン	16 (33.3)	24 (47.1)	22 (50.0)	23 (46.9)	30 (51.7)	39 (65.0)	24 (52.2)	30 (60.0)	43 (76.8)
Bパターン	19 (39.6)	17 (33.3)	8 (18.2)	10 (20.4)	11 (19.0)	8 (13.3)	9 (19.5)	9 (18.0)	5 (8.9)
Cパターン	13 (27.1)	10 (19.6)	14 (31.8)	16 (32.7)	17 (29.3)	13 (21.7)	13 (28.3)	11 (22.0)	8 (14.3)

※括弧内は%表示。

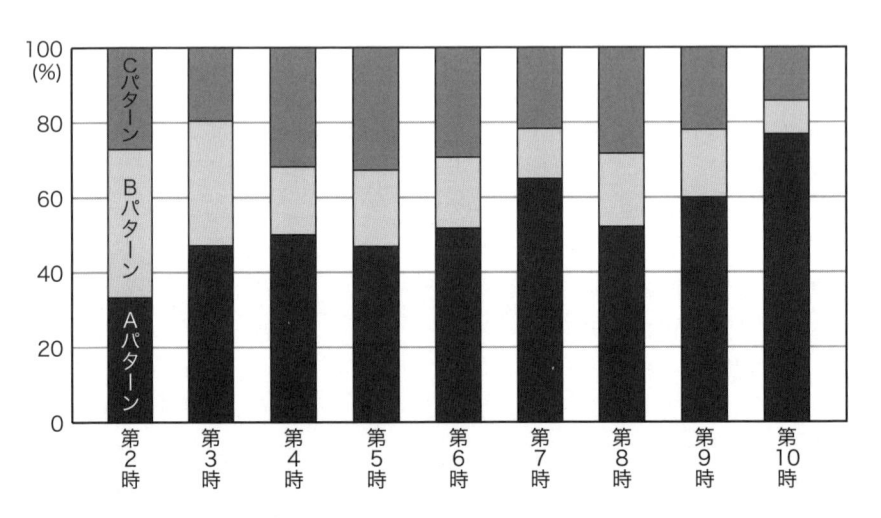

図2-8 各パターンの出現頻度の変化

な場面の出現がほとんどみられなかったのは事実である。有効空間の数とディフェンスの人数の設定（3つの有効空間を2人のディフェンダーが守る）が良好に機能したともいえるであろう。

❷有効空間でディフェンスされた状況下での行動の変化

　このゲームでは、シュートの決まりやすい空間を「意図的・選択的」に奪取する「判断」行動を増幅させることに中心的なねらいがあった。そこで、ゲーム中に次のような状況下におかれた場合の「判断」の学習成果を一つの指標として考え、データ収集を行った。それは、攻撃場面において、パスによって有効空間にボールを持ち込んだ際、ボールを保持したプレイヤーをディフェンスがマークしている場面を抽出し、そのプレイヤーのその後の行動を「シュート」（ディフェンスに付かれた不利な状況下でシュートする）と「パス」（よりよい状況に位置している味方にパスをする）の2つに大別して記録した。つまり、「意図的・選択的」な判断行動が学習されていけば、単元展開の進行において、ディフェンスされた状況における成功率の低いシュート（いわば強引とも表現できるようなシュート）は減少していき、味方のプレイヤーとの協同においてよりよいシュートチャンスを生み出すパスの割合が増加するであろうという予想のもとにである。このデータを表2-25に示す。

　ここでも授業時間による両者の出現頻度の変化は一定ではないものの、単元中盤以降にはシュートとパスの割合が完全に逆転し、「シュートチャンス」を生み出すための積極的な判断がなされるようになったと解釈してもよいものと思われる。

　このことは当然ながら、「ボールを持ったプレイヤー」としての自己の状況とともに、「ボールを持たないプレイヤー」である味方のメンバーの状況を認知し、次のゲーム展開に向けての行動を選び取っていく学習の成果として理解できる。

表2-25　有効空間でディフェンスされた状況下での行動の変化

	第2時	第3時	第4時	第5時	第6時	第7時	第8時	第9時	第10時
シュート	14 (77.8)	15 (46.9)	8 (53.3)	10 (45.5)	11 (37.9)	6 (33.3)	9 (23.7)	9 (36.0)	4 (23.5)
パス	4 (22.2)	17 (53.1)	7 (46.7)	12 (54.5)	18 (62.1)	12 (66.7)	29 (76.3)	16 (64.0)	13 (76.5)

※括弧内は%表示。

とくに、学習成果に関わるゲーム分析については2つの視点から単元展開における変化を示した。およそ期待通りの結果が得られたと考えてよいであろうと思われる。つまり、ゲームの中での「判断のよさ」がゲームでの成功を大いに左右する教材づくりの成果である。

　そこで、最後にあらためて指摘しなければならないのは、筆者は決してゲームにおける「ボール操作能力」の大切さを否定しているわけでも、過小評価しているわけでもないことである。強調したいのは、「意図的・選択的な判断に基づく協同的プレイの探究」とは、ボール運動の授業づくりのベースだという視点である。

（研究協力者：西沢和彦・吉原春希）

[文献]
* 1　岩田靖（2006）体育授業の質を高めるストラテジーとは、体育科教育54（4）：14-17
* 2　岩田靖（2008）教材開発で授業モデルは進化する（理論）―本物のボール運動を目指して、体育科教育56（2）：44-45
* 3　Bunker, D., & Thorpe, R. (1982) A Model for the Teaching of Games in Secondary School. Bulletin of Physical Education 18: 5-8
* 4　Thorpe, R., & Bunker, D. (1986) Is There a Need to Reflect on our Games Teaching ? In Thorpe, R., Bunker, D., & Almond, L. (Eds.) Rethinking Games Teaching. Loughborough: University of Technology. pp. 25-34
* 5　Thorpe, R., Bunker, D., & Almond. L. (1986) A Change in Focus for the Teaching of Games. In Pieron, M. & Graham, G. (Eds.) Sport Pedagogy: The 1984 Olympic Congress Proceedings, vol. 6. Champaign, IL. Human Kinetics. pp. 163-169
* 6　岩田靖（2000）ボール運動・球技の教材づくりに関する一考察―「課題ゲーム」論の「戦術中心のアプローチ」からの再検討、体育科教育学研究17（1）：9-22
* 7　岩田靖（2005）小学校体育におけるボール運動の教材づくりに関する検討―「侵入型ゲーム」における「明示的誇張」の意味と方法の探究、体育科教育学研究21（2）1-10
* 8　岩田靖（2003）小学校中学年における侵入型ゲームの授業実践の検討―ハンドボールのゲーム分析、髙橋健夫編、体育授業を観察評価する、明和出版、pp. 103-106
* 9　北原準司・中村博一・岩田靖（2003）戦術学習を方向づけるハンドボールのための教具、体育科教育51（10）：35-37

第2章-11

5年生・もっと楽しいボール運動②
「センタリング・サッカー」

　ゴール型のボール運動は、子どもにとって難しい。このことにもっともっと気づくべきである。
　かつて小学校高学年段階において、バスケットボールとともにボール運動の2大教材（素材）の位置を占めていたサッカー。世界においても、我が国においてもきわめて人気の高いスポーツ種目であり、学校でも休み時間になると男子を中心に多くの子どもたちが校庭に繰り出し、ゲームをしている姿は珍しくない。ただし、体育授業におけるサッカーのゲームは多くの問題を抱えているのが現実である。ここではとくに、ゴール型のゲーム学習の関心事の視点から、小学校5年生において体育館で実施した「センタリング・サッカー」の実践を取り上げたい。

[1]「センタリング・サッカー」の教材づくりの発想

❶戦術学習の実現可能性のベースを保障する──ボールとプレイヤー

　ゴール型のゲームに共通する中心的な戦術的課題は、敵と味方が同じコートを共有する中で、有効な空間を生み出しながらボールをキープし、ゴールやラインに持ち込むところにある。そこでは、ボールを持ったプレイヤーとボールを持たないプレイヤーとの、意図的なパスを媒介にした協同的プレイが重要となる。
　しかしながら、サッカーの授業の実状では、とりわけボール操作の技能の困難性から、戦術的課題の面白さから絶縁したゲームが展開されていることが少なくない。ただでさえ、ボールを足で操作することは難しい。とくに、バウンドしてくるボールを適切に処理することには、相当の技能習得を経た子どもで

写真2-40　ボール操作の易しさは周囲を見る余裕を生む

なければ対応できない。したがって、ボールをキープすることで精一杯であり、ゲームの状況判断どころではない。このような中では、無意図的で偶然のキックが頻発するだけであって、子どもにとってのオーセンティックな（本物の）ゲーム学習からはほど遠くなってしまう。

このような問題意識から、以前、「アイスホッケーにおいてパックを氷上で滑らせてコントロールするように、体育館の床を二次元的に動いてくれるボール選択」をした教材づくりを試みたことがある[*1]。ここでもその発想を踏襲し、円盤形のボールを手作りした（ドッヂビー用のフリスビーを2枚重ね合わせ、安定した動きが実現するように若干の錘を挿入した）。

また、ゲームにおける人数構成にも大きな課題が存在している。ゴール型のゲームにおいて、アウトナンバーを利用した攻撃の数的優位の状況下でのプレイは大いに有効である。ただし、足でボールを操作しなければならないサッカーでは、1人のアウトナンバーでは守備側がかなり強くなってしまい、ゲームの面白さを提供する攻守の均衡が保てない場合がしばしば見受けられる。そこで、この点においても以前の実践で試みたように、フィールド・プレイヤーにおいて3対1（キーパーを含めて3対2）の設定とした。

なお、攻守の役割や動きを焦点化して学習するために、センターラインで区切るグリッド方式を採用し、各チーム攻撃3人、守備2人（キーパーを含む）の5人が参加する形式のゲームを構成した。

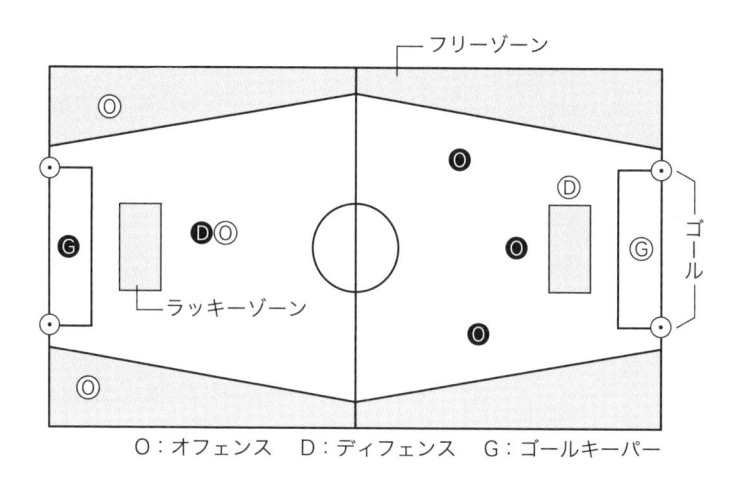

図2-9 センタリング・サッカーのコート

❷サイドからの横パス（センタリング）を誇張するコート

　これらを前提に、サッカーの中で多用される「センタリング」攻撃の面白さを味わいながら、チームで協力して有効な空間でシュートを打てるようになったり、ボールを持たないときのサポートの動きを学んでいくことがここでの教材づくりのねらいである。

　サッカーにおいてセンタリング攻撃が用いられるのは、横パスによって送られてくるボールに対して、いつ、どこで、どのプレイヤーがシュートを打つのかについての相手キーパーの判断やそれへの対応をより困難にする状況を生み出すためであると考えてよいであろう。また、コートの後ろから送られてくるボールよりも直接的にシュートに結びつけやすいボール操作状況であることも加えることができるかもしれない。したがって、このようなコートの中央にボールを寄せるセンタリングからシュートチャンスをチームのプレイヤー同士が意図的に、そして協同的に成立させていくことは、子どもたちにとって相応しい追究課題として位置づけられるものと考えた。そのため、「サイドからの横パス―シュートチャンスの創造」をより易しい条件下で学習させていくために、図2-9のようなコート両サイドの「フリーゾーン」の設定を試みている。このゾーンには、攻撃側のプレイヤーのみが入ることができ、その範囲内ではドリブルでのボールキープを許容し、ディフェンスに直接防御されずに味方プレイヤーにパスを出せるようにした。

表2-26　センタリング・サッカーのルールの大要

■チーム
・1チーム5〜6人で編成する（本実践では6チーム）。ただし、1ゲームに参加するのは5人——フロントコート（攻撃）に3人、バックコート（守備）に2人（キーパーを含む）。
■コート
・小学生用のバスケットボールコート（本実践では体育館に2面）。
・コートの両サイドにフリーゾーン、ゴール正面にラッキーゾーン、キーパーのみ入れるゴールエリアを設定。
■ゴール
・横幅6mのゴール（エンドライン上の両ゴールサイドにカラーコーンを設置）。
■ボール
・円盤形のボール（ドッヂビー用のフリスビー2枚で作成、錘を間に挿入して安定を図る）。
■ルール
・ゲームは6分。
・ゲームのスタートおよびリスタート（シュートが決まったとき、シュートをキーパーが直接捕球したとき、ボールがデッドしたとき、守備側がボールをカットしたとき）はセンターラインから行う。
・サイドラインからボールが出てもデッドにならない。
・フリーゾーンには攻撃側のプレイヤーのみが入ることができ、その範囲の中でボールをドリブルでキープしたり、移動させることができる。
・ゴールエリアの中にはキーパーのみ入ることができる（キーパーはゴールエリアの中で、ボールを手で扱うことができる）。
・得点は、シュートがラッキーゾーンから決まれば2点、それ以外のエリアからの得点は1点とする。
・審判、得点係はゲームをしていない2チームが各コートで行う。

　つまり、プレッシャーの少ない易しく弱いディフェンスの条件の中で、プレイヤーが安心と余裕をもって味方や相手プレイヤーの位置どりを判断しながらパスが出せること、また、それに応じて他の2人の攻撃側のプレイヤーがディフェンスの位置との関係から「サポート行動」（ボールを持たないときの動き＝off-the-ball movement）を積極的に学べることがこの「フリーゾーン」設定の意図である。
　なお，ゴール正面に「ラッキーゾーン」を加えた。このゾーンからシュートが決まれば他のエリアからのシュートよりも高得点を与えるルールにしたのである。それはゴール正面がもっとも好適なシュートの有効空間であるからであるが、さらに、そのことを明示することによって、攻撃側にとっても、守備側にとっても注目すべきゾーンとして意識させ、空間の意図的・選択的利用を促すためである。

以上のような教材づくりのコンセプトを下敷きにして「センタリング・サッカー」のルールを設定した。表2-26はその大要である。

[2] 授業の展開と子どもの様子

　本単元は10時間構成とした。毎時の授業展開は、基本的に「チームでの準備・ウォーミング・アップ ⇨ 全体での学習課題の把握 ⇨ チームでの作戦の確認・練習 ⇨ ゲーム① ⇨ チームでの振り返り ⇨ ゲーム② ⇨ チームでの振り返り ⇨ ゲーム③ ⇨ チームでの振り返り ⇨ 全体での学習のまとめ」の流れで進めた。
　なお、ゲームの中での意図的な動きを増やしていくために、「作戦」を「チームで共有すべき約束事」として捉え、「攻めの場面」「シュートの場面」「守りの場面」の3つに区分し、なるべく「○○のときは（○○したら）〜する」といった形式でチームの学習カードに記述させるようにした。ゲームの状況に対応した「判断」をよりわかりやすく、また実行しやすくしていくためである。

■第1・2時
　ルールの説明後、実際にゲームを行ってみた。ボールが球形でなく平面で、当たっても痛くないものであったため、運動を苦手にしている子どもも積極的にゲームを行う姿がみられた。しかし、ボールを受けるとシュートすることだけに目が向いてしまい、ディフェンスが目の前にいても、強引にシュートを打つ場面がきわめて多かった。また、ボールを持っていないオフェンスのプレイヤーもどのように動けばよいのかわからず、立ち止まっている様子が目立った。子どもたちの振り返りでは、「ディフェンスがしつこくて、あまりシュートが打てなかった」「どうやって動いていいのかわからない」といった内容がほとんどを占めた。

■第3・4時
　シュートを決めるためには、「仲間の動き」「相手（ディフェンス）の動き」「ボールの動き」を判断し、次の展開を予測しながら動くことの大切さを具体的な場面を取り上げて説明し、クラス全体の課題とした。子どもたちは、少しずつ意図的な動きをしようと作戦表にチームの約束事を書きためていくようになった。チームによっては、「1人が相手のディフェンスを引きつけたら、あとの2人でパスを回す」、「ラッキーゾーンに入ってボールを受けたら、ディフェンスがくる前にシュートを打つ」など、チームの約束事をしっかり行おうとする様子がみられ始めた。また、約束事を実践するためのチーム内での声掛けが聞こ

えるようになってきた。

■第5・6時

　フリーゾーンを使ってボールをゴール近くまで持ち込み、1点でも多く得点しようとラッキーゾーンに向かってパスするチームが増えてきた。しかし、ディフェンスもゴールエリアとラッキーゾーンの間に位置取りし、シュートを阻止しようとしたり、ボールを中央にパスされないようにマークするなど、失点しないための積極的なプレイをするようになる。そのような中で、教師は「サポートの動き」を強調し、引き出す発問を投げかけていった。また、子どもたちから出てきた、「相手をだましてマークから外れる」「立ち止まったままでなく、動きながらパスをもらう」「ボールを持っている人が仲間の動こうとしている方向にパスを出す」などのアイディアを実際にコートの中で演示し、子どもたちみんながイメージできるようにした。これにより、子どもたちの「ボールを持たないときの動き」が非常に活発になってきた。

■第7・8時

　オフェンス側がフェイントをかけてもディフェンスの懸命なボール阻止によって、攻撃に難しさが増してきた。A君はチーム内で、「ラッキーゾーンに最初からいるとディフェンスに予測されてしまうから、飛び込むようにラッキーゾーンに入って、素早くシュートすればいい」と仲間に話しかけた。そのチームは練習でも、トラップしてからではなく、ダイレクトにパスを出すように変わってきていた。ゲームでも素早い攻撃がみられるようになり、サイドからのセンタリングによって直接シュートを決めるといった理想的なプレイも現れた。このような姿は他のチームにも伝播し、練習やゲームに取り入れられていった。

■第9・10時

　チーム総当たり戦（タロー・カップ）を2時間かけて行った。練習やゲームを通して具体的なものにしてきた作戦表をもとに、白熱したプレイが随所に見られた。勝ってチームみんなで喜び合う姿、負けて肩を落とし涙ぐむ姿。子どもたちみんながこのセンタリング・サッカーに浸り込んでいた。それは完全に、「偶然のゲーム」から脱皮した「子どもたちにとっての本物のゲーム」であったといってよいと思われた。

　表2-27は、第2時から最終時まで実施した「形成的授業評価」の結果である。各次元、および総合評価についてのクラス全体の平均スコアを示している（なお、第7時は実践校の授業参観日にあたっており、残念ながらVTR撮影は行えなかったため、授業評価は欠落している）。

　データから明らかなように子どもたちから高い評価を得たものと判断してよ

表2-27　センタリング・サッカー単元の形成的授業評価

	第2時	第3時	第4時	第5時	第6時	第8時	第9時	第10時
成　果	2.56 (4)	2.64 (4)	2.77 (5)	2.83 (5)	2.84 (5)	2.72 (5)	2.72 (5)	2.83 (5)
意欲・関心	2.83 (4)	2.86 (4)	2.83 (4)	2.97 (4)	2.98 (4)	2.96 (4)	2.90 (4)	2.95 (4)
学び方	2.67 (4)	2.73 (4)	2.76 (4)	2.92 (5)	2.92 (5)	2.87 (5)	2.87 (5)	2.94 (5)
協　力	2.85 (5)	2.85 (5)	2.83 (4)	2.94 (5)	2.91 (5)	2.88 (5)	2.84 (4)	2.91 (5)
総合評価	2.68 (5)	2.75 (4)	2.79 (5)	2.91 (5)	2.91 (5)	2.84 (5)	2.82 (5)	2.90 (5)

※括弧内は5段階評価。

いであろう。単元中盤の第4時以降、総合評価において5段階の基準の5に位置づくスコアが示されている。また通常、相対的にスコアの得られにくい「成果」の次元が非常に良好に上昇したことが確認でき、子どもたちがゲームでの達成感を味わえたことが読み取れる。

[3] 学習成果の検討

　第2時以降、体育館の2コートにおいて、異なる対戦チームによる6分間のゲーム（3分ハーフ）をそれぞれ3回繰り返した（各チーム2ゲーム）。各時に行われたすべてのゲームをVTR撮影し、その映像再生によってゲーム分析を行っている（ただし、第7時は前記の理由により、データは得られていないことを断っておく）。

❶「フリーゾーン」の利用の実際

　最初に、横パスからの攻撃の組み立てを意図して設定した「フリーゾーン」がゲームの中で実際に有効に活用されていたのかどうかについて確認しておきたい。表2-28は、各時に行われた全ゲームにおけるトータルの「攻撃回数」、フリーゾーンにボールを持ち込んだ「パスの総回数」から算出したフリーゾーンの「利用度」を示したものである。ゲームにおける攻撃は常にセンターサー

表2-28　フリーゾーンの利用度

	第2時	第3時	第4時	第5時	第6時	第8時	第9時	第10時
攻撃回数	85	94	105	103	112	109	130	122
パスの総回数	31	38	53	52	62	60	89	77
ゾーン利用度	36.5%	40.4%	50.5%	50.5%	55.4%	55.0%	68.5%	63.1%

クルから始まる。そこで、各コートで対戦している2チームにおいて、ボールキープが転換するごとに攻撃場面を1回としてカウントし、攻撃1回当りのフリーゾーンへの持ち込み回数をゾーンの「利用度」として捉えている（ゾーン利用度＝パスの総回数÷攻撃回数×100）。

　表2-28の数値からすれば、単元後半には、攻撃場面の半数から3分の2の割合でフリーゾーンを利用していたことになる。子どもたちは、守備側に対して有利にボールをキープできるフリーゾーンを大いに活用してゲームを進めていたことが確認できるであろう。

❷ゲーム様相のパターン分析

　さて、実際のゲームにおいて出現させたい戦術行動に学習成果がみられたであろうか。これについては取り組まれたゲームの様相をパターンに区分し、それらの頻度についてデータ化を試みている。ここでは表2-29のように、攻撃場面をA～Cの3つのパターンに区分し、その出現回数をカウントする方法により、各パターンの頻度を算出した。表2-30はその結果であり、図2-10はその頻度をグラフ化したものである。期待したいのはもちろんAパターンの出現である。

　図表から明瞭なように、ディフェンスにマークされずにフリーな状況・位置でボールをキープし、シュートに持ち込むAパターンが単元序盤と比較し、時間の推移の中でその頻度を増大させ、Bパターンの比率が減少していることは、このゲーム学習における確実な成果と解釈してよいであろう。これらのデータにみられるゲーム様相は、シュート・チャンスを協同的に創り、判断していく学習結果の肯定的側面として理解しうる。

　ただし、攻撃場面においてシュートに結びつけられずに終わってしまったCパターンに大きな変化をもたらせなかったところに課題が残されている（実際には、ボールを足で操作するという前提において、パス・コントロールやボールキープのミスが一定程度認められるのは子どもたちの技能段階から考えて当

表2-29 ゲーム様相のパターン区分のカテゴリー

Aパターン	・ディフェンスをかわしてラッキーゾーンにパスでボールを持ち込み、ノーマークの状態でシュートした場合。 ・ディフェンスに防御されずにゴールエリア付近でフリーになってシュートした場合。
Bパターン	・シュートに相応しくない場所や、ディフェンスにマークされている状態でシュートをしてしまった場合。
Cパターン	・ディフェンスにパスカットされたり、パスミスによってボールがデッドしてしまった場合。

表2-30 ゲーム様相における各パターンの頻度

		第2時	第3時	第4時	第5時	第6時	第8時	第9時	第10時
Aパターン	回数 頻度	12 14.1%	23 24.5%	30 28.6%	30 29.1%	41 36.6%	40 36.7%	54 41.5%	49 40.2%
Bパターン	回数 頻度	37 43.5%	41 43.6%	38 36.2%	36 35.0%	42 37.5%	34 31.2%	34 26.2%	31 25.4%
Cパターン	回数 頻度	36 42.4%	30 31.9%	37 35.2%	37 35.9%	29 25.9%	35 32.1%	42 32.3%	42 34.4%
全回数		85	94	105	103	112	109	130	122

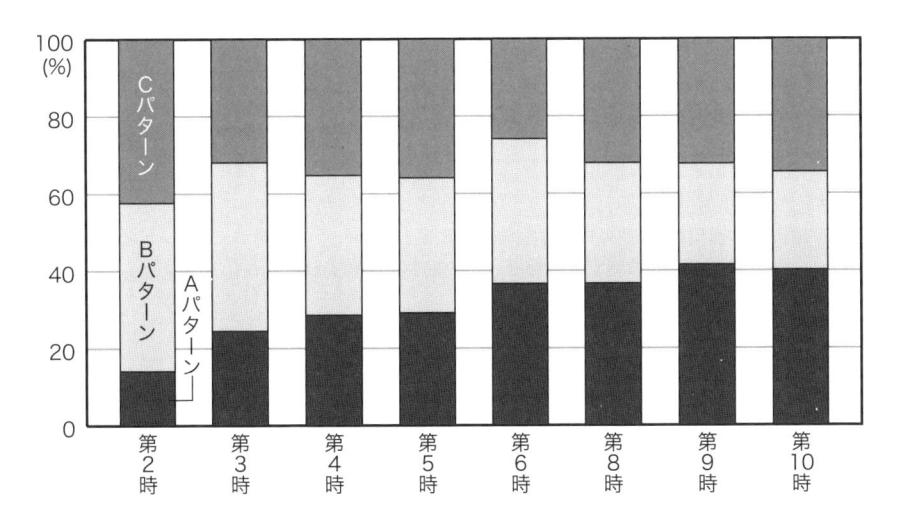

図2-10 ゲーム様相における各パターンの頻度

写真2-41　フリーゾーンからラッキーゾーンへのパス

然のことではあるかもしれない)。

　単元第7時、授業参観でこのセンタリング・サッカーの授業を保護者の方々に見ていただいた。そこでは、「男女関係なくハイタッチしたり、声を掛け合ったりしているのに驚いた」「汗をたくさんかきながら一生懸命に動いている姿が素晴らしかった」など、多くの肯定的な感想を寄せていただいた。また、数ヶ月後、クラスでの親子レクリエーションの場で、「親子対抗センタリング・サッカー大会」に取り組んだ。多くのお母さん方にこのゲームはきわめて好評であったことを最後に付け加えておきたい。

(研究協力者：菅沼太郎・千野孝幸)

[文献]
*1　鎌田望・岩田靖（2004）小学校体育におけるサッカーの教材づくりとその検討,信州大学教育学部附属教育実践総合センター紀要・教育実践研究 (5)：71-80

第2章-12

6年生・もっと楽しいボール運動③
「セイフティーエリア・バスケットボール」

　「意図的で、選択的な空間の奪取」を中心的なターゲットとしたゴール型ゲームの授業事例として、ここではさらに小学校6年生対象の「セイフティーエリア・バスケットボール」の教材づくりを取り上げたい。

[1]「セイフティーエリア・バスケットボール」の教材づくりの発想

❶「空間」と「仲間」を意識させる方略としての「明示的誇張」の考え方

　「明示的誇張」とは、「戦術的課題をクローズアップすることにおいて、子どもに戦術的気づき（判断）に基づいた『意図的・選択的プレイ』を促進させることに向けてなされる、子どもにとって明瞭な付加的ルールを伴ったゲーム修正の方略[*1]」であり、それはその判断の重要性をチームのメンバー間で「共有」していくことを促す手段である。

　表2-31に、「セイフティーエリア・バスケットボール」のルールの大要を示しておく。以前、別のところで取り上げたゲームに攻撃側における「ボランチ・プレイヤー[*2]」を挿入した形式である。フリースロー・サークルのリング側半分を「セイフティーエリア」とし、攻撃側がこのエリアにパスでボールを持ち込めば（エリアに入ったプレイヤーへのパスが成立すれば）、そのエリアの前縁まで出てフリーシュートが打てるというルールを採用したゲームである。

　攻撃の基本はドリブルなしの「パス―シュート」形式である。既存のバスケットボールにおいてドリブルは確かにボールを移動させる一つの重要な選択肢ではあるが、ここではボールを持たないプレイヤーの「サポート行動」（パスコースを生み出すこと、さらにはシュート・チャンスを創出しうるスペースを

表2-31 セイフティーエリア・バスケットボールのルールの大要

■チームの人数
・5対5（攻撃3人、守備2人：役割はゲームごとにローテーション）
■コート
・センターラインで区切られたグリッドコート
■得点形式
・セーフティーエリアからの得点は2点、そのほかの場所からは3点、リングに当たれば1点とする。
■ルール
・ゲームはセンターサークルからスタートする。
・セイフティーエリアでパスを受けることができれば、エリアの中からフリーシュートが打てる。
・守備側の1人は、自チームの攻撃時にボランチラインまで動いて、パスの出し入れができる。ただし、シュートは打てない。
・シュートが決まったときや、攻撃側がボールをコート外に出した場合は、相手側のボールとなり、センターサークルからスタートする。
・守備側がボールをコート外に出した場合は、センターサークルからの攻撃側のボランチによるスローインでリスタートする。
・守備側がパスカットした場合には、センターサークル内にボールを回し、すぐに攻めてもよい。
・ドリブルはなし。パスの際はボールを両手で扱う。
・守備の際には、攻撃側の人が持っているボールに触ってはいけない。

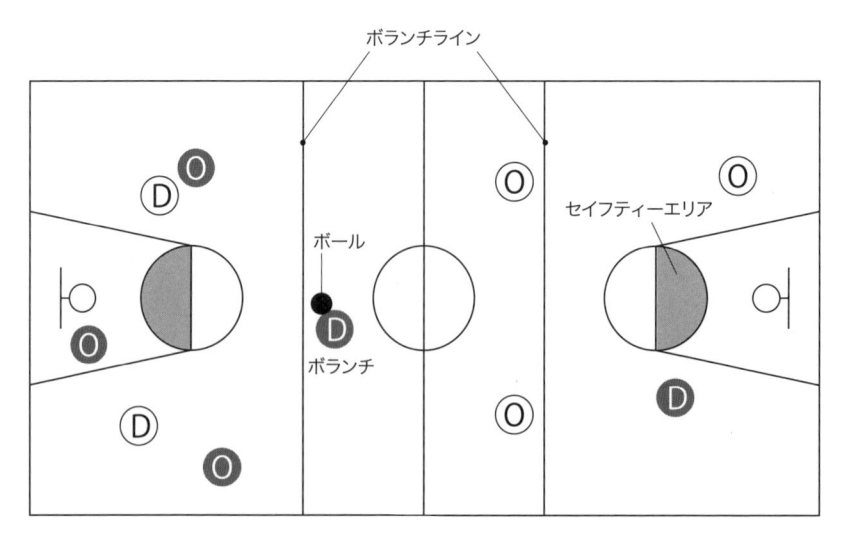

図2-11 コート図

奪うことといった「ボールを持たないときの動き」）の学習を強調したいことから、ドリブルを除いている。このことは、「ボールを持っていないプレイヤー」の動きこそが、チャンスを創り出すキー・ポイントであることを意識させるためでもある（当然ながら、ゲーム理解が進んでいない段階でドリブルを許容すれば、特定の子どもによる独占的なゲーム支配が生起してしまい、多くの子どもの学習機会を奪ってしまう結果に陥るからでもある）。

　さらに、3対2による攻防を設定している。これについては多くの説明をする必要はないであろう。攻撃側の数的優位の状況において、「シュートチャンスを創り、選ぶ」学習への積極的関与を促すためである。ただし、ドリブルして移動することができないために、3対2の状況で攻撃側のボールを持たない2人のプレイヤーがディフェンダーに執拗にマークされてしまうと、サポートの行動に習熟していない段階ではゲームが滞ってしまうことも多い。そのため、そのような状況を打開し、攻撃を立て直すことに貢献する「ボランチプレイヤー」の役割を挿入してみた（同一チームにおける守備のプレイヤー2人のうちの1人が攻撃時にボランチ役になれる）。ただし、ボランチプレイヤーは、「ボランチライン」の後方までの行動制限があり、シュートには関与できないことにしている（したがって、形式的には4対2の状況となる）。

　さて、以上のような教材づくりの中心的なねらいは次のようなところにある。

❷「意図的」な空間利用を促進させる

　前出の「V字ゴール・ハンドボール」の教材づくりにおいて説明したように、ゴール型ゲームの中での「空間」（スペース）の意味は、プレイヤーの位置によって常に流動的に変化する。シュート・タイプのゲームではこのような変化に応じて、シュートに結びつく有効な空間を奪取していくことに向けた課題解決の面白さが存在している。しかしながら、この空間の意味の変化は子どもたちにとって決して自明のものではない。類似のゲームに慣れ親しんだ子どもでなければ、非常にわかりにくいのである。ゴール型ゲームが子どもや初心者にとって非常に難しいといわれる所以である。

　ボール運動では、「ボールを持ったプレイヤー」と「ボールを持たないプレイヤー」相互におけるプレイ状況の判断を一致させていくことが重要となる。それが協同的プレイを生み出していくポイントであるといってよいであろう。ゴール型ゲーム（シュート・タイプ）では、とくに小学校段階において、一定の空間がシュートに有効なエリアであること、あるいは優位な場所であることを予め提示した上で、そのエリアをめぐって変化する空間の選択を易しく導い

ていくことが、今述べた協同的プレイの実現を促していく一つのアイディアとして取り上げうるものと思われる。

❸「選択的」なプレイを増幅させる

　ある特定の空間の重要性はディフェンス側にとっても同様なものとなろう。積極的に防御すべき空間として意識されるものとなる。3対2の状況で、ディフェンス側がセイフティーエリアを防御すれば、サイドの空間がシュート・チャンスを生み出す有効なポイントとなる。逆に、サイドの防御に固執すれば、セイフティーエリアがノーマークとなる。したがって、オフェンス側にとって、セイフティーエリアやその周辺と両サイドの「選択的」な奪取に向けての判断が具体的で鮮明な学習対象としてクローズアップされてくる。3対2という数的優位もすでに選択的判断を促す基底的な条件となっているが、この空間の設定はそれをさらに増幅させようとする発想である。

　このような「誇張」の方策によって、チームでの作戦をより具体的なものにし、攻守についてのメンバー間のコミュニケーションを活発化させたい。いわば、チームでの協同的プレイのイメージを鮮明にし、プレイに向けての情報の「共有」を促進したいというのがねらいの一つでもある。

[2] 授業の展開と子どもの様子

　単元は9時間で構成した。5〜6人のメンバーによる5チーム編成。体育館の2コートで、毎時6分（3分ハーフ）のゲームを各コート3回繰り返せるようにした（各ゲームでは、残りの1チームが審判・スコア係を分担する）。単元第7時以降を全チームでのリーグ戦とした。

　「よいシュートシーンをつくって決めよう！」を合言葉に、「シュートの有効空間でノーマークをつくり、シュートできる」ことを単元を通した主要な学習課題とした。各時間の流れはおよそ、「ウォーミング・アップ ⇨ ドリルゲーム ⇨ 全体での課題把握 ⇨ チームでの作戦タイム・練習 ⇨ ゲーム① ⇨ ゲーム② ⇨ ゲーム③ ⇨ チームでの振り返り ⇨ 全体での学習のまとめ」とした。ドリルゲームでは、シュート技能や「パス＆ゴー」（ボールを持ったプレイヤーから持たないプレイヤーへの転換）などのゲームにおいて求められるボール操作や、スペースを奪うためのボールを持たないときの動きを中心とした。

■単元序盤

　まずは、ルールを知り、ゲームに慣れる段階である。子どもたちは、パスコ

ースのつくり方、パスコースへの移動やシュートに有効な空間への入り方などが思うようにいかなかったり、ボランチの役割をどのように機能させたらよいのか戸惑っていたりした。しかし、「ボールを持たないプレイヤー」が、コートを広く使いながら、少しずつパスコースをつくることができるようになると、次第に守りも広い範囲をディフェンスするようになり、セイフティーエリアやエリア外のゴール下に走り込む攻めの動きが増え、「ナイス・パス！」が少しずつみられるようになっていった。

　また、ボランチを含めた「4人で攻めること」を強調し、プレイ中、ボランチにボールを回した場面で、攻撃側のプレイヤーがどのように動いたらよいのかについて工夫していくことを促していった。その中で、徐々に、ゴール下でノーマークになったプレイヤーにパスを通すプレイが増加していった。また、それぞれのチームでは、セイフティーエリアやゴール周辺の空間に走り込んだりしてディフェンスを引きつける「おとり役」になったりする作戦が考えられるようになっていった。

■単元中盤

　インストラクション場面において、攻撃を中心に取り上げ、数的優位の中、守備の状況に応じた攻め方の工夫、すなわち意図的・選択的な空間利用を促すようにした。また、守備側の動きの上達がみられたことから、プレイ全体のスピード化（判断・ボール操作）の必要が課題となっていった。プレイを速くしていく中で、それに伴うミスがみられたものの、それ以上に、子どもたちがイメージした攻めのかたちが現れるようになっていった。そのような段階に至って、子どもたちはゲームの中で「状況を見て判断すること」「チーム内で声をかけ合うこと」の重要性を強く意識するようになっていった。

■単元終盤

　単元の終末はミスを減らす工夫や、正確なプレイの大切さを再確認しながら

表2-32　単元後半の形成的授業評価のスコア（クラス全体）

	第5時	第6時	第7時	第8時	第9時
成　　果	2.70 (5)	2.68 (4)	2.70 (5)	2.72 (5)	2.81 (5)
意欲・関心	2.93 (4)	2.91 (4)	2.88 (4)	2.97 (4)	2.98 (4)
学び方	2.81 (5)	2.86 (5)	2.88 (5)	2.88 (5)	2.91 (5)
協　　力	2.86 (5)	2.79 (4)	2.82 (4)	2.90 (5)	2.95 (5)
総合評価	2.81 (5)	2.79 (5)	2.81 (5)	2.85 (5)	2.90 (5)

※括弧内は5段階評価。

リーグ戦に向かっていったが、ここではとくに、ボランチ役の動き方によって、攻撃側のフロア・バランスを保っていくことについての工夫が各チームの課題となった。ボランチの役割も仲間の位置変化に応じた重要な学習対象として位置づいていったといえる。そして、「チーム内の協力や、一人ひとりの本気のプレイ」への意識の高揚が、ゲーム中の子どもたちのパフォーマンスの向上につながっていったように思われた。

なお、表2-32は単元後半におけるクラス全体の「形成的授業評価」のスコアである。期待どおりの良好な結果が得られたと考えてよいであろう。

[3] 学習成果の検討

単元の中で行われた2コートでの全ゲームを体育館のギャラリーから4台のビデオカメラで撮影した（1コート2台。各チームの攻撃場面を対象とした）。ここでは、単元序盤の第3時、中盤の第6時、終盤の第9時に得られたデータを基に学習成果の一端を確認したい。

❶期待される攻撃場面の出現頻度

攻守の転換によってコートの中央から始まる場面において、中心的な戦術的課題となる「有効な空間にボールを持ち込み、ノーマークでシュートを打つ」ことの達成度がまずは重要な情報となろう。そこで、期待される協同的プレイの出現頻度を提示してみたい。

対象とする攻撃場面を表2-33に示したカテゴリーによって区分し、それぞれのパターンの頻度を算出した。期待されるのはもちろんAパターンの出現率の向上である。

なお、ここで分析の単位とする「1回の攻撃」は、コートのセンターからボランチプレイヤーによってボールが攻撃側のフロントコートに入れられてから、1回目のシュート場面までのことを指している。リバウンド後の2回目以降のシュート場面はその対象としていないが、リバウンドボールがパスを経由し、ボランチプレイヤーに戻されて攻撃が立て直された場合には、新たな1回の攻撃としてカウントしている。

各時のトータル数は2コートでの全6ゲームを対象としている（第9時はリーグ戦の総当たり数の関係で8ゲーム実施しているため、データ量が増えている）。表2-34はその結果を示したものであり、図2-12は各パターンの出現率をグラフ化したものである。データから確認できるように、Aパターンの増加

表2-33　ゲームにおける攻撃場面の分類カテゴリー

シュートまで持ち込む	Aパターン	・ディフェンスをかわしてセイフティーエリアにボールを持ち込んでシュートする（フリーシュートを奪う）。 ・ゴールサイドの有効な空間にディフェンスにマークされずにボールを持ち込んでシュートする。
	Bパターン	明らかにシュートに適当でない空間や状況からシュートする。 ・ゴール付近の有効な空間以外からのシュートや、強引なロングシュートをする。 ・ディフェンダーにマークされている状況でシュートする。
シュートに持ち込めない	Cパターン	パスのミスや相手側のインターセプト（パスカット）によってシュートにまでつながらない。

表2-34　各パターンの出現数および出現率

		第3時	第6時	第9時
Aパターン	出現数 出現率	67 46.5%	91 53.2%	145 63.3%
Bパターン	出現数 出現率	37 25.7%	32 18.7%	35 15.3%
Cパターン	出現数 出現率	40 27.8%	48 28.1%	49 21.4%
トータル		144	171	229

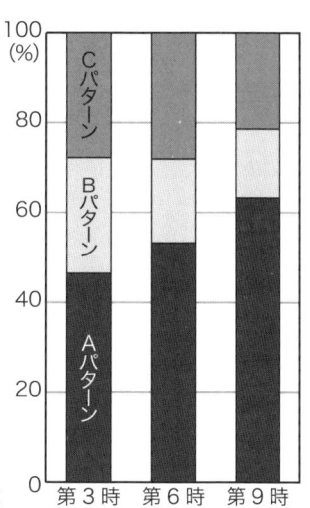

図2-12 各パターンの出現率の変化

がみられ、期待される結果となった（実際には、ここで抽出した3回の授業以外も分析しており、時間を追ったAパターンの漸増が認められた）。数値的には、それほど大きな学習成果のようには見えにくいが、現実には、単元の時間展開の中で守備側も上手になっているであろうことを考えれば、シュートに有効な空間の奪取をめぐった豊かな学習が実現できていたと判断してよいものと思われる。

表2-35　ノーマークでのシュートチャンスが生み出された過程の分類カテゴリー

aパターン	ディフェンスをトップやサイドに引きつけ、空いた中央のセイフティーエリアやその周辺にボールを持ち込み、ノーマークでシュートする。
bパターン	ディフェンスをゴール付近に引きつけ、空いたセイフティーエリアやその周辺にボールを持ち込み、ノーマークでシュートする。
cパターン	ディフェンスをセイフティーエリアに引きつけ、空いたゴールのサイドにボールを持ち込み、ノーマークでシュートする。
dパターン	そのほか、偶然性の高いプレイなど、意図的なボールを持たない動きとパスの選択によるものでないと判断されるシュートの場面。

表2-36　ノーマークを生み出す過程の変化

		第3時	第6時	第9時
aパターン	出現数 出現率	14 20.9%	19 20.9%	33 22.8%
bパターン	出現数 出現率	5 7.5%	27 29.7%	42 29.0%
cパターン	出現数 出現率	24 35.8%	27 29.7%	47 32.4%
dパターン	出現数 出現率	24 35.8%	18 19.8%	23 15.9%
トータル		67	91	145

※出現率は小数点第2位を四捨五入しているため、トータルが100%になっていないところがある。

❷有効なスペースにボールを持ち込むまでの過程

　前記の分析においてAパターンとしてカウントしたプレイの過程に着目してみたい。子どもたちが攻撃場面において、どのような課題解決を実際のゲーム中に行っていたかについての様態を概略的に確認してみるためである。また、Aパターン中には、結果的にセイフティーエリアを奪取したり、ノーマークでのシュート場面が成立したものすべてがカウントされているが、実際には偶然的な要素をもった場面（たとえば、ルーズボールによってシュートチャンスが生まれたりした場合）、あるいは手渡し的なパスでセイフティーエリアをとった場面なども含まれている。そのため、「ボールを持たない動きとパスの選択

による意図的・選択的な空間の奪取」という学習のねらいに添ったプレイを焙り出すためでもある。

そこで、Aパターンにカウントされたプレイの過程、とくに最終的なシュートに結びついた場面を表2-35のカテゴリーの区分によって識別してみた。ここでは、a～cのパターンの総体的な増大、dパターンの減少が期待されるところである（a～cはどれが増えるとよいかというものではなく、いずれも好ましい）。表2-36はその結果である。

表2-36のデータに示されているように、ディフェンスの位置どりに対応して生み出される空間を奪ってシュートチャンスを創出するa～cパターンの占める割合が高まり、dパターンの出現率が低下している。このことは、シュートチャンスを生み出す協同的なプレイ、つまり、「ボールを持たないプレイヤー」のサポートの行動、および「ボールを持ったプレイヤー」の仲間を意識したパスの選択が学習されていったことを傍証していると理解してよいのではなかろうか。

ここでは、ゲームの戦術的課題をクローズアップするための一つの方法論として「明示的誇張」の考え方を説明してみた。前出のハンドボールやサッカーの教材化にも適用されている。なお、別のところで紹介した「トライアングル・シュートゲーム」[3]や「ドーナッツボール・サッカー」[4]も同様である。シュートチャンスをチームのみんなで創り出し、集団的達成の喜びを大いに味わわせたいものである。

（研究協力者：竹内隆司・中村恭之・矢島大輝）

[文献]

- [1] 岩田靖（2005）小学校体育におけるボール運動の教材づくりに関する検討─「侵入型ゲーム」における「明示的誇張」の意味と方法の探究、体育科教育学研究21（2）：1-10
- [2] 岩田靖（2003）バスケットボールの教材づくりと授業成果の検討、髙橋健夫編、体育授業を観察評価する、明和出版、pp. 107-111
- [3] 岩田靖・斎藤和久（2008）教材開発で授業モデルは進化する─なぜ「トライアングル・シュートゲーム」なのか、体育科教育56（2）：44-51
- [4] 鎌田望・岩田靖（2004）小学校体育におけるサッカーの教材づくりとその検討─「侵入型ゲーム」としての戦術的課題を誇張する視点から、信州大学教育学部附属教育実践総合センター紀要・教育実践研究（5）：71-80

第2章-13

3年生・もっと楽しいボール運動④
「フロアーボール」

　1998年の小学校学習指導要領に示された中学年における「バレーボール型ゲーム」は、概して付加的な取り扱いであったが、今回の改訂によって、「ネット型ゲーム」として明確に位置づき、この学年段階に相応しい教材開発が求められている。学習指導要領の「解説」では、その例示として「ソフトバレーボールを基にした易しいゲーム」「プレルボールを基にした易しいゲーム」が掲げられている。ここからすれば、ネット型のゲームの中でも、主として自陣で攻撃を組み立てられる「連携プレイ」タイプが想定されていると考えてよい（確かに、ボールを直接返球する「攻守一体プレイ」タイプのゲームの場合、大きなクラスサイズの授業においては、なかなか十分な学習機会を提供できないという難しさが横たわっている）。
　そこで、この「連携プレイ」タイプのゲームの本質的視点として「意図的なセットを経由した攻撃」を大切にした3年生での「フロアーボール」の授業実践を一例として取り上げたい。この段階の子どもたちにとって実現可能性の高い運動技能的な要求のもとにゲームでの核になる「判断」や「役割行動」を豊富に学習させることが中心的なねらいである。

[1]「フロアーボール」の教材づくりの発想

❶学習内容の「テーマ」を意味するボール運動の「型」

　「意図的なセットを経由した攻撃」ということに関わって、最初に若干ながら以下の事柄に触れておきたい。
　ボール運動の指導における「戦術アプローチ」の立場では、近年、小学校段階での「テーマ・アプローチ」(thematic approach) の考え方が新たに提唱

されている。そこでは、バスケットボールやサッカー、あるいはバレーボールといった「個別の特殊な種目」ではなく、「共通の戦術的課題を有する種目群の類似性」をこそ、学習内容の中心に据えるべきとの主張がなされている。特定の種目の技能的側面を個別的・絶縁的に指導してもゲームの発展性が期待できないこと、また技能学習には多大な時間が必要であることが指摘され、戦術的思考の促進を中心とした指導によって、同じ分類群に位置づくゲーム間の学習の転移を生じさせうることが強調されている。そして、この共通の戦術的課題をクローズアップすることのできる修正されたゲームを提供していくことが教師の重要な課題として認識されている。

学習指導要領におけるボール運動の型表記にみる内容提示は、種目主義を脱していく「テーマ・アプローチ」だと解釈してもよいであろう。先に触れた、「意図的なセットを経由した攻撃」というのも、ネット型（そのうちの連携プレイタイプ）の「テーマ」として意識している事柄なのである。

❷「フロアーボール」の大要

フロアーボールを紹介するにあたって、最初に指摘しておかなければならないのは、このゲームと同様な発想はすでに宮内らが「転がしバレーボール」としてその実践例の断片を報告していることである。それは当初、小学校高学年におけるソフトバレーボールの授業実践の下位になる「課題ゲーム」（タスクゲーム）として位置づけられていたものであるが、ここではそれを3年生の授業の単元教材（メインゲーム）として取り上げてみたものである。

宮内らは、ソフトバレーボールの授業における、①空中にあるボールを操作しながら戦術的な行動をする難しさ、および②運動の特性に触れる難しさを問題視し、それらを解消していく方策を探究する中で、過去に筆者が指摘した以下のような事柄を踏まえて、「三段攻撃を中心とする戦術学習」を成立させる教材の工夫に取り組んでいる。

「教材づくりとしての『課題ゲームの構成』は、ある特定の戦術的課題の認知やそれに基づく意思決定を促すところにその視点が求められる。そこでは、一方で、戦術的課題そのものを限定したり、際立たせること、さらにそこでの意思決定（判断）の対象となる選択肢を減少させて学習者にわかりやすくすることが求められる。また、他方、そのゲームにおいて必要とされるボール操作に関わった技能の要求度を緩和したり、その条件を修正していくことは、間接的に学習者の意思決定行為の対象を明確にさせ、その行為の遂行に余裕を与えることに貢献する」

表2-37 フロアーボールのルールの大要

- ■ゲームサイズ
- ・3対3（人）…チームの人数が多い場合はローテーション
- ■コート
- ・バドミントンコート（シングルスを利用）
- ■ネット下の高さ
- ・40cm程度
- ■ボール
- ・ミニソフトバレーボール
- ■ゲーム中の主要なルール
- ・得点：得点ラインを直接ボールが抜けたり、相手コートにボールが返球できなかった際に得点となる。また、返球したボールがサイドラインのカラーコーンよりネット寄りのライン（＝アウトライン）を直接通過した場合、ボールがネットの上を越えた場合はアウトとする。カラーコーンを結ぶラインよりネット寄りの部分をアタックエリアとし、そのエリアから攻撃したボールを相手が返球できなかった場合には2点、その他は1点とする。
1ゲーム10点先取、あるいは6分経過時の得点で勝敗を決める。
- ・ボール操作：サーブはアタックエリア後方から転がす（ネットに当たった場合にはやり直し。サーブ権はチーム交互。サーブ時にチームのローテーション）。その他のボール操作は片手、両手の場合ともに手を握って打つ。
- ・ネット下を転がってくるボールを必ず3回の触球で相手コートに返さなければならない。その際、同一プレイヤーが複数回ボールに触れてはいけない（3人のプレイヤー全員が必ず返球に関与する）。第1触球でボールがコート外に出ても、第2触球でコート内に戻されればインプレイとする。連携中にボールがカラーコーンに触れてもそのまま続けてよいこととする。

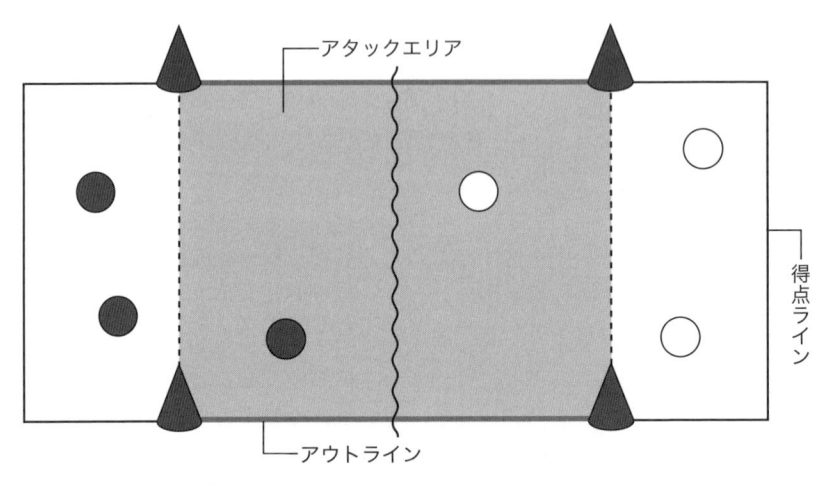

図2-13 フロアーボールのコート

そこで選択されたのが、ボールを転がす方式で連携を組み立て、攻撃に持ち込むパターンのゲームであった。バドミントンコートにネットを立て、そのネットの下をくぐらせるアタック（返球）になるようにするのである。アタックしたボールを、相手コートの一定のゾーンを直接通過させることができた場合、あるいは相手が3回の連携（触球）でボールを返球することができなかった場合に得点が得られる形式である。ボール操作の課題性の高さからすれば、一見、ボールを空中で操作したり、プレイの中にバウンドでの経由を挿入するものに比較した場合、易し過ぎるように思われるかもしれない。ただし、相手から返球されたボールの正面に入ってレシーブ（両手でのアンダーハンド）、アタックしやすい方向にセットする、動いてくる（転がってくる）ボールに対応しながら、踏み込んでアンダーのアタックをする（踏み出し脚を出して踏ん張って、利き腕を振り抜く）などを課題とすれば、後続の発展的なゲームを見通しながら、どの子どもにも実現可能性が十分想定できる技能として位置づけられるものとなろう。
　ここで主張したいのは、まさに、「『ネット型ゲーム（連携プレイタイプのゲーム）』を教えたい」ということなのである。すなわち、その面白さを保障しうる技能的な条件を選択すべきであろうということである。
　さて、このゲームの課題解決の糸口、あるいは学習のプロセスを構成していくための前提的なポイントになるのは、「得点を奪えるような強いアタックは、どのようにして、またどのあたりから打てばよいのか？」にあるといってよい。同時に、それを達成するためのメンバーの連携（アタックに向けてのお膳立て）が中心的な学習内容になっていく。そのことを踏まえ、ルールを若干構成し直して新たな授業実践を試みた。
　表2-37に「フロアーボール」のルールの概要を記しておく。図2-13に示したように、コートのゾーンを2つに区分し、網掛け部分（＝アタックエリア）で攻撃が成立し、相手チームが返球できなければ2点（その他は1点）が得られるようにした。期待される「ネットに近い位置でのアタック」をわかりやすくクローズアップ（誇張）するためである。

[2] 授業の展開と子どもの様子

　単元は9時間構成とした。ゲームは4コート。4人の9チーム編成とした（ゲーム場面では、1チームがスコア係となる）。
　体育館のフロアを転がる二次元のボールの動きは、子どもたちのボール操作

写真2-42　相手を見て右サイドのクロスにアタック

を緩和するものであると同時に、ボールを連携する役割行動の学習を促進してくれるものと思われる。しかしながら、技能学習が不要なわけではない。そのため単元を通して、アタックされた強いボール、速いボールに対応する「両手でのレシーブ」、ネット付近でアタックが打てるように転がす「両手、あるいは片手でのセット」、足を踏み込んで強く振り抜く「走り込んでのアタック」などのボール操作を向上させる練習課題（ドリルゲーム）をウォーミング・アップ時に取り入れていった。それらを前提にしながら、「どのようにチーム内で連携して相手の守備を破っていくか」ということを学習課題の中心に据え、とくに毎時の学習課題把握の場面（インストラクション場面）において課題解決のポイントを示唆しながら、子どもたちの戦術的な気づきを促し、発展させていくことをねらいとして単元を展開した。

■単元序盤から中盤

　第1時は、ゲームのルールや進め方の説明の後、ゲームのイメージ・ビデオ（実践校の先生方の協力を得て作成）を使い、転がるボールをコントロールしながら行うプレイの理解を図った。子どもたちはそのボール操作の感じから、すぐにチームでボールを連携する楽しさについての想像力を膨らませたようであった。そこで、「相手の守りを崩すアタックを打ち込もう！」と投げかけながら、「レシーブ―セット―アタックの形が最高のプレイであること」や「ボールコントロールが乱れたときは、仲間でカバーしてボールをつなぎ、相手コートに返すこと」を確認した。ただし、試しのゲームの段階では、相手の守り

写真2-43　ボールの正面に入ってレシーブ

写真2-44　ネット際へのセットを後方から走り込んでアタック

を崩すような強いアタックはほとんどみられない状況であった。

　第2時には、アタックエリアを強調し、相手の守りを破るためには「ネット近くでアタックを打った方がよい」ことと、それが2点獲得に結びつくことを意識化させた。よりよいアタックに向けた連携のイメージを明瞭にもちながらゲームに取り組んで欲しいと考えたからである。

　第3時では、「レシーブ―セット―アタック」それぞれのボール操作のコツを考え合った。アタックはネット近くで打つことと同時に、相手の守りを破るために強く打ったり、コースを狙うための技能的なポイントとして、セットにタイミングを合わせながら後方から走り込んで足を踏み出し、腕を振り抜くことに気づかせた。ここから連携プレイを遡って考え、セッター役の第2触球ではネット近くにやさしく転がすとよいことや、そのためのポジションどりを考えさせた。さらに、第1触球はアタックエリア内に両手で打ち出すことが大切であることを確認した。子どもたちがゲーム中に「なにをしたらよいのか？」についてわかり、共有していくことが重要であろう。これにより、チームの作戦タイムでもレシーバー、セッター、アタッカーという役割を考え、ゲームに臨むようになっていった。

　第4～5時には、セッターとアタッカー、また相手の攻撃に備えたレシーバーのポジションのリカバリーなどの準備行動（ボールを持たないときの動き）を学習課題として取り上げた。これらをクラス全体に共通して投げかけるとともに、ゲームの中で生まれてくるそれぞれのチームの課題解決にも着目させて

表2-38 単元後半の形成的授業評価（クラス全体）

	第5時	第6時	第7時	第8時	第9時
成　　果	2.71 (5)	2.71 (5)	2.76 (5)	2.73 (5)	2.82 (5)
意欲・関心	2.94 (4)	2.92 (4)	2.87 (4)	2.86 (4)	2.90 (4)
学 び 方	2.89 (5)	2.96 (5)	2.90 (5)	2.95 (5)	2.93 (5)
協　　力	2.88 (5)	2.90 (5)	2.89 (5)	2.94 (5)	2.93 (5)
総合評価	2.84 (5)	2.85 (5)	2.84 (5)	2.86 (5)	2.89 (5)

※括弧内は5段階評価。

いった。たとえば、コート後方でアタックを打つ場面の多いチームには、レシーブ―セットの役割を大いに意識させるようにした。

■単元終盤・リーグ戦

　アタックに対するレシーブ力がかなり上手になっていったことから、「アタックを決めるためにどこに打つか？」が焦点になっていき、コースを狙ったアタックを強調してリーグ戦に入っていった。期待したように、ゲームを重ねるごとに強いアタックが頻繁にみられるようになるとともに、守りにおいてもアタックのコースを想定してコート後方に位置どりをしたり、低く構えて速いボールにも対応してレシーブする場面が増加していった。レシーブ後は、素早い準備行動のもとで攻撃に転じることができるようになっていったため、鋭いアタックの応酬が展開されるゲーム様相となった。ゲームの中では、「レシーブ―セット―アタック」の連携を「イチ、ニー、サン！」と声を合わすようにしていたが、それはチーム内での動きのリズムを生み出し、また仲間同士のプレイの雰囲気を大いに高めることに貢献したものと思われる。

　なお、表2-38は単元中盤の第5時以降の形成的授業評価（クラス全体）の結果であるが、かなり良好なスコアが示されたといってよいであろう。

[3] 学習成果の検討

　ボールを転がす形式の易しい連携であるため、3回の触球による相手コートへの返球は、単元展開の早い段階からかなりの割合で出現してくれるであろうと予測された。そこでは、セット（第2触球）されたボールの動きを予測したり、それに合わせたりしながら足を踏み込んで強いアタックを実現していくことが、子どもたちにとっての「ボール操作」の重要な課題となり、そのことが向上し

表2-39　返球状況の区分カテゴリー

Aパターン	2点ゾーン内でのセット―アタックで返球した。
Bパターン	2点ゾーン外でのセット、2点ゾーン内でのアタックで返球した。
Cパターン	2点ゾーン外から返球した。
Dパターン	ボールを相手コートに返球できなかった。

表2-40　返球状況の結果

	第3時		第5時		第7時		第9時	
Aパターン	109	48.9%	145	53.9%	109	45.0%	144	56.9%
Bパターン	41	18.4%	42	15.6%	65	26.9%	33	13.0%
Cパターン	28	12.6%	20	7.4%	6	2.5%	14	5.5%
Dパターン	45	20.2%	62	23.0%	62	25.6%	62	24.5%

ていく過程で、アタックされたボールのコースに素早く入ったり、レシーブされたボールをカバーリングする「ボールを持たないときの動き」の課題性も高まっていくのであろうと推測していた。つまり、連携の形式を支える技能の向上を伴った形で、よりプレイフルでスリリングなゲームに変化していくであろうということである。

　このことは実際に、次のようなデータから例証されたといえる。まず、3回の触球によってどの程度、相手コートに返球できていたかについて表2-39のカテゴリーでゲームの様相の傾向を確認してみた。体育館には「田の字」型に4コート設定したが、毎時、抽出した2コートでのゲームをギャラリーからVTR撮影して分析対象とした。ラリー中をも含めて、相手コートから送られてきたボールに対して、攻撃を組み立てなければならない場面の総数をもとにして、各区分に相当するプレイをカウントしている。ここでは、単元の第3・5・7・9時のデータを比較してみたい。

　A～Cパターンが3回の触球で相手コートに返球できたことになる。もちろん、より安定的にネットに近い場所でセット―アタックが成立しているAパターンが望ましいが、このデータからすれば、単元の早い段階から70％台の返球率があり、子どもたちにとって連携を含んだプレイが十分楽しめるものとなっていたことが想像できる。問題は、単元の進展に応じてより攻撃的な連携が学習されたかどうかであろう。

　そこでとくに、プレイ状況の変化の中で、アタッカー役になったプレイヤーの「ボールを持たないときの動き」（セットされたボールに走り込んだり、ボ

表2-41 アタッカーの準備行動とアタック技能

レベルⅠ	アタックの準備行動が不十分で、好ましいアタック動作がとれなかった。
レベルⅡ	アタックの準備行動（アタックへの移動、アタックが打てる姿勢への走り込みや間合いどり）ができ、足を踏み込んで打ったが、空振りや当たりそこないであった。あるいは、相手コートに返球できなかった。
レベルⅢ	アタックの準備行動（アタックへの移動、アタックが打てる姿勢への走り込みや間合いどり）ができ、足を踏み込んで腕を振り抜いてアタックし、相手コートに返球できた。

表2-42 アタッカーの準備行動とアタック技能の評価

	第3時		第6時		第9時	
レベルⅠ	102	55.4%	13	6.3%	16	7.0%
レベルⅡ	11	6.0%	44	21.5%	25	10.9%
レベルⅢ	71	38.6%	148	72.2%	188	82.1%

ールとの適切な間合いを取る準備行動）と「ボール操作の技能」（アタックの動作）を包み込んだパフォーマンスを表2-41のレベル区分で評価してみた。サンプルとして、第3・6・9時のデータを提示しておく。

この評価は主観的判断によるものであるため、アタッカーの行動のパフォーマンスレベルの傾向を示す域を出るものではない。しかしながら、単元中盤以降より、アタックに関する大きな学習成果がみられたであろうことはかなり明瞭であったと考えてよいのではなかろうか。レベルⅢの割合の向上が顕著であったからである。つまり、一方で、アタックに持ち込む技能的課題が子どもたちの学習能にとって相応しい要求度であったことを示しているとともに、他方、先に掲げた返球率が単元を通して維持されたことを考えると、技能の向上を伴いながら、連携プレイの実現がなされたことを意味しているといってよいであろう。

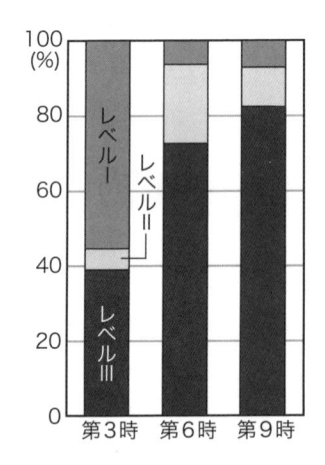

図2-14 アタッカーの準備行動とアタック技能の評価

写真2-45　左足を踏み込んで振り抜くアタック

　学習指導要領において明示されたボール運動のタイプ分け（型表記）について、単に素材（教材の基になる種目等）選択の幅が拡大されたこととして理解するだけでは不十分であろう。確かにそのことは決して間違いではないが、中心的な意味は、それぞれ異なる戦術的課題の面白さに向けての学習を真にクローズアップし、実現することがめざされているところにある。本稿で引き合いに出した「テーマ」とは、まさにこのことを強調するものなのである。

　なお、ここでは3年生段階のゲーム例を取り上げたが、中学年でも4年生であれば、もう少しボール操作の技能の課題性を高めたゲームが相応しいかもしれない。付言すれば、後述する高学年の「アタック・プレルボール」のセット技能を「キャッチ＆セット」する方式にしたゲームがお勧めの一つである。[4]

（研究協力者：竹内隆司・両角竜平）

[文献]
* 1　Mitchell, S., Oslin, J. & Griffin, L. (2003) Sport Foundation for Elementary Physical Education: A Tactical Games Approach. Champaign, IL: Human Kinetics
* 2　宮内孝・久徳理恵・鈴木理（2001）友達とかかわりながら楽しむソフトバレーボールの実践、体育授業研究（4）：56-62
* 3　岩田靖（2000）ボール運動・球技の教材づくりに関する一考察─「課題ゲーム」論の「戦術中心のアプローチ」からの再検討、体育科教育学研究17（1）：9-22
* 4　岩田靖・両角竜平・竹内隆司・斎藤和久（2011）小学校体育におけるネット型ゲームの授業実践─「キャッチセット・アタックプレルボール」の教材づくりとその検討、長野体育学研究（18）：15-24

6年生・もっと楽しいボール運動⑤
「アタック・プレルボール」(その1)

　1998年の小学校学習指導要領において高学年のボール運動領域の素材の一つとしてソフトバレーボールが導入された。以来、多くのソフトバレーボールの授業を観察したり、筆者らも実践をしてみたが、やさしいボールとはいえ、子どもにとってまだまだ難しい、というのが実感であった。
　なぜなら、子どもたちの能力や練習の保障の範囲において、ネット型における「連携プレイタイプ」のよさが十分実現していないように思われるからである。空中を移動するボールの操作が困難であるため、子どもたちの運動技能のレベルでは、「意図的なセットを経由した攻撃」の実現性がきわめて低い。このような状況では、子どもたちが考えたり工夫したりしたこともほとんどゲームに生かされないばかりか、ゲームにおける集団的達成の喜びも増幅できないで終わってしまう。
　そこで、「連携プレイ」の意図的な達成を導く戦術的行動をもっと易しく学習できる教材が必要ではないかと考えたのが、「アタック・プレルボール」考案の契機であった。
　「プレルボール」(Prell-Ball)はドイツ生まれのゲームである。これについては髙橋健夫氏によって1980年代の後半に詳しく紹介されており[*1]、全国的にはいくつかの授業実践例が報告されていたが、当時、小学校においてはネット型への着眼は希薄であったといってよい。「アタック・プレルボール」はバウンドするボール操作によって連携するプレルボールのよさを生かしながら修正したゲームである[*2]。ここでは、ボール操作の仕方をプレル的なものからバレーボールに近い形（とくに、レシーブの仕方とセット位置、およびアタック動作）に変更したものを提示したい。6年生での実践事例である。

[1]「アタック・プレルボール」の教材づくりの発想

❶「意図的なセットを経由した攻撃」を生み出す役割行動の学習

　攻守一体的なプレイが要求されるゲーム（テニス、バドミントン、卓球など）をも含め、「ネット型」に共通する戦術的課題を端的に表現すれば、「分離されたコートの向こうにいる相手に対し、ボールをコントロールさせないように攻撃したり、自陣の空間を守ること[*3]」にあると考えられる。

　そのことを前提にしながらも、自陣で攻撃を組み立てる連携プレイが要求されるゲームは、「セットを経由した攻撃を生み出す役割行動」が最大の学習ポイントになるであろう。したがって、子どもたちの現時点での能力や単元内での練習の範囲において、このことに向けての協同的なプレイが実現可能なゲームを考案し、提供しなければならない。「偶然のゲーム」ではなく、意図的な協同的プレイを探究できるからこそ、そのようなゲームが積極的な意味での学習対象となり得るのである。

　しかしながら、ボール操作の課題性の高さ、常時空中を移動するボールへの対応の困難さから、「協同的なプレイ」から乖離したゲーム様相に陥ってしまい、この種のタイプのゲームにおける本質的な面白さを保障できずに終わっている授業が多い。つまり、「意図的なセットを経由した攻撃を生み出す役割行動」の学習に肉迫できないままに、子どもたちにとって非常に難しいゲームを無理強いしている状況になっているのではなかろうか。

❷「アタック・プレルボール」への修正

　プレルボールは、「低いネットを挟んだコートで、ボールをワンバウンドさせてパスしたりアタックして競い合うゲーム」である。このゲームも、意図的なセットを経由した攻撃を成立させるところにその達成的な面白さ・楽しさが存在しており、そのままでも基本的には「レシーブ―セット―アタック」といった連携プレイタイプ共通の役割行動の構造を学習することができる。ただし今回は、セットの位置やボール操作の運動技能をよりバレーボールに接近させる方向でのゲーム修正を試みている。それは以下のような観点からである。

　プレルボールでは、攻撃を組み立てる際に常にワンバウンドのボールを連携し、最後のアタックも自陣でバウンドさせてから相手コートに返球しなければならない。したがって、このルールの基で攻撃的なアタックを遂行しようとすれば、コートのベースライン寄りの位置でセットし、ボールの軌道の低い打球

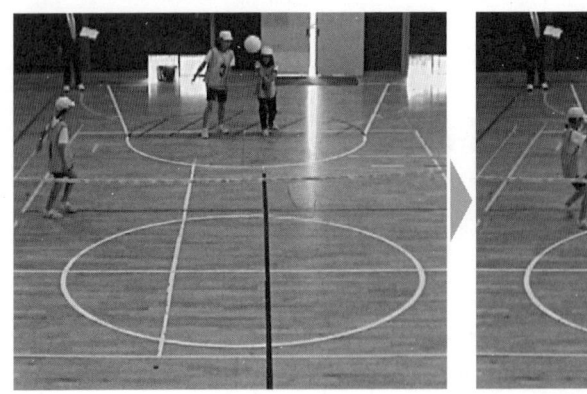

写真2-46 「レシーブ―セット―アタック」の連携プレイの様子

を生み出す必要がある。実はこのようなアタックは多くの子どもにとって難しいのである。これをバレーボールのようにネット際でのセットに変更することを意図して、セッターが床面に打ちつけて跳ね上がったボールを自陣でワンバウンドさせずに直接返球（アタック）してよいことにしている。これにより、セット位置だけでなく、よりバレーボールに近似的なアタック動作を取り入れることができるとともに、セットを容易にし、「セット―アタック」の確実性を保障することができる。いわば、「連携プレイの実現可能性」を高めうる。さらに、相手からのサーブやラリー中の返球に対するレシーブも、両腕でのアンダーハンドによるボール操作を強調できるように改変している。

　なお、このゲームの運動技能的な側面からの工夫の焦点は「セット」である。子どもたちにとって、上下左右に動いてくるボールにアタック動作を合わせていくことは非常に課題性が高い。そのため、このゲームでのセットはボールを両手で床に直下に叩きつけるようにし、直上に跳ね上がったボールをアタックする方式をとっている。このように上下運動だけであれば、アタッカーはボールを捉えやすく、セッターのポジションに合わせて後方から走り込む準備行動も明瞭になる。

　これらのような前提のもとで、自陣において異なるメンバーによる3回の触球での返球を要求し（ゲームは3対3）、プレイヤー全員による連携プレイへの役割行動の積極的な学習を期待するのである。プレイヤー全員による3回触球での返球をルール化することは、さらにいつボールが相手側からネット越しに返球されるのかが確実に予測でき、それへの対応を促進するであろうと考えた。

表2-43 アタック・プレルボールの主要なルール

■ゲームの人数 ・3対3（1チーム3〜4人） ■コート ・バドミントン用のコート ■ネット ・高さ1m ■ボール ・ケンコー・ミニ・トリムボール ■基本的なルール ・サーブは両手で下から投げ入れる。サーブはアタックライン（バドミントンのサービスライン）を越えなければならない。ネットに触れた場合やアタックラインを越えなかった場合はやり直しができる。 ・ボールを打つときは、ワンバウンドしたボールを打つ。ただし、レシーブの場合にはノーバウンドでボールに触れてもよいこととする。 ・ネット越しにくるボールを必ず3回の触球で相手コートに返球しなければならない。その際、同じ人が複数回ボールに触れてはいけない。 ・コートのライン上に落ちたボールはインとする。 ・1セット10点先取（ラリーポイント）、または7分経過時に得点の多いチームの勝ちとする。

　表2-43は、今回の実践で適用した主要なルールである。ここでは、ゲームの中でローテーションしながら、すべての子どもがレシーブ、セット、アタックの学習機会が得られるようにしている。

[2] 授業の展開と子どもの様子
――子どもたちに教材を解きほぐすストラテジー

　子どもたちにとって易しく工夫された単元教材（単元を通して取り組むメインゲーム）を導入したとしても、ただそれだけで学習成果を保障し得るはずもない。単元終盤に期待する子どもたちのゲームでの姿を鮮明に描き出し、そこに到達していくための筋道に必要な教師の働きかけの仕方を先取りしておかなければならないであろう。

　このゲームの指導に関し、そのパフォーマンスを高めるために、大きくは次の2つの側面の思考が大切になってくるものと思われる。その一つは、子どもたちを理想的な連携プレイのイメージの世界になるべく早く連れて行くことである。このことがボール運動の指導では重要なポイントであろう。実際、イメージも手掛かりも薄い段階で、子どもたちを困惑させ、這いまわりの時間を長引かせている傾向はないであろうか。

　もう一つは、ゲーム中の状況によっては3人のプレイヤーの役割行動が変化することに気づかせ、この役割の転換の必要性を積極的に学習していくことが非常に重要になることである（レシーブ後のカバーリングプレイが必要になる場合、またセッター役が第一触球者にならざるを得なくなったような場合など）。まずは、限られた単元の時間の中で、子どもたちにゲームでの達成感を味わわすための骨格を見通しておきたい。

　ボール運動では、ゲーム状況の判断に基づいた「ボール操作の技能」（on-the-ball skill）と「ボールを持たないときの動き」（off-the-ball movement）の指導が共通の柱になりうる。本単元（9時間扱い）では、「レシーブ―セット―アタック」それぞれの局面を区分し、毎時、ドリルゲームの形式でスキル・アップを図った。一方で、「狙った所へ返すレシーブ」「自分に向かってくるボールを両手で優しく直下に叩きつけるセット」「ネット前で、セットによって跳ね上がったボールを強く打ちこむアタック」について、技能ポイントを共通にアドバイスしながら練習する。また、「ボールを持たないときの動き」の学習を技能習得と密接に関わらせながら進めていくために、「いろんな方向にレシーブされたボールを前後左右に動きながらセットする」「アタックを打ったら、すぐにコート後方に下がり、反対のコートから打ち込まれるアタックのボールのキャッチング」などを挿入した。これらは単元中のパフォーマンスの向上に大いに貢献するであろう。

これらについては各時間の始めのクラス全体に対する指導（インストラクション場面）において、「発問―応答」を組織しながら意識化させていくようにした。また、それらがチームの「めあて」や「練習課題」になるように働きかけていった。さらに、チームでの練習やゲーム場面での教師からの積極的なフィードバックを大切にした。
　以下ではとくに、インストラクション場面（クラス全体での学習課題の把握の場面）での教師の働きかけについて記述しておきたい。
　第1時のオリエンテーションでは、ゲームのルールやその進め方とともに、「レシーブ―セット―アタックの連携が最高のプレイであること」「プレイが乱れたときも、それを立て直して3回で相手コートに返すこと」を確認した。
　第2〜3時は、連携プレイを実現するために、レシーブの際、「バウンドしたボールの落下位置から後方に下がったポジションどり」をポイントにして、「レシーブしたボールをアタックライン（バドミントンコートのサービスライン）付近に落とすこと」を強調した。また、「誰がレシーブしたらよいのか」を明瞭にするために、「セッターの位置どり」「セッター以外の2人の役割（レシーブ・アタック）」を確認し、とくにアタッカー役になるときの判断の大切さを取り上げた。さらに、レシーブ後の触球は原則的にセッターがした方がよいことも認識させた（単元初期の実際のプレイ場面では、まだまだレシーブの成功率が低かったため、レシーブがうまくいかなくても、残りの2回で相手コートに返そうという声掛けを繰り返した）。
　第4〜6時には、レシーブがアタックライン付近に集まらなかった場合のカバーリングプレイについて具体的な指導をしていった。とくにセッター役が床に両手で叩きつけるセット行動ではなく、次につなげるカバーのプレイを選択的に行えるようになることを前提に、レシーブミス後の行動の仕方を考えさせた（レシーブがアタックライン付近に戻らなかった場合、そこでセットしてもアタックが決まる可能性が低いことを確認させた）。
　これらのことが理解され、ゲーム中に実行されると、それまでレシーブの失敗で途切れがちだったゲーム様相が一変していき、ラリーが続くようになり、その中でも意図的なセットを経由したアタックが増え、その後の「アタックをよりよく決める」学習段階へと展開していった。
　第7時以降はリーグ戦。勝敗を大いに意識してゲームをする子どもたちに、「コートの奥を狙った足の長いアタック」と、それに対応した「大きく下がった守り方」を導いていった。また、引いて守る相手を前後に揺さぶる「アタックの強弱（強打とフェイント）」についても考えさせた。「アタック後は相手の

表2-44 アタック・プレルボールの形成的授業評価（クラス全体）

	第2時	第3時	第4時	第5時	第6時	第7時	第8時	第9時
成 果	2.62 (4)	2.62 (4)	2.62 (4)	2.59 (4)	2.66 (4)	2.61 (4)	2.75 (5)	2.82 (5)
意欲・関心	2.89 (4)	2.93 (4)	2.92 (4)	2.91 (4)	2.91 (4)	2.84 (4)	2.94 (4)	2.97 (4)
学び方	2.69 (4)	2.78 (4)	2.73 (4)	2.79 (4)	2.68 (4)	2.83 (5)	2.89 (5)	2.93 (5)
協 力	2.80 (4)	2.76 (4)	2.77 (4)	2.69 (4)	2.71 (4)	2.78 (4)	2.87 (5)	2.88 (5)
総合評価	2.73 (4)	2.75 (4)	2.74 (4)	2.75 (4)	2.71 (4)	2.77 (5)	2.85 (5)	2.89 (5)

※括弧内は5段階評価。

返球に備える」ことを強く意識させ、連続した攻守の転換を図った。

　表2-44はこの単元での形成的授業評価のスコアである。単元前半からかなりその数値が高かったが、終盤に伸びを見せ、子どもたちも大いに達成感、満足感を得たものと思われる。得られた高いスコアからすれば、運動の苦手な子どもの評価も良好なこと、またほとんど勝敗に左右されない評価であったことが理解できよう。加えて、リーグ戦に突入した第7時終了後における子どもの感想（女子）を掲げておきたいと思う。

＊　　　　　　　＊

「チームが1つになった！」

　今日、アタック・プレルをやりました。いよいよリーグ戦です。私たちのチームは、はっきり言って弱いと思います。ただ、今日はアタックがよく決まりました。守りもみんなが前よりは動いてくれたし、声もかけ合い、うまくいきました。私は、強いアタックは打てないけど、レシーブ、セットが前よりうまくいきました。みんな、はじめの時より上手になってきました。「ぜったいに勝つ‼」という気持ちでやりました。その結果、勝ちました。初勝利で、しかもリーグ戦でなんて嬉しかったです。チームのみんなと喜びました。チームの思いが1つになり、協力することが大切だと思いました。

[3] 学習成果の検討

　ここでは課題となる「セットを経由した攻撃」が実際のゲーム中にどの程度実現できたのかを確認したい。単元序盤・中盤・終盤（第3・5・9時）に行われた全ゲームをビデオ撮影し、表2-45に示したデータ抽出の手続きに従って「アタック率」「アタック成功率」を算出した。表2-46は得られたデータを示しており、図2-15はそれをグラフ化したものである。

　これらはもちろん、ラリー中をも含めたデータである。図表の通り、単元展開を通して「アタック率」「アタック成功率」ともに向上していることが明瞭

表2-45　データ抽出の手続き

○総攻撃回数…………ゲームの中で、ネット越しにボールが自陣に入り、攻撃を組み立てることが求められる場面の全回数。
○アタック数…………レシーブ、セットを経由し、アタック（フェイントを含む）にまで持ち込めた回数。
　※セット—アタックの連携が、バドミントン用コートのサービスラインよりも前のネット側のエリアで成立したもの。
○アタック成功数……アタック数のうち、確実に相手コートに返球された回数。
○アタック率………アタック数÷総攻撃回数×100
○アタック成功率…アタック成功数÷総攻撃回数×100

表2-46　単元の授業時間におけるアタック率・アタック成功率

	第3時	第5時	第9時
総攻撃回数	176	229	232
アタック数	74	119	136
アタック成功数	49	87	114
アタック率	42.0%	52.0%	58.6%
アタック成功率	27.8%	38.0%	49.1%

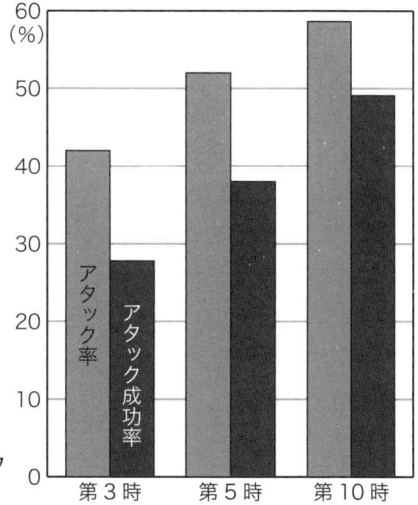

図2-15　アタック率・アタック成功率の変化

である。以前、同様なデータを報告しているが、そこでのものときわめて近似して、単元終盤には、50％を超えるアタック率が得られている。連携プレイの実現可能性という観点からみて、かなり良好な数値であると解釈し得るであろう。そして、子どもたちにプレイフルで、スリリングなゲームが提供できていると思われる。

なお、連携プレイにおける「役割行動」、とくに「ボールを持たないときの動き」に関する学習成果の分析については、中学校における実践例の中でその一部を紹介したい。

(研究協力者：竹内隆司・平川達也)

[文献]
* 1　髙橋健夫 (1989) 新しい体育の授業研究、大修館書店
* 2　秋山昇・岩田靖 (2004) 小学校中学年におけるバレーボール型ゲームの教材開発と授業実践の検討―連携プレイ型教材の積極的導入―、信州大学教育学部・学部附属共同研究報告書 (平成15年度)：158-167
* 3　岩田靖 (2005) 技術指導からみた体育―体育における技術・技能・戦術の意味、友添秀則・岡出美則編、教養としての体育原理、大修館書店
* 4　鎌田望・斎藤和久・岩田靖・北村久美 (2005) 小学校体育におけるネット型ゲームの教材づくりに関する検討―「連携プレイ」の実現可能性からみたアタック・プレルボールの分析、信州大学教育学部附属教育実践総合センター紀要・教育実践研究 (6)：111-120

第2章-15

4年生・もっと楽しいボール運動⑥
修正版「並びっこベースボール」

　小学校低・中学年段階においてなじみのある「キックベースボール」や「ハンドベースボール」……これらはベースボール型の種目を改変した、いわば教材化されたゲームであるといってよい。いい換えれば、一般的に既存のスポーツ種目に発展させていくための「簡易ゲーム」として位置づけられてきたものであるが、それではこれらは一体なにが「簡易化」されているのか。
　それは総じて、動いてくるボールに対して道具を操作して打撃することや、硬いボールへの不安を取り除き、ボールをグラブで捕球することの難しさを軽減していると理解してよい。つまり、ボール操作に関わる運動技能の緩和にその視点が向けられているのである。これは先に取り上げたゲーム修正の論理における「発達適合的再現」に相当する配慮であり、工夫である。しかしながら、ゲーム中に要求される「判断の複雑さ」はそのまま保持されることになってしまう。いわば、「誇張」の視点が欠落している。従来多様になされてきたベースボール型のゲームづくりにもこのことが共通した問題として横たわっていたと考えられる。[*1]
　学習指導要領（解説）のゲーム・ボール運動領域において記述されている、「易しいゲーム」（中学年）、「簡易化されたゲーム」（高学年）ということの理解も、同様の観点からの検討がぜひとも必要となる。
　さて、ベースボール型のゲームの戦術的な特性は端的にいって、「走者が速いか、守備側の共同作業が速いかを、特定の塁上で競い合っていること」[*2]だと捉えてよいであろう。この観点からランナーの進塁を防ぐための守備側の「判断」をクローズアップする教材づくりの出発点になったのが「並びっこベースボール」[*3]の修正版であった。

[1] 修正版「並びっこベースボール」の教材づくりの発想

　ここでの強調点は、守備側において攻撃側の得点（進塁）をいかに最小限にとどめるのかに中心的課題を据えることである。つまり、「どこでアウトにするのか」に学習内容を焦点化させる意図をもっている。アウトにする塁の判断の機会を子どもたちみんなに保障しつつ、それを媒介に子どもたちの相互の関わり合いを増幅させたいと考えたのである。

　さて、この教材づくりの基になったのはいうまでもなく広く知られた「並びっこベースボール」[*4]である。この教材では、攻撃はボールを打ったら（蹴ったら）標旗まで走って帰り、守備はボールを捕球し、一定の場所に整列することでアウトにするという、いたって単純明快なルールが採用されている。そのため、ボール操作（送球）の習熟に関係なく楽しむことができる。このゲームに子どもたちが夢中になることはよく経験しているし、協同的な行動を伴ってアウトにする面白さを提供してくれるゲームとして大いに評価できるものであるといってよい。

　しかしながら、この教材では捕球後の「判断」を要求する視点が存在していない。そこで、この教材のよさを前提にしながら、前述した「どこでアウトにするのか」についての戦術的行動を前面に押し出せるように「判断」の学習を加え、打撃されたボールの捕球後に、「ランナーの先回りする塁に集まる形式」に改変したのが修正版「並びっこベースボール」である。図2-16はこのゲームのイメージを示したものであり、表2-47は、このゲームの主要なルールである。

　「打撃されたボールの飛距離や方向」に応じて、ランナーの進塁を阻止する「判断」こそが、ベースボール型ゲームの軸に据えられるべきであり、その学習機会をプレイヤー全員に豊富に提供しようというのである。

[2] 授業の展開と子どもの様子

　ここでは小学校4年生の授業をもとに記述したい。
　単元は9時間で構成した。第1時のオリエンテーションの後、第6時までは「学習課題の把握 ⇨ チームでの練習 ⇨ ゲーム ⇨ チームでの振り返り ⇨ 全体でのまとめ」の流れをとり、7時以降は「総当たりのリーグ戦」を中心に展開した（写真2-47、2-48はカラーコーンを使ったこの授業でのもの、写真2-49は

表2-47　修正版「並びっこベースボール」の主要なルール

■ゲームの人数
・1チーム5人（イニングの攻撃は5人。守備は4人で残りの1人がゲームの記録係）
■コート
・図2-16参照（グラウンドに3コート：塁間14m）
■用　具
・ボールはジャンボボール（ゴム製、直径14cm、重さ80g）、バッティングティーとプラスチック製バット、ベース、カラーコーンまたは大きめのフープ
■ゲームを進めるためのルール
〈攻　撃〉
・打者は守備側の準備ができているか確認してから、ティー上のボールを打撃する。
・打者は打ったら塁間をアウトになるまで走塁する。ベースを踏むごとに1点加点する。
・打者がホームまで戻ってもアウトにならない場合には、次打者がタッチして走者となる。
・ボールがフェアグラウンドに入るまで、打者は打撃を繰り返しできる。バントはなし。
〈守　備〉
・守備側は、捕球したらランナーの先回りをするように、塁近くのカラーコーンを囲んで（あるいはフープに入って）しゃがむ。その際、「アウト！」の声をかける。
・記録係はイニングで交代し、ローテーションする。
〈その他〉
・1イニング、5人全員が打撃したら攻守交代。1ゲーム2イニング。
・セルフジャッジとし、判定が難しい場合には、打ち直しとする。

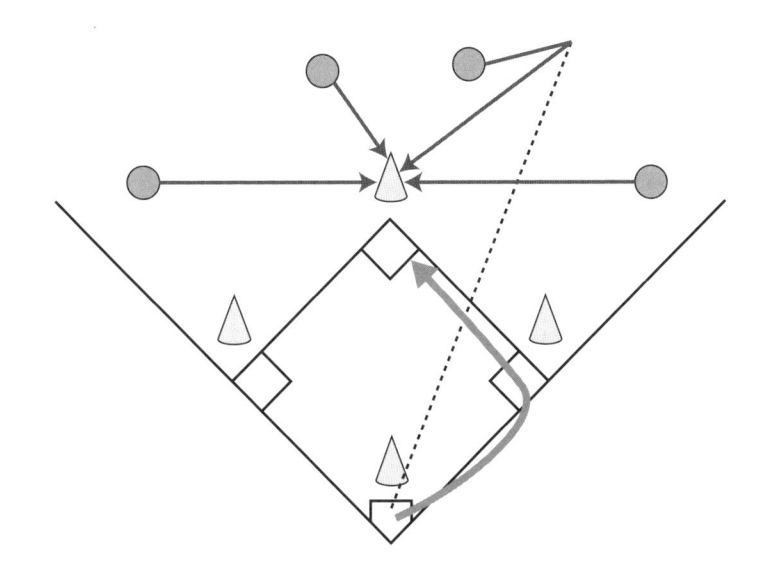

図2-16　修正版「並びっこベースボール」のゲーム・イメージ

写真2-47　守備側の準備ができたら、ティー上のボールを打って攻撃開始

写真2-48　捕球したら塁近くのカラーコーンを囲む形式のゲーム

写真2-49　捕球したら塁近くのフープに入る形式のゲーム

表2-48　単元における形成的授業評価の推移（クラス全体）

	第2時	第3時	第4時	第5時	第6時	第7時	第8時	第9時
成　　果	2.66 (4)	2.55 (4)	2.43 (3)	2.38 (3)	2.56 (4)	2.67 (4)	2.75 (5)	2.76 (5)
意欲・関心	2.98 (4)	2.97 (4)	2.93 (4)	2.95 (4)	2.95 (4)	2.95 (4)	3.00 (5)	2.98 (4)
学 び 方	2.73 (4)	2.66 (4)	2.77 (4)	2.73 (4)	2.79 (4)	2.88 (5)	2.88 (5)	2.93 (5)
協　　力	2.84 (4)	2.88 (5)	2.75 (4)	2.55 (3)	2.64 (4)	2.80 (4)	2.78 (4)	2.90 (5)
総合評価	2.79 (5)	2.74 (4)	2.69 (4)	2.62 (4)	2.72 (4)	2.81 (5)	2.84 (5)	2.88 (5)

※括弧内は5段階評価。

フープの中に集まる形式にした別の授業でのものである）。

　表2-48は単元における子どもたちの形成的授業評価の推移を示したものである。

　単元序盤での指導は、守備側において走者の先回りをする意識を強調することに重点をおいた。失点をできるだけ少なくするために、より前の塁でアウトを取る必要性を理解させ、「アウトを取る塁の判断とベースカバー（塁に集まること）の動きをチーム内で一致させること」が学習課題であった。打球の行方と走者の状況（走者の位置やスピード）から、まずは一人ひとりが判断して動きつつ、アウトに取る塁を声に出しながらチーム内での判断を一致させていくことをめざした。しかしながら、ゲームを理解し、慣れていくこの段階では、チームのメンバーによる判断と動きが合わず、アウトを取るために移動する切り替え場面が頻発していた。なお、攻撃側には、より多くの得点を取るための打球の方向や距離について示唆を与えていった。

　チーム内の判断が一致し始めた単元中盤には、1人が打球処理をしている間に、他のメンバーが走者を先回りする塁へのベースカバーに走り出すといった、簡単な役割行動への気づきが現れるようになった。第5時には、センター方向への打球に対しては、容易に2塁でアウトが取れるようになったため、第6時以降は、「守備側が守りにくい場所や方向への打撃」と「より早く駆け抜ける走塁（各塁を円を描くようにした走り）」にも着眼点をおいて、守備側の協同的なプレイと攻撃側（走者）との競争性を高めていった（形成的授業評価の結果は全体的に期待通りであったが、第5時のスコアが下降したのは、おそらくセンター方向への打球が多く、とくに攻撃側の得点を伸ばせなかったことが関わっていたかもしれない）。

　単元が進むにつれて、各チームともに、守備のしやすさやアウトに取る塁を想定しながら、守備のポジションをどのようにしたらよいのかを考えるようになり、単元終盤には相手の攻撃を予想し、プレイの合間に守備位置を修正しながらゲームを進めるようになっていった。

[3] 学習成果の検討

　第3時以降に行われたゲームのうち、毎時特定のコートで取り組まれた1ゲームを抽出してVTR撮影し、守備側の「判断」に着目したゲーム分析を試みた。
　このゲームの守備では、アウトにする塁をチーム全員で判断し、ランナーを先回りして集まる必要がある。当然ながら、単元序盤では、メンバーの判断が

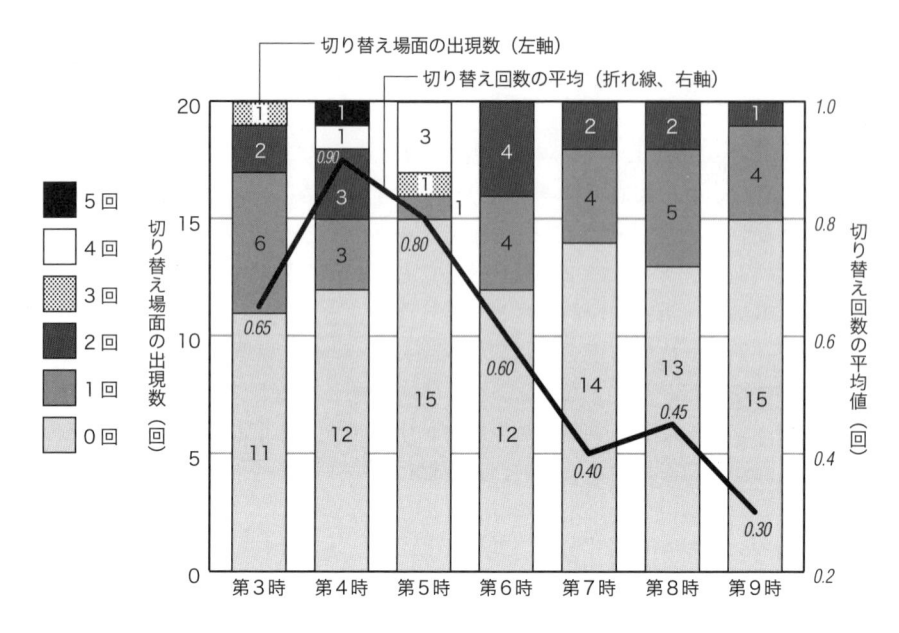

図2-17 守備側の判断の切り替え場面の出現数と切り替え回数の平均値の推移

一致せず、「判断の切り替え場面」が多発することが予想できる（たとえば、2塁でアウトに取ろうとしたがランナーよりも遅かったり、メンバー全員が集まれずにホームでのアウトに切り替えるといった場面）。

そこで、アウトにするまでの「切り替え場面」の出現数をカウントし、ゲーム当たりの平均値を確認してみた。1ゲーム2イニングのため、対象になるのは守備機会20回分である。図2-17は守備側の判断の切り替え場面の出現数と切り替え回数の平均値の推移をグラフ化したものである。

ここにみられるように、単元の時間的経過の中で、「判断」の切り替え回数が減少していったのは、打球やランナーに応じてアウトにする塁を的確に選び取れるようになっていったことを表しているといってよいであろう。

〈補遺〉

『体育科教育』誌の2009年3月号の特集「『ボール運動・球技の授業』はこう変えよう」に掲載された鈴木聡論文「『戦術』学習と『種目』の学習の比較から、これからのボール運動を考える」[*5]において、ベースボール型ゲームの「バットレス・ボール」の実践が紹介されている。大いに興味深く読ませていただ

いた。このゲーム教材は、ここで取り上げた修正版「並びっこベースボール」を参考にして考案されたものであるという[*6]。「なにを競い合っているのか」という視点から、子どもたちに解決される中身が「誇張」されたものであり（いわば、「タスクゲーム」レベルの課題の単元教材化であると理解できる）、このような発想からのボール運動の教材づくりが今後さらに広まっていくことを一方で期待したいと思う。

　ただし、この論文では、子どもにとってのゲームの「意味」を大切にした「局面学習」の考え方に基づいて構想されたものであるとされている。これに対し、筆者はここで、その「意味」とは、まさにゲームの「戦術的課題」にほかならないのではないかということを指摘しておきたい。これこそが実は、ゲームの「構造的特性」なのであり、面白さを生み出す形式として解釈できると考えているからである。「構造」とは、ゲームで用いられる「要素的」で「特殊的」な技能のこととして捉えるとすればきわめて浅薄であろう。この意味からすると、これまではこの特性を子どもたちの能力段階に適合させながらクローズアップすることがほとんど等閑視されてきたのであり、またきわめて貧困であったのだと思われる。

　ともあれ、ボール運動の授業論、そして現実の授業実践の発展に向けて、知恵を出し合いたいものである。

　なお、低学年段階のゲームにおいて、攻守交代のベースボール型ゲームに発展していく教材づくりを指向する際には、ランナーを先回りして「どこでアウトにするのか」といった形式をもう少し易しくして、「いかに早くアウトにすることができるのか」を課題化したゲームづくりも一つのヒントになるであろう[*7]。また、これらのゲームや次に紹介するフィルダー・ベースボールをも含め、ベースボール型のゲームの学年段階に応じた発展性のアイディアについてまとめた文章もあるので、あわせて読んでいただけるとありがたい[*8]。

（研究協力者：竹内隆司・大野高志・宮内　孝）

[文献]
* 1　滝澤崇・岩田靖（2004）体育におけるベースボール型ゲームの教材づくりの傾向と課題―「戦術中心のアプローチ」の視点からの分析，信州大学教育学部附属教育実践総合センター紀要・教育実践研究（5）：101-110
* 2　竹内隆司・岩田靖（2006）小学校体育における守備・走塁型ゲームの教材づくりとその検討―特に、守備側の戦術的課題を誇張する視点から，信州大学教育学部附属教育実践総合センター紀要・教育実践研究（7）：81-90

*3 宮内孝・河野典子・岩田靖（2001）小学校中学年のベースボール型ゲームの実践──ゲームの面白さと子どもの関わり合いを求めて、体育科教育49（4）：52-55
*4 山本貞美（1986）「並びっこベースボール」の実践、体育の科学36（12）：984-988
*5 鈴木聡（2009）「戦術」学習と「種目」の学習の比較から、これからのボール運動を考える、体育科教育57（4）：26-29
*6 鈴木聡（2008）バットを使わないベースボール「バットレスボールの実践」、体育授業研究会第12回群馬大会一般発表資料
*7 井浦徹・岩田靖・竹内隆司（2009）小学校体育におけるボールゲームの教材開発、信州大学教育学部附属教育実践総合センター紀要・教育実践研究（10）：61-70
*8 岩田靖（2011）ベースボール型ゲームの教材の系統性を探る、体育科教育59（5）：10-14

5年生・もっと楽しいボール運動⑦
「フィルダー・ベースボール」

　先の修正版「並びっこベースボール」の延長線上において、小学校高学年段階でのベースボール型の授業の一事例として、「フィルダー・ベースボール」の教材づくりを提示してみたい。実践対象は5年生である。

[1]「フィルダー・ベースボール」の教材づくりの発想

❶ベースボール型ゲームの学習内容の中核とその発展を考える

　ベースボール型ゲームは、ゴール型と同様に、子どもたちの学習にとってその戦術的構造が非常に複雑である。とくに、守備において顕著であるといってよい。

　ところで、野球でもソフトボールでも、通常、守備側は9人のプレイヤーがそれぞれまったく異なるポジションで、組織的な役割を果たしながらフィールディングを遂行する。そこでは誰一人、同じ場所で同じ行動をとるプレイヤーはいない。プレイ場面におけるその時々の状況に応じて、個々のプレイヤーが別々の行動を意図的に選択し、その役割を担っていく。

　ただし、個々のプレイヤーが果たしているのは、まったく同一の目的のためであるのはいうまでもない。なるべく多く失点しないように、またランナーを先の塁に進ませないようにする課題認識の共有のもとで、それぞれ異なる行動をとっているのである。これがこの類のゲーム群に共通する判断行為なのである。

　とかくこのタイプのゲームでは、攻撃側の打撃場面がクローズアップされがちであるように思われるが、この観点からすれば、先の修正版「並びっこベースボール」のところで指摘したように、「走者が速いか、守備側の共同作業が

写真2-50　守備位置をよく見てジャスト・ミート

速いかを、特定の塁上で競い合っていること[*1]」が戦術的な骨格として抽出されうる。

　したがって、守備側にとっては打球状況（その方向や距離）に応じて、「どこでアウトにするのか」についての判断を軸に、学習内容とそれに対応した教材づくりを発展させていくことがこのタイプのゲームの学習指導における一つの有力な手掛かりになる。

　さて、これまでベースボール型の授業づくりにおいて、さまざまなゲームの工夫や修正が試みられてきてはいるが、その中心的な視点はボール操作に関わる運動技能の緩和にあった。また同時に、このようなゲーム中の判断に学習内容の焦点を当てることはほとんど希薄であった[*2,3]。この意味で、前述の修正版「並びっこベースボール」の実践は新たな発想の提案であったと考えている。

❷「フィルダー・ベースボール」の大要

　修正版「並びっこベースボール」は、攻撃側の打球を守備側が捕球し、打者ランナーをどの塁でアウトにするかをメンバーみんなで判断し、ランナーの先回りをして、その塁近くに設置されたカラーコーンに集まってアウトにすることを課題としたゲームであった。常に塁上の走者はいない状況でゲームが展開されるため、守備側の状況判断は打球に応じて「打者ランナーをどの塁でアウトにするか」にしぼられる。したがって、その判断と行動のよさが学習内容として際立つことになる。

この発展上に位置づく高学年段階の教材づくりがここでの課題である。そこでは当然ながら、以下のようなプレイ状況の「判断」と「運動技能」の2つの視点を有している。
①修正版「並びっこベースボール」では、すべてのプレイヤーに「どこでアウトにするのか」についての判断を要求し、行動化しているが、個々のプレイヤーの選択すべき「役割行動」（捕球からの送球、ベースカバー、中継プレイ、バックアップなど）は判断の対象となっていない。この役割行動に対する選択的な判断が強調される「ゲーム条件」（game condition）を探究する。
②修正版「並びっこベースボール」では、ボールの送球に関する運動技能を要求していない。送球を加えていくことは、ゲームの技能的な課題を段階的に高めていく際の大切なポイントであろう。

　新たに構想した単元教材としての「フィルダー・ベースボール」は、プレイの状況、とくに「打撃されたボールの方向や距離」に応じた「アウトにする塁」の判断機会を保障しつつ、ボールの捕球・送球、ベースカバー、中継プレイ、バックアップといった役割分化とその転換をミニ化されたゲームの中で豊富に学習させようと意図している。
　そこで、守備側プレイヤー4人のゲームを設定し、次の2つの異なる場面を区分して「アウト」にする方法を提示した。それは、コートの1-2-3塁を結ぶ「内野ライン」を設け、内野ラインの内側で打球を処理（捕球）した場合には、「並びっこベースボール」と同様に、守備側プレイヤー全員が特定の塁を選択し、集まってアウトにする方法をとり、また内野ラインを越えてボールを処理した場合には、アウトにするベースカバーの役割は2人が担えばよいこととし、残りの2人が捕球・送球、中継プレイ、バックアップの役割を分担できるようにしたことである。
　ここでは、前者を「内野プレイ」、後者を「外野プレイ」と呼称した。したがって、「外野プレイ」において守備側プレイヤーの役割行動に関する「意図的で選択的な判断」を誇張したところに「フィルダー・ベースボール」の特徴がある。「アウトを取る塁」と「アウトを取るための役割行動」という2つの判断対象を学習内容としてクローズアップした教材ということになる。
　なお、攻撃側のランナーが複数になると守備行動における戦術的課題の複雑性が格段と高くなってしまうため、このゲームでも走者は打者ランナーのみに限定している。
　ルールの大要、およびコートについては表2-49、図2-18に示している。

表2-49　フィルダー・ベースボールの用具、場の設定、ルールの大要

■用　具
・ジャンボボール（直径14cm、重さ80g、ゴム製）
・プラスチックバット
・バッティングティー
・守備用サークル（直径2m、厚みがほとんどなく、踏んでも安全なもの）
・得点板

■場の設定（図2-18）
・塁間12m（子どもたちの能力段階を前提にしながら、守備側のプレイ状況の判断に基づくゲーム学習が効果的に行えるように配慮した）。
・ベースはランナーのみが使用する。
・各塁（1〜3塁）の後ろにおかれたサークルを結んだ白線を内野ラインとする。
・バッティングティーは、本塁の前におく。

■ルール
・1チーム5人（攻撃側5人、守備側4人）。守備の際には、チームの中の1人が守備に関する記録係となる（係はイニングで交代）。

〈守　備〉
○内野ライン内で打球を捕球したとき
・攻撃側のランナー（打者）よりも先回りした塁の守備用サークルに守備側のプレイヤー全員が集まり、「アウト〜！」といってしゃがんでアウトにする。
・アウトにならなければ、2周目、3周目と続く。
・フライでもバウンド打球でも同じようにアウトにしなければならない。
・バッティングティー付近、1.5mのライン内に入って守備のポジショニングをすることはできない。ただし、打撃後のボールはライン内に入って捕球してもよい。

○内野ラインを越えて打球を捕球したとき
・捕球した地点から、アウトにする塁のサークルにボールを送球してよい。
・ランナーよりも先回りした塁のサークルに守備側の2人（2人以上）が集まって「アウト〜！」といってしゃがんでアウトにする。

〈攻　撃〉
・フェアゾーン（1塁ラインと3塁ラインの間）の角度は90度。打球がフェアゾーンに入らなければファウル。三振はなし。
・打撃をしたらベースランニング。アウトになるまでに進塁できたところが得点となる。たとえば、2塁まで進塁して3塁でアウトになれば2点、3塁で3点、ホームで4点。ホームまでにアウトにならなければ2周目以降に続いていく。2周目はネクストバッターがリレーしてランナーとなる。
・攻撃側チームのメンバーは、①バッター、②ネクストバッター、③得点係、④アナウンス（バッターの名前を呼びかける）・応援、⑤応援・指示係の役割を順次ローテーションしていく。

《その他》
・ゲームはセルフジャッジで進行する。同時はアウトとする。ジャッジに迷った場合には両チームのメンバーのジャンケンによって決める。
・攻撃側の5人が全員打ち終わったら攻守交代とする。1ゲームは2イニングとする。

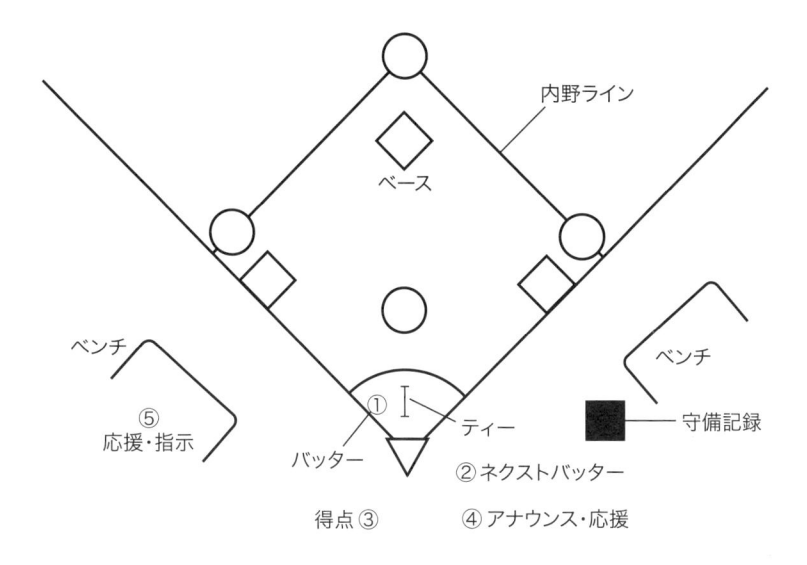

図2-18 フィルダー・ベースボールのコート

[2] 授業の展開と子どもの様子

　単元は9時間で構成した。第1時のオリエンテーション、試しのゲームの後、前半の4時間は「ゲームを学ぶ」ことをメインに掲げ、ルールの理解を前提に、とりわけ守備側における内野ラインを越えた打球状況時におけるプレイの判断と役割行動を課題とした。

　基本的な1時間の流れは、「コートの準備 ⇨ 投・捕のドリルゲーム ⇨ チームミーティング ⇨ クラス全体の学習課題の把握 ⇨ 3コートに分かれてのゲーム（6チーム）⇨ ゲーム後のチームの振り返り ⇨ 全体でのまとめ」として進めた。

　「投・捕のドリルゲーム」は、ボール操作の運動技能に関わった「下位教材」といってよい。ここでは一定時間内での塁間のボール回しを課題とし、ワンバウンドでの送球を意図的に強調して取り組ませたところ、これはゲームの中でも確実に生かされ、捕球の安定性を高めることに大いに貢献した。後半の4時間はリーグ戦（内野プレイ・外野プレイにおける役割行動の洗練）を位置づけた。

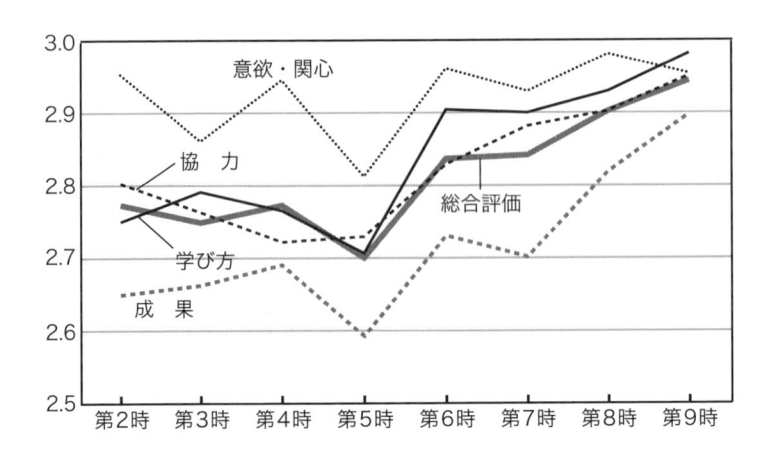

図2-19　単元を通した形成的授業評価（クラス全体）

　なお、第1～6時は各チーム1ゲーム、第7～9時は2ゲームの設定とした。
　この単元では、第2時以降、形成的授業評価を実施した。図2-19は、各次元および総合評価についてのクラス全体のスコアを示したものである。第5時にスコアの低下がみられたが、全体的にかなり良好な評価が得られたといってよい（第6時以降、総合評価で5段階評価の「5」）。とくに、単元後半の「成果」次元の上昇は、次に示すゲーム分析におけるパフォーマンスの向上と重ね合わせて解釈することができるであろう。
　次の文章は単元終了後に書かれた子ども（女子）の振り返りの一部である。
　　　　　　　　　＊　　　　　　　　＊
　今日、フィルダーベース・クラシック（最終リーグ戦）をやりました。最後だったので絶対に負けたくない試合だから、チームで力を出し切り、がんばろうと思っていました。初めは紫チームとでした。私たち（赤チーム）は、先攻で、たくさん点を入れました。紫チームとの対戦は久しぶりだったので、とても強くなったと感じました。バントをすぐにアウトにできてよかったです。でも、バントに気を取られて、外野にボールが飛んだ時にスムーズにアウトがとることができなかったので、次の試合はその反省を生かしてやろうと思いました。青チームとの対戦でした。守りでは紫チームとの試合で失敗してしまったことを修正し、失点を少なく抑えられました。これで赤チームに少し気合いが戻ってよかったです。この試合は2点差で勝つことができ、泣きくずれそうになりました。感動の勝利でした。もう、フィルダー・ベースボールは終わってしまったけど、またできたらいいなと思います。

写真2-51　打球が飛ぶと一斉に動き出す守備側のチーム

[3] 学習成果の検討

　単元における子どもたちの学習行動においてきわめて印象的だったのは、その当初から攻撃側の打球状況に応じて、どの塁でアウトにしようとするのかの意識・気づきが高かったことである。これは、修正版「並びっこベースボール」の先行経験によるものであろうことは想像に難くない。打撃されたボールが飛ぶと、守備側が一斉に動き出す姿はそれを示していた（写真2-51）。ただし、異なる多様な状況下で、異なる役割行動を発揮するとなると課題はさらに高くなる。

　さて、この単元では、第1時の試しのゲームから最終の第9時まで、毎時3コートで行われたゲームをすべてVTR撮影し、全ゲームを対象にゲーム分析を実施した。ここでは、守備側の役割行動が強調される「外野プレイ」の場面を抽出し、その中での学習成果を検討したものを例示しておきたい（なお、各時、当然変動はありながらもすべての守備機会の中で「外野プレイ」が5〜6割以上を占めていたことから、送球を含んだプレイや、状況に応じた役割行動を必要とする学習場面が十分に確保されていたといえる）。

　単元各時のゲームにおいて出現した守備側の「外野プレイ」を「外野前の打球状況」と「外野を越えた打球状況」の2つの区分し、そこでのゲーム・パフォーマンスをそれぞれ表2-50、2-51に掲げたカテゴリー（A〜Cパターン）

表2-50 「外野前の打球状況」のパフォーマンス評価カテゴリー

Aパターン	・守備サークルに2人がベースカバーに入り、ボール捕球者を除く余った1人がバックアップなどの適切な役割行動がとれた場合。
Bパターン	・守備サークルに3人以上ベースカバーに入っている場合。 ・守備サークルに2人がベースカバーに入ったが、ボール捕球者を除く余った1人に役割行動がみられなかった場合。
Cパターン	・守備サークルにベースカバーに入っている人数が1人以下（アウトはとれない）の場合。

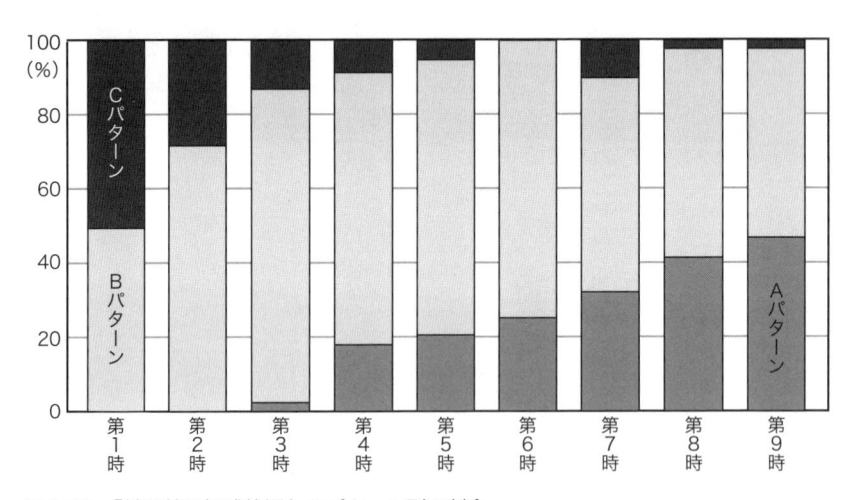

図2-20 「外野前の打球状況」のパターン別の割合

をもとに評価した。図2-20、2-21は各パターンの出現率を示したものである。ここで、「外野を越えた打球状況」とは、打球が直接守備側プレイヤーを越えたり、プレイヤー間を抜けた場面であり、それ以外のものを「外野前の打球状況」とした。

「外野前の打球状況」では、単元当初、約半数を占めていたCパターンが単元展開にしたがって顕著に減少し、もっとも期待されるAパターンが中盤以降、確実に増加していったことが確認できる。また、「外野を越えた打球状況」でも、単元前半では役割行動がほとんど機能していないことを示すCパターンが続出していたが、終末ではそれが激減し、A・Bパターンで全体の約8割を占め、低迷していたAパターンが5割を超えるまでに増大した。このことは、打球が外野を越え、守備の混乱を招きやすい場面において、かなり高い割合で中継プ

表2-51 「外野を越えた打球状況」のパフォーマンス評価カテゴリー

Aパターン	・打球処理、ベースカバー、中継プレイといった適切な役割行動がとられ、意図した塁でアウトにすることができた場合。
Bパターン	・打球処理、ベースカバー、中継プレイといった役割行動がとられたが、意図した塁でアウトにすることができなかった場合。
Cパターン	・適切な役割行動がとれず、中継プレイがなされなかった場合。

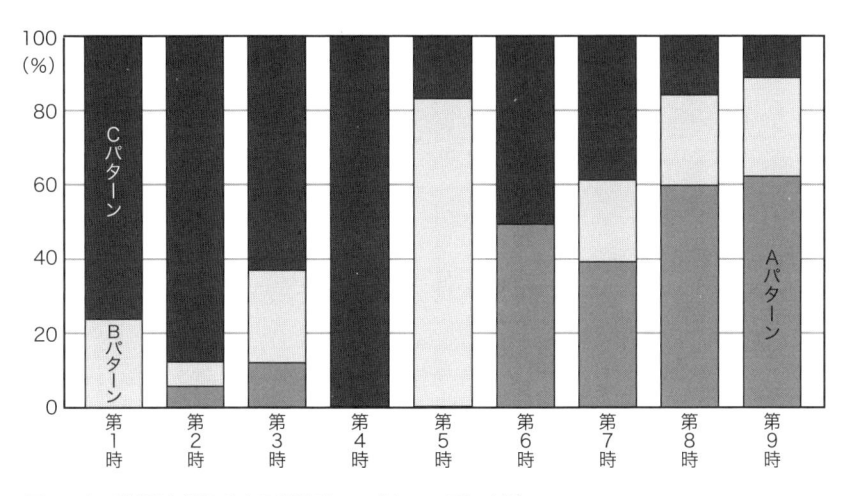

図2-21 「外野を越えた打球状況」のパターン別の割合

レイを使ってアウトが取れるようになったことを意味している（写真2-52）。
　これらからみて、「アウトを取る塁」と「アウトを取るための役割行動」という2つの主要な判断対象を誇張したこの教材において好ましい学習成果を示し得たと理解できるであろう。

　ここで紹介した「フィルダー・ベースボール」のさらなる発展形態として、ランナーを複数状態にしたゲームとしての「ブレイク・ベースボール」[*4]を考案し、実践に移している（ランナーが塁上に1人だけ残れる形式のゲーム）。つまり、「打球状況」に残っているランナーの「場面状況」という判断の選択肢を加えて複雑化させていく発想のものであるが、これらも良好な授業づくりへ感触を得るものとなっている。ただし、小学校段階でベースボール型のゲーム

写真2-52　打球が外野を越えた場面での中継プレイ

に時間を費やせるのは、およそ中・高学年それぞれ1単元程度だとすると、中学校への発展とその具体的検討をも含め、カリキュラムの視野から熟考すべき事柄が残されているであろう。

　なお、本書で掲げたベースボール型のゲームに関わっては、文部科学省から刊行されている実技指導資料をも参考にしていただきたい。

（研究協力者：竹内隆司・大野高志・石井克之）

[文献]
* 1　竹内隆司・岩田靖（2006）小学校体育における守備・走塁型ゲームの教材づくりとその検討—特に、守備側の戦術的課題を誇張する視点から、信州大学教育学部附属教育実践総合センター紀要・教育実践研究（7）：81-90
* 2　宮内孝・河野典子・岩田靖（2002）小学校中学年のベースボール型ゲームの実践—ゲームの面白さへの参加を保障する教材づくりの論理を中心に、体育授業研究（5）：84-91
* 3　滝澤崇・岩田靖（2004）体育におけるベースボール型ゲームの教材づくりの傾向と課題—「戦術中心のアプローチ」の視点からの分析、信州大学教育学部附属教育実践総合センター紀要・教育実践研究（5）：101-110
* 4　石井克之・大野高志・竹内隆司・岩田靖・土屋健太（2009）小学校体育におけるベースボール型教材とその実践的検討—「ブレイク・ベースボール」の構想とその分析、信州大学教育学部附属教育実践総合センター紀要・教育実践研究（10）：71-80
* 5　文部科学省（2010）学校体育実技指導資料第8集・ゲーム及びボール運動、東洋館出版

第3章
教材づくりの実際
［中学校編］

第3章-1

3年生・織り成せ、技のシンフォニー
「集団リズムマット運動」

　「わかり合い、支え合う体育授業」を実現したい。なぜなら、それが「子どもの積極的参加と学習成果」を促す授業の一つの在り方であると考えているからである。また同時に、「心と体の一体化」という現代的な体育課題を引き継いでいくことをも意味している。
　そこでこのテーマに迫る観点として、「個人的運動の集団化」からの教材づくりに基づいた授業実践を取り上げてみよう。中学校3年生の器械運動領域における「織り成せ、技のシンフォニー」（集団リズムマット運動）の実践である。

[1]「集団リズムマット運動」の教材づくりの発想

❶3年間のマット運動学習の構想
　器械運動は、「できる」「できない」が他の運動領域に比してはっきりとしており、子どもたちにとって個人で取り組む「技達成型」の運動として、「敷居の高い」領域となる傾向がありはしないであろうか。そんな生徒たちの意識を変えるべく、器械運動の新たな楽しみ方を模索し、「個人的運動の集団化」に着目してきた。
　信州大学教育学部附属長野中学校では、1998年の学習指導要領に基づき、マット運動において次のような学年段階での学習の発展を描いてきた。まず1年生では、技群の発展系統の核になる個別の技に挑戦させ、「できる」段階の技を広げていくことを重視し、2・3年生では、技の習熟度を高めながらマット運動の新たな楽しみ方に触れさせていくために、複数人数で技を組み合わせていく学習を位置づけている。2年生では「2人で技をそろえよう！」の単元を設定し、今回取り上げる3年生の集団リズムマット運動「織り成せ、技のシ

表3-1　3年間のマット運動学習の構想

学年	技能の習得状況・形態		単元でめざす生徒の姿
3年	教科内領域選択	集団 ↑ よりよくできる	集団で技を組み合わせることを通して技をよりよくできるようにし、曲やリズムに合わせた集団演技を友と創り上げる喜びを共有する生徒
2年		2人 ↑	核となる技を発展させ、できるようになった技を2人でそろえることを通してよりよくできるようにする生徒
1年	必修	1人 できる	自ら練習方法を工夫して追究し、核となる技をできるようにして新たな技に挑戦していく生徒

ンフォニー」は、数名からなるチームで集団演技を創り出す発展的な授業として構想している（表3-1）。

❷集団リズムマット運動の教材づくり

　本単元のねらいは、曲やリズムに合わせて一人ひとりができる技やできるようになった技を用いて演技を構成し、集団で技を組み合わせて楽しむことにより、マット運動が得意な子も苦手な子も、技をよりよくできるようになるということである。

　ところで、集団によるマット運動には、出原泰明氏による先駆的な実践があり[*1]、またこの実践に対し、体育授業における「個と集団」、および「統一と分化の原理」の視点とともに、「表現内容の多様化と拡大」「他者に合わせた動きのコントロールによる調整力の向上」といった側面からの小林一久による評価[*2]がある[*1]。

　この教材づくりのプロセスでは、集団演技の構成において、そこで強調したい学習内容や方法の観点からさまざまなバリエーションを持った教材化の工夫が考えられてよいであろう。本単元では、演技を構成する人数の変化による表現内容の広がりを一つのターゲットにしながら、本校独自の「チーム学習」の方法を結びつけて教材づくりを行った。

　そこでは、生徒の技能の幅や欲求における個人差を考慮し、さまざまな条件で技ができるようにするために、今できる技を用いて2人組や3〜4人組で演

表3-2 集団演技の構成

演技	技	人数	技能において身につける力	体得できる楽しさ	学習形態
規定演技	今できる技	2人組	同程度の技能の友と技のタイミングや大きさを合わせることができる。	同じ技がピタリとそろう美しさや心地よさ、技の一体感を味わう。	ペア学習
		3〜4人組	同調、相対、対称を動きに表し、技能差のある友と技を組み合わせることができる。	異なった技を組み合わせることによる動きの変化や表現効果、技の構成を工夫する面白さを味わう。	持ち技を生かしたグループ学習
自由演技	追究したい技	1人	よりよくできるようになりたい技や新たにできるようになりたい技の構造を理解して練習を行い、追究したい技を身につけ、技をつなげる。	よりよくできるようになりたい技や新たにできるようになりたい技に挑戦し、できるようになった達成感や満足感を味わう。	同じ課題を持つ技別グループ学習
規定演技＋自由演技 集団演技		チーム全員	同調、相対、対称を動きに表し、全体の構成を工夫し、曲やリズムに合わせて一人ひとりの持ち技を生かした集団演技ができる。	自分の演技が集団の中に位置づくことによる所属感や、友とともに演技を創り上げる達成感を味わう。	係提案を検討し調整していくチーム学習

　技を構成する「規定演技」と、追究したい技を身につけて一人で演技を構成する「自由演技」を位置付けた集団演技を構成させる（表3-2）。
　難易度の高い技に挑戦したい生徒は、「自由演技」の場面でその欲求を満たすことができる。マット運動を苦手とする生徒は、複数で演技することで安心感を得ることができるし、易しい技でも見栄えがするため、達成感を得ることができる。
　オリエンテーションで集団リズムマット運動の演技ビデオを視聴した生徒は、運動に対する期待を高め、仲間と技を組み合わせる中で自分の技能が向上していくことを実感し、仲間と演技を創り上げていく喜びを共有できるであろう。そして、技達成型の個人スポーツとして捉えていたマット運動に対する見方や考え方を広げながら、仲間との豊かな関わりを通して、集団で曲やリズムに合

わせて動く心地よさや集団的達成感を得られるリズムマットに新たな魅力を実感し、学ぶ意欲を高めていくであろう。

❸個人的運動の集団化を支える「チーム学習」

　本校では、1年生から体育学習における学び方を重視し、さまざまな運動領域で「一人一係」を担当するチーム学習を積み重ねてきた。本単元でも、次に示す4つの係を設け、発表会に向けた各チームの課題解決における役割を果たしていく学習を組織した。

○リーダー：学習の見通しをもち、チーム学習の全体計画を立てる。発表会に向けて採点基準を設定する。発表会の企画・運営を行う。
○コーディネーター：最終課題をもとに、演技のつながりをよくするための隊形の変化が明らかになるように演技構成を提案する。
○トレーナー：演技構成における同調性や相対性、対称性を明確に伝えることができるように演技指導を行う。
○コーチ：最終課題をもとに、演技内容をよりよくするための技のつながりや隊形の変化、中心技や周辺技の配置についてアドバイスする。

　本単元では、発表会に向けてチームの最終課題を絞り込む段階で、各係の活動がもっとも充実する。そのためにリーダーを中心に「構成」「実施」「創意工夫」の3点について共通の採点基準を設定させ、発表会において他のチームの演技を評価し合う場面での基準にさせる。これにより、発表会に向けて最終調整を行う場面で、チームの問題点は最終課題として焦点化され、4つの係はその解決に向けて、自ら活動内容を明確にし、練習内容や演技構成等を提案し、学習を活性化させる。練習段階のチーム演技を収めたビデオの映像をもとに、自分たちの演技の高まりを実感し、互いの係提案のよさを認め合いながら、集団演技の完成に期待を膨らませていくことができる。

❹学習のイメージをもたせる「自作ビデオ」

　マット運動に対する固定的なイメージをもっている生徒にとって、「集団リズムマット運動」と言ってもピンとこないのは当たり前である。オリエンテーションの段階で「楽しそうだな」「やってみたいな」と思わせることができれば、良好な運動との出会いを導けたと言ってよいであろう。
　そこで、教育実習生が考えたモデル演技をビデオに収録し、オリエンテーシ

写真3-1　モデル演技を収録した自作ビデオ

ョンで生徒に視聴させた。「音楽に合わせて楽しそう」「簡単な技でも合わせるときれい」「同じ技でも構成を考えると美しく見える」「みんなでやりとげていて楽しそう」「バック転を自分もやってみたい」など、生徒は学習へのプラスイメージをもち、期待感を膨らませていく。さらに、集団演技の構成の仕方などを示したガイダンス的な内容も盛り込み、学習の道すじや手掛かりをイメージすることができるようにした（写真3-1）。

[2] 授業の展開と子どもの様子

　以上のような教材づくりの仕掛けを基に、全14時間扱いで単元を仕組んだ。選択した曲は、シルヴィ・バルタンの「あなたのとりこ」（映画「ウォーターボーイズ」の挿入曲）。

■「問題化」の段階(2時間)
- オリエンテーション……ビデオを視聴し、集団リズムマット運動の学習の見通しをもつ。チーム編成を行い、一人一係を決める。
- 今できる技を確認し、チームのめざす姿と自己課題を決定する。

■「解決」の段階(10時間)
〈規定演技（3時間）〉
- 今できる技で規定演技（2人組と3～4人組で「同調」「相対」「対称」を意

識して技を組み合わせる）を考え、曲に合わせて練習する。
- 規定演技を組み合わせて中間発表会を行う。

〈自由演技（3時間）〉
- 自由演技を創るために、よりよくできるようになりたい技や新たにできるようになりたい技に挑戦する（技群別の練習場所を設定）。
- 高まった技、新たにできるようになった技を取り入れ、一人ひとりの自由演技を創る。

〈集団演技の練り上げ（4時間）〉
- 規定演技と自由演技とを組み合わせて、採点基準に照らしてチームの演技を構成する。
- チームごとに演技をビデオ撮影し、その映像から最終課題を設定させ、各係がその解決に向けた提案を行う。

■「振り返り」の段階(2時間)
- 発表会を行い、「構成」「実施」「創意工夫」について相互に評価する。
- 学習カードを振り返り、学習成果をレポートにまとめる。

❶規定演技と自由演技

　Bチームに所属するMさんは、規定演技として、音楽に合わせて倒立前転、開脚前転、前転をKさんと同調させようとするが、倒立前転のタイミングが合わず、前転の終わりも揃っていなかった（第4時）。コーチ係のH君とトレーナー係のO君が、2人の演技を観察し、「Mさんの倒立の時間を延ばすとともに、Kさんは倒立を1拍で回転を始める」ことで解決できると分析した。さらに、Mさんに対し、倒立になってからすぐに回転が始まってしまう原因として「あごを引いてしまっている」ことを見出し、「倒立のときにマットをしっかり見て、1拍がまんする」ように助言した。O君の補助のもと、Mさんは倒立の姿勢を練習した。H君は、2人に対し「手をつくときに『イチ』、足を上げて『ニィ』、倒立で『サン』、『シー』で回り始めるというタイミングでやってみよう」とアドバイスを送った。何回か練習した後、MさんとKさんの倒立前転のタイミングがそろうようになった。技が「できる」段階から「よりよくできる」段階になったのである。
　Mさんは、中間発表会（第5時）を終えて、学習カードに次のように記した。

　　　　　　＊　　　　　　　　　　　＊
　Kさんと演技をそろえるためにO君からアドバイスをもらったことを意識したら、倒立前転が少しだけどがまんできるようになってきた。自由演技も倒立をきれいに

写真3-2　ビデオで演技を振り返る生徒たち

できるように練習すれば、Kさんとの演技がもっとよくなると思います。倒立以外の技も練習して、男女で組み合わせる集団演技を考えていきたいです。

　　　　　　　＊　　　　　　　　　　＊

　さらに一人で演技を構成する自由演技を完成させた活動（第8時）を振り返り、次のように学習カードに記述した。

　　　　　　　＊　　　　　　　　　　＊

　倒立前転や側方倒立回転がひざを伸ばしてできるようになってきたと友だちから評価してもらったのでとてもうれしかった。コーディネーターとして、みんなの技を生かして規定演技と自由演技を組み合わせていけば、Bチームのめざす「男女の仲がよい、明るく元気なリズムマット運動」がつくれそうで楽しみです。

　　　　　　　＊　　　　　　　　　　＊

　Mさんは、友達からの情報を手掛かりに自分の動きを修正し、できる技をよりよくすることができたことや、自由演技で友達から技の向上を認められたことから、達成感を味わい、集団演技を創り上げることに対する期待感を高めることができたのである。

❷一人一係

　Bチームは、集団演技の練習を撮影したビデオを視聴し、自分たちの演技を振り返った。技が同調できていない場面を指摘し合う中、コーディネーター係

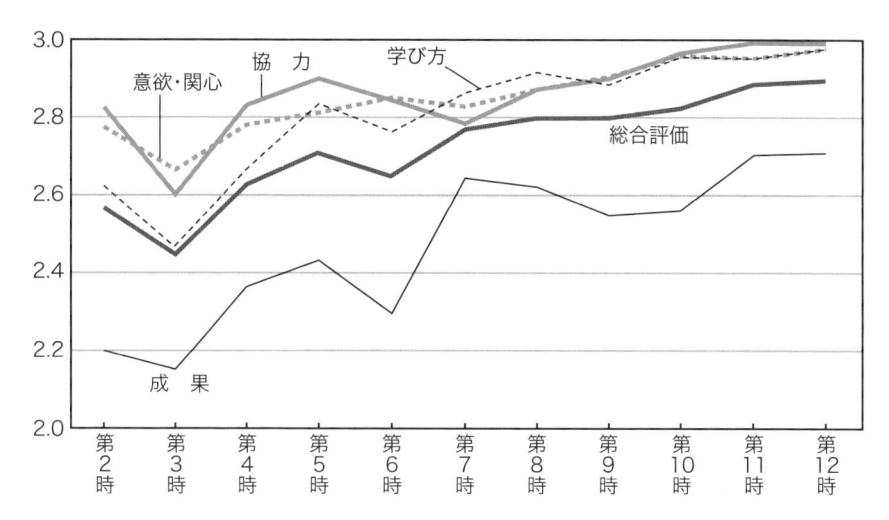

図3-1 集団リズムマット運動の形成的授業評価（クラス全体）

のYさんは、リーダー会から提案された採点基準に照らして、自分たちにしかできないオリジナルな場面が欠けていることに気づき、「三点倒立を同調させる場面に、MさんのY字バランスを位置づけよう」と提案した（第10時）。演技の構成を変更して行った練習を振り返り、Bチームは採点基準を手掛かりに演技の問題点を明らかにして、全員の演技と4人で行う演技の同調性と技の完成度を高めることが必要であると考えた。そこで、チームの最終課題を「技のタイミングを合わせ、一つひとつの技の終わりを美しくそろえよう」と決めだした（第11時）。Yさんは、学習カードに次のように記述している。

＊　　　　＊　　　　＊

MさんのY字バランスを生かしたいと思って考えた演技内容が曲に合わせて同調したとき、自分の技ができたように感動した。Y字バランスと三点倒立と私たちの手拍子がぴったり合ったとき、チームが一つになっているなぁと思った。発表会では自分のハンドスプリングも成功させて、よい演技になるようにしたい。

＊　　　　＊　　　　＊

本単元では、運動学習が中心となる第2時から第12時（第13時は発表会、第14時はまとめ）において形成的授業評価を実施した。図3-1は、クラス全体の平均スコアの変化を示している。第7時以降、「総合評価」において5段階評価の「5」に相当するスコアが得られ、この授業に対し生徒たちが大いに評価し、また満足を得た単元となったことが推察される。ここでのスコアの変

写真3-3　集団演技の様子

化を生徒たちの学習の姿と照らし合わせて解釈するとすれば、およそ以下のような事柄が指摘できるのではないかと思われる。

　それは、発表会に向け、各チームが規定演技と自由演技とを組み合わせて集団演技を構成し、「演技を練り上げる」プロセスに移っていく前後から、「成果」次元の向上を誘う、非常に意味のある活動となったと考えられることである。そしてまた、そこに集団リズムマット運動の楽しさを増幅させる2つの主要な契機が潜んでいるものと思われた。

　その一つは、各チームの演技構成がおおよそ決定された後、繰り返し音楽にのった活発な練習において、チームのメンバーとともに「動き込んでいく」中に生み出される身体的・社会的経験である。リズムマットの構成要素となる個別の技の習得やその達成も重要に違いないが、他者とともに音楽の流れの中で連続的に体を溶かし込んでいく「体の喜び」は生徒たちの表情をより明るいものにしていったと言ってよいであろう。

　もう一つは、チームのビデオ映像をもとにしながら、そのパフォーマンスの修正や向上に向けて、演技構成のアイディアや技術認識といった知的活動を媒介にした個の擦り合わせの大切さである。このことこそがチームの結びつきを強める核となる。ビデオ映像を真剣に見入る生徒たちの姿はそのことを物語っていた。

　このように考えると、マット運動の集団化を軸とした教材づくりの中では、演技構成で手いっぱいになってしまうような単元計画や授業展開は生徒たちの

「意味ある経験」を浅薄なものにしてしまうであろうことが指摘できる。この運動の楽しさの源泉を掘り起こし、噴出させていく授業に追い込んでいきたいものである。

なお、小学校での事例ではあるが、マット運動の集団化に関わって、中学年でのシンクロマット運動の授業の教材化について報告したことがある。[*3]「みんなで回ってはいポーズ」の言葉とそのバリエーションをチームのみんなで口ずさみながら、このフレーズをつなぎ合わせていく課題づくりをしたものである。この教材も授業の雰囲気を非常に明るいものにし、苦手な子どもたちも積極的にマット運動に参加し始める可能性大である。加えて、参考にしていただきたい。

(研究協力者：加藤　浩・内山茂隆)

[注]
‡1　これらについての詳細は、次の文献を参照していただけるとありがたい。
　　岩田靖(1997)「出原泰明の実践」、中村敏雄編『戦後体育実践論・2・独自性の追求』創文企画
‡2　アメリカのスポーツ教育学者であるダリル・シーデントップは、体育カリキュラムにおける「スポーツ教育モデル」を提唱する中で、「チームへの所属」とそこでの役割や責任の遂行を強調し、「スポーツ参加からもたらされる『意味ある経験』の多くはチームの所属と深く関わって」おり、また「よいスポーツ経験から生み出される人格的成長の大部分は、チームの所属と密接に関係している」と指摘している。〈ダリル・シーデントップ著、髙橋健夫監訳(2003)『新しい体育授業の創造―スポーツ教育の実践モデル』大修館書店〉
　　本校では十数年前より、とくに3年生の自立型学習の中でそれぞれのメンバーが役割を担い、その責任を果たしていく「チーム学習」を取り入れてきている。

[文献]
＊1　中村敏雄・出原泰明(1973)「集団マット運動」の実践―高校3年女子、体育科教育21(10)：30-38
＊2　小林一久(1985)体育の授業づくり論、明治図書
＊3　馬場広一・岩田靖(2002)シンクロマット運動の授業―易しく、優しく、そしてもっと楽しく、体育科教育50(12)：62-65

第3章-2

2年生・共同的な学びを促す「個人的運動の集団化」
チーム対抗三種競技

　概して陸上競技は、その動きそのものや練習のプロセスが単調なものになりがちであること、また、走・跳躍運動など子どもたちの能力水準が大きく反映されることから、球技種目などに比して授業に向けての子どもたちの学習意欲は低い傾向にあるのが実状であろう。まずは、陸上競技の授業への積極的な参加を促すことが大いなる課題である。

　そこで、「走・跳・投運動」のバリエーションを含んだ混成競技的な面白さを前面に出しながら、子どもたちの意欲的な取り組みを誘い出すことを期待して構成したチーム対抗の三種競技の教材づくりについて記述したい。対象は中学2年生である。

[1] チーム対抗三種競技の教材づくりの発想

❶陸上競技での「個人的運動の集団化」

　1970年代以降、小学校の陸上運動を含めたこの領域の教材づくりで着目されてきたのは、子どもたちの能力差を前提にした個人の目標設定を可能にする「単元教材」レベルの工夫、つまり授業における「分化」的方策である。たとえば、個人の短距離走のタイムを手掛かりにしたハードル走やリレー、あるいは走り幅跳びなどの実践である。第2章の小学校段階における陸上運動の中でも同様な実践事例を取り上げた。

　しかしながら、このような子どもたちの目標やめあての「分化」的な手続きは、決して授業・学習の「個別化論」を意味するものではない。むしろそれは、子どもたちが共通の学習課題・学習内容を共同的に学んでいく過程を豊かに創出しうる可能性を内包しているものである。ここでは、その可能性を大いに評[*1,2]

価しながら、さらに子どもたち相互の結びつき、学習過程における相互交流を実現していくために、「個人的運動の集団化」の発想に目を向けたい。運動そのものの課題としては個人で完結するものでありながらも、ここでの三種競技を「チーム対抗」として構成し直すことである。

❷3種目の選択と記録の扱い

　陸上競技には、他者やグループと競い合うことが楽しい「競争型」、自己の達成力を高め、目標記録をめざしていくことが楽しい「達成型」の両面の楽しみ方がある。しかし、運動がシンプルであるがゆえにパフォーマンスの優劣が一目瞭然であり、自己有能感が阻害され、嫌いになっていくという一面ももっている。ただし、50m走やリレーのタイムトライアルの場面を見ると、友やチームと競い合うことで自分の記録が伸びる可能性があることを子どもは理解しており、「勝敗の未確定性」を保障した上であれば、競争の楽しさを十分味わうことができると思われる。

■三種競技で選択した種目

　単元教材であるチーム対抗三種競技では、チームでの「競争」をメインに据えながらも、その楽しみをより深めていくために、個人の能力に応じて到達可能な目標記録に向けて練習に取り組み、その目標を「達成」していけるように教材づくりを構想した。

　今回、学習対象として選択したのは、走・跳躍運動における「50mハードル走」「走り幅跳び」に加え、正確な投技術を追究することにより記録の向上を期待することのできる「ジャベリックスロー」である。なお、ジャベリックスローを取り上げた背景には、投能力の低迷している今日的状況への認識がある。

　実際、ソフトボールの授業の中で、ボールを狙ったところに投げられず、投動作そのものが習得されていない子どもも珍しくない。投動作はボールのスローイングのみならず、ラケットやバットを用いた打動作にも類縁し、その基礎の意味合いをもつことから、陸上競技の中でもスローイングが強調される「やり投げ」に着目し、ジュニア期の普及種目であるジャベリックスローを意図的に選択した。

■個人の目標記録の設定と得点の換算方法

　50mハードル走、走り幅跳びの目標記録は各個人の50m走タイムを基準に、また、ジャベリックスローはソフトボール投げをベースにしている。得点の換算方法は各個人の目標記録を「300点」として位置づけ、実際の記録を目標記

録との差において得点化する（300点を基準に増減）方式をとっている。

　自己の目標記録をめざし、またそれを超えていくことが直接的にチームの総合得点に貢献していく。チームメイトの運動のできばえが他人事ではなくなるとともに、その向上が共有された喜びとなって欲しいと考えた。

[2] 授業の展開と子どもの様子

　本単元(The Track & Field)は14時間扱いの設定。単元前半(8時間)では、オリエンテーションのほか、各種目における個人の目標記録の設定のための50m走、ソフトボール投げの計測と各種目の基礎的内容を共通に学び、試しのトライアルを行った。その上で単元後半の6時間では、試しのトライアルの結果をもとにチーム学習を展開。そこでは、個々の技能を高め、チームの総合得点を最大限に向上させるための計画を立て、練習・トライアルに取り組めるようにした。

　ここでは、単元後半において三種競技の中でも子どもたちがとくに意欲的に追究し、技能を向上させていったジャベリックスローの学習場面を取り上げ、投運動の苦手なK君と彼の所属していたCチームの様子の一端を紹介したい。

　今回、ジャベリックスローにおける個人の目標記録は、前年度までのこの単元での技能達成度や今回のソフトボール投げの記録を基に次のように設定した。[1]

> 〈男　子〉　0.45×ソフトボール投げの記録＋6
> 〈女　子〉　0.8 ×ソフトボール投げの記録－0.45

　なお、授業クラスにおけるソフトボール投げの平均記録は男子36.4m（最高51.6m、最低12.8m）、女子21.1m（最高32.4m、最低10.0m）であった。

　授業の中では、ジャベリックスローの練習用に子どもたちが活用する「観察シート」（技能チェックの資料）を準備し、表3-3のような下位教材・教具を提示している。

❶チーム追究第3時(単元第11時)

　Cチームは、試しのトライアルを終えた時点で、チーム総合順位8位（最下位、ハードル走7位、走り幅跳び7位、ジャベリックスロー2位）。そこで最初、Cチームはもっともチーム得点の低い走り幅跳びを重点種目として選択し、単元後半のチーム追究に入った。チーム追究の第2時には、チームメイトの多くが走り幅跳びの記録を伸ばし、この種目の順位を2位まで引き上げた。

表3-3 「ジャベリックスロー」の下位教材・教具

下位教材・教具	技能的なポイント	中心的なねらい
ジャベリックスロー練習マシーン（写真3-4）	肘の位置と引き出し体の反り投げる角度	約30度の角度に張ったロープに通した塩ビパイプをジャベリックスローと同じ要領で投げる。投げ出し局面において重要となる技能ポイントを繰り返し練習できる。
投げ出し角度確認ゲート（写真3-5）	投げる角度ステップ	1.5m間隔の2本の支柱に、ビニールテープを張った教具。ステップをつけて投げ出す際の、体のぶれや投げ出しの角度にフィードバックを与える。
ステップ足形（写真3-6）	ステップ	3歩、5歩のステップの動きの視覚的な目安。また、自分のステップの実態を確認する手立て。
ゴムチューブ	体の反り体重移動	体の反りを意識した構えからリリースへの体重移動の感覚を繰り返し練習する。

写真3-4　ジャベリックスロー練習マシーン

写真3-6　ステップ足形

写真3-5　投げ出し角度確認ゲート

写真3-7　体育館での練習

　さてこの第3時、試しのトライアルでは2位だったジャベリックスローが、他のチームの記録の更新により6位に下がってしまったCチームは、この種目に次なる重点をおき、とくに得点の低いK君の記録向上を中心にしつつ、みんなで関わりながら課題に取り組んだ。雨天のため体育館での練習となったこの時間、改めてK君の投擲フォームを見たチームのメンバーは、VTRや観察シートを使いながら改善点を指摘し合っていった（写真3-7）。

　　　　　　　＊　　　　　　　　　＊

[K君：ターボジャブを投げようとする]
M　「ちょっと待って。ターボジャブの向きがおかしいよ」
F　「おかしいね」
M　（K君の後ろからターボジャブの羽根を持ち、正しい向きになるように修正し）「そのままこう投げればいいんだよ」
[K君：投げる。左方向に手をこねてしまい、ターボジャブが曲がって飛ぶ]
F　「やっぱり曲がっている」
[M君：構えた時のターボジャブの向きについて、手を取ってアドバイスをする]
M　「このまま真っ直ぐ」
[K君：投げる。アドバイスを生かし、後方に引いて投げ出す。ターボジャブが真っ直ぐに飛ぶ]

M 　（投げる動作をしながら）「とにかく真っ直ぐだよ。意識して、意識」
F 　「もっと角度も上にあげた方がいい。もう少し上」
K 　「こんな感じかな」
F 　「そうそう。紙飛行機を飛ばすような感じで投げればいいよ」
M 　「投げる瞬間にターボジャブが下を向いてしまっているから、構えた角度に真っ直ぐ投げるようにしてみよう」
[K君：投げる。角度確認用のテープに当たってしまうが、ターボジャブは真っ直ぐに飛ぶ。その後、ジャベリックスロー練習マシーンへ移動し、練習を重ねる]
教師「肘の位置と腕の動きを見てあげて」
F 　（K君の投げ方を見て）「なんか違うなあ？」
M 　「投げた後の手がいけないんじゃないの」
[教師がK君の手を取り、構えの位置を確認し、その位置から勢いをつけて投げる]
教師「今のいいんじゃない」（VTRを指さし）「見てみて」
[K君、Fさん、M君、VTRで動きを確認する]
F 　「練習マシーンだとできるけど、本番になるとできないんだよね」
教師「練習マシーンで感じをつかんでからターボジャブを投げてみよう」
M 　「なんかふにゃふにゃ飛んでいくなあ」
[Fさんが投げてみせる。真っ直ぐ勢いよく飛ぶ。続いてK君が構えの位置を確認して投げる]
教師「今の感じで、一度ターボジャブを投げてみようか」
[K君：ターボジャブを構える]
M 　「ストップ。またターボジャブの方向がおかしいよ」
[教師が握りの位置を、またM君がターボジャブの方向を修正し、K君がその位置から力を入れて投げる。真っ直ぐ的近くまで飛ぶ。全員から「おーっ！」という歓声が上がる]
F 　「飛んだじゃーん」（みんな拍手）
I 　「真っ直ぐ飛んだね。今のよかったよ」

＊　　　　　　＊

　授業後、K君は次のようにワークシートに記入している。

＊　　　　　　＊

　今日は雨のため体育館でジャベリックスローの練習をした。M君が後ろからターボジャブの向きを教えてくれ、練習マシーンを使って何度も練習したおかげで、投げるコツがだいぶつかめてきました。1回だけだったけど、ターボジャブが的に向かって真っ直ぐに飛んだときには気持ちが良かった。距離もたぶん15m近くいってい

たと思うので、次回のトライアルが楽しみです。（K君）

❷チーム追究第4時（単元第12時）

　K君は、前時につかんだ感覚を思い出すように、ジャベリックスロー練習マシーンで練習を重ねた。そして、トライアルにおいて17.5mのベスト記録を出すことができ、チームの仲間と喜び合う姿が見られた。また、FさんもK君へのアドバイスを自分自身にも取り入れてさらに記録を向上させた。

＊　　　　　　　　　＊

　今日も「投げる角度」という点に気をつけ、練習マシーンを使って練習をしてみました。そして、チームのみんなで「もっとこうしたほうがいいよ」などと声を掛け合ってできました。トライアルをしてみたら今まで12mが最高だったけれど、17.5mまで記録が伸びました。とてもうれしかったし、みんなで高め合うことができたと思います。（K君）

　びっくりしたことがあります。K君へのアドバイスを中心にやっていて自分はほとんど練習をしなかったのですが、1回トライアルをしてみたら自分でもびっくりするぐらい遠くへ飛ばすことができました。友の動きを見てアドバイスすることは、自分の動きを見返すことにもなるんだなあと思いました。（Fさん）

❸チーム追究第5時～単元終末（単元第13～14時）

　チーム追究を終え、Cチームは残念ながら総合得点は最下位に終わった。しかし、一人ひとりの表情は明るく、仲間と協力し合いながら精一杯技能を高められた喜びを互いに伝え合うことができた。

＊　　　　　　　　　＊

　今まで、記録があまり伸びていない人を中心に、チームでそれぞれの力を伸ばすために、道具を使って練習したり、アドバイスをしたりしてジャベリックスローを追究してきました。その結果、K君は5m以上も記録を伸ばすことができたし、私も最初より大きく記録を伸ばすことができました。リーダーのM君は目標記録がとても高かったために達成することができませんでしたが、一生懸命アドバイスをしてくれたり、自分でも何度も繰り返して練習したりして総合得点に貢献してくれました。総合順位では最下位だったけれど、初めに比べて250点近くも総合得点を上げることができたし、何よりみんなで取り組めたThe Track & Fieldの授業はとても楽しかったです。（Fさん）

＊　　　　　　　　　＊

　なお、最後にこの単元における子どもたちの技能向上について、3種目の「試

表3-4 単元における3種目の男女別平均スコア

種目		試しの記録	最終記録
50mハードル走	男子	10秒2	9秒5
	女子	11秒7	10秒6
走り幅跳び	男子	3m40cm	3m71cm
	女子	2m70cm	3m14cm
ジャベリックスロー	男子	21.4m	25.7m
	女子	14.5m	17.8m

しの記録」と「最終記録」の男女平均スコアを表3-4に示しておく。

　この授業を通じてジャベリックスローの魅力に触れ、チームの仲間と意欲的に追究したことで技能を伸ばしたIさんは、教師の勧めにより競技会に出場したところ、38m70cmという長野県中学校新記録(当時)を樹立した。このような可能性を開く鍵は、日常の体育学習の中の至る所にあるのではないだろうか。
　さて、今年もまた陸上競技学習の時期がやってきた。グラウンドにやってくるやいなやハードルを設置し、砂場をならす姿がどのクラスでもみられる。子どもたちが期待を寄せる体育授業。私たちのめざすべき姿である。

(研究協力者：早川孝一)

[注]
‡1　単元の初期段階でのソフトボール投げの記録と、授業の中でのジャベリックスローの記録向上の可能性を考慮して独自に設定したものである。以前の授業実践については次の報告がある。
　　早川孝一・宮澤好一・飯嶋政泰・岩田靖(2007)中学校体育・陸上競技領域における三種競技の教材化と授業実践、信州大学教育学部・学部附属共同研究報告書(平成18年度)：83-92

[文献]
*1　岩田靖(2005)体育科教育における陸上運動・陸上競技の教材づくり論―「統一と分化の原理」の教授学的再考、信州大学教育学部紀要(115)：45-56
*2　岩田靖(2006)典型教材の本質から学ぶ教材づくりの視点、体育科教育54(12)：14-17

第3章-3

1年生・長距離走の教材づくり
「3分間セイムゴール走」

　長距離走に競技スポーツとしての魅力を感じ、大会参加をめざして意欲的に取り組んでいる生徒の姿がある。一方で、「もうやりたくないよ。陸上は好きだけど長距離走はキライ」「やっぱりキツイっすよ。もうこりごり……」「いくら体力がないとはいえ、ウチ一人だけ1周遅れは……」。授業後、このような言葉をもらす生徒も多い。

　毎年のことながらなんの工夫もできないまま自責の念に追いやられる単元である。生徒にとって「身体的負荷」が大きく、かつ単調な運動が体育授業において好意的に受け入れられることは、一般的にとても難しい。

　そこで、中学校の「長距離走」授業に固有な運動課題を学習内容の中心に据え、生徒の学習意欲の喚起に向けた教材づくりについて取り上げたい。[*1]

[1]「3分間セイムゴール走」の教材づくりの発想

❶教材づくりの具体的な着眼点

　教材づくりの基本的な全体像を簡潔に表現すれば、「ペース配分」（ペースコントロール）を学習内容の中核として、生徒の共同的な学習を生み出し、その過程をよりプレイフルな活動に創り上げていくことである。そこで次の4点を「ペース学習」を支える工夫の視点とした。

①個々の生徒の走能力に応じた目標の設定——走能力の個人差に対する「分化」的方策を追究すること。
②記録向上への意欲的なチャレンジを促す課題の設定と場の工夫——結果としての記録向上や課題に挑戦しているプロセスの状況を確認できる情報（タイム・距離）の手立てを考えること。

③個人的達成にもとづくチーム間競争──「個人的運動の集団化」の方法を考えること。
④チームにおける走者以外の役割付与と積極的な関わりの創出──データ収集、記録、アドバイスなどの活動に相互的に関わる場面の挿入を具体化すること。

❷「3分間セイムゴール走」とは？

　3分間セイムゴール走（same-goal）の運動課題の骨格を説明すれば次のようになる。

　単元序盤に、個々の生徒が「3分間にどのくらいの距離を走り抜けられるか」について試し、それぞれの走距離を基準の記録とする。この3分間セイムゴール走では、グラウンドのトラックの一地点をゴール位置とし、そのゴールから生徒の基準記録を逆算した地点がその生徒のスタート位置となる。つまり、それぞれのスタート位置から走り始め、それぞれの生徒が基準記録と同様な走りをすれば、3分後にはすべての生徒が同じゴール地点に到達するという仕立てである。まずは、みんなが現時点での走力をベースにした異なる位置からスタートし、同じゴールをめざすのである。ここで、走り方（ペースコントロール、フォーム）や呼吸のリズムなどの学習を通して、現在の基準記録を超えていくこと、つまり3分後にゴールよりもさらに遠い地点まで到達できるようにチャレンジするのである。

　通常、長距離走というのは、一定の長い距離をいかに速く走り切るか、というのが競争の枠組みであるが、この授業において期待される学習の本質が、いかに「ペース」を統制してパフォーマンスを高められるのか、というところにあるとすれば、既存の競技文化の現象的な構造にこだわる必要はない。ここでは、一定時間内にどれだけの距離を走り抜けられるかという、運動の課題性の形式における「時間」と「距離」の設定の関係を逆転させている。この発想は言うまでもなく、山本貞美氏考案の短距離走教材「8秒間走」[*2]に大いに学んでいる。ここには個人の能力を前提に、達成目標を分化させることに主要な意図があるが、スタート地点が相違することによって、3分間走の終末にはどの生徒も同じゴール地点に収斂しながら到達し、ゴールよりもさらに越えようと、みんなでチャレンジするスリリングな場面を創出できるのではないかと考えたのである。

　また、通常の形式であれば、走力のない苦手意識をもつ生徒は、得意な者よりも当然ながら長い時間にわたって走ることになり、その姿を他者にさらすことになる。走る時間を一定にすることは、「身体的負荷」に加わるその「心理

的負荷」を軽減するねらいもある。

❸用具、場の設定、主要なルール

　用具、場の設定、主要なルールについては、表3-5、図3-2のようなものを用意・設定した。また、授業実施に当たっては、学習カードとして、個人の「ペース・データ・カード」（3分間の各チェック間のペースをグラフ化できるもの）、およびチーム競争の際に用いる「チームカード」を準備する。さらに、どのようなペースで走ると自分の目標が達成できるのかを考える学習資料として「ペース設定表」を用意する。

[2] 授業の展開と子どもの様子

　授業は1年生3クラスを対象とした、全7時間の単元構成。
　第1時は、オリエンテーションと「試しの3分間走」。第2〜3時を学習の「ステップ①」として、「ペース設定した時の走りとそうでない時の走りを比較し、ペースを保って走ることの有効性に気づく」こと、また、第4〜7時を「ステップ②」とし、「チームの達成ポイントの向上をめざし、自分や仲間の走りについて問題点や課題を出し合いながら練習を行う中で、自分に合ったペースをつかんで走ることができる」ことをめざした授業展開を構想した。
　なお、ステップ①は、ペース設定の必要性を確認させていくための「3分間走」であり、主教材である3分間セイムゴール走を導入したのは、ステップ②の第4時以降である。ここではステップ②における子どもの様子を記述しておく。

■第4時
　この時間は3分間セイムゴール走および使用する学習カード・資料の説明にやや時間を費やした。その後、チームごとにそれぞれのメンバーが何点を目標にするのかを相談し、それに対応するペースを確認した。さすがに、この活動や場の環境に不慣れであったため、役割活動は低調であった。それでもチームのメンバーが得点する際には、歓声が上がっていた。

■第5時
　この時間から助言係のアドバイスについて、ペースに関する助言に加えて、とくに基準のゴールまで残り1周を過ぎてからの励まし、応援の声がけを強調した。これに関わって、ゴール地点に位置している記録係には、「ラスト1周！」の指示をさせるようにし、走者のラストスパートの意識づけをした。これらのことにより、3分間終盤の応援が今まで以上に盛り上がるものとなった。

表3-5　3分間セイムゴール走で使用する用具、場の設定、主要なルール

①使用する用具
・カラーコーン　3色各1本、同色で5本の計8本
・CDプレイヤーとCD（スタートの合図、1〜180秒まで毎秒カウントした音声）
②場の設定（図3-2参照）
・本校のトラックは1周180mのため、60m間隔に3つのカラーコーン（チェックポイント）を設置する。
・黄色チェック＆ゴールから10mごとに同色のカラーコーンを置く（50mまで5本）。
③基準チェック数の設定（試しの3分間走）
・単元導入時に、ゴール地点黄から3分間走を行い（一斉スタート）、時間内に何チェック＋何m走れるか測定し、それを生徒個々の基準チェック数とする。
④基準チェック数により、黄・赤・青の異なるチェックをスタート地点とし、黄色チェックを共通のゴール地点とする。たとえば、基準チェック5とした生徒は、赤色チェックからスタートし、青→黄→赤→青→黄の順に5つのチェックを通過してゴールとなる。180秒以前にゴール地点を通過した場合は、さらに何m（何チェック）距離を伸ばすことができるか挑戦する。
⑤チーム編成（1チーム4人）
・基準チェックとオーバー分の距離の合計がおおよそ同じになるようチーム編成をする。
⑥チームでの役割（走者1名・記録者1名・助言者2名）を決め、各チーム一人ずつ走る。
・記録者：ゴールで走者のチェック間のタイム（ペース）を記録し、3分後の到達地点を確認する。
・助言者：赤色・青色チェックの2つに別れ、CDのカウントする秒数を参考にしながら、走者にペースに関するアドバイスをする。
⑦走者・記録者・助言者の準備ができたら、CDのスタートの合図で開始する。
⑧3分後、ゴール地点を越えた距離により得点をつける。ゴールに到達できなかった場合やゴールを越えても10mに満たなかった場合は0点とする。得点はゴールから10m越えたら1点、20m越えたら2点、それ以上は10mごとに1点ずつ加算する。
⑨役割をローテーションして、それぞれ1回ずつチャレンジする。
⑩4人が走り終えたところでチーム内の個人得点上位3人分を合計し、チーム得点とする。

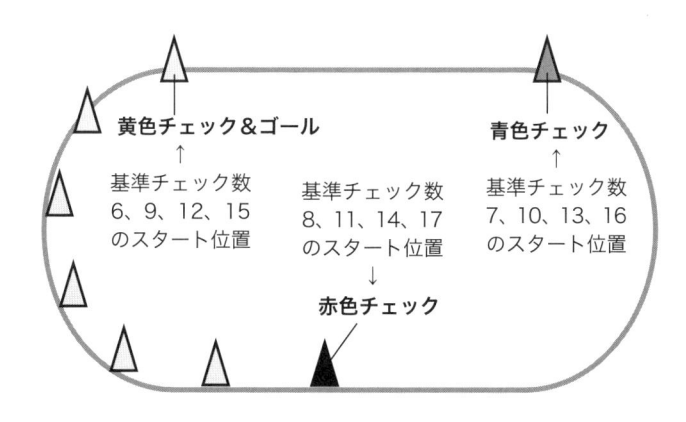

図3-2　3分間セイムゴール走の場の設定

表3-6 単元計画

第1時	オリエンテーション 試しの3分間走
第2～3時	ステップ① 　ペース設定をしたときの走りとそうでないときの走りを比較し、ペースを保って走ることの有効性に気づく。
第4～7時	ステップ② 　チームの達成ポイントの向上をめざし、自分や仲間の走りについて問題点や課題を出し合いながら練習を行う中で自分に合ったペースをつかんで走ることができる。

　チームごとの話し合いでは、個々のメンバーの改善点を考えさせた。まだまだ、チーム一丸となって修正点を交流し合う様相にはなかったが、グラフを見ながら、「前の時間よりグラフが平らになってきた」「中盤にペースが落ちるから、前半を少し抑える」「最後まだ力が残っていたから、ラストスパートを早めにし、残さず使い切りたい」などの声が多くみられ、ペース配分を課題の中心にして取り組んでいる姿が高まってきたようであった。

■第6時

　練習時、教師の指示などがなくても、「1周でペース練習をやってみよう」などの声が聞かれたり、短い距離で何度もペース練習を繰り返す生徒も多く、練習や競争に向けてのエネルギーが十分感じられるようになった。3分間セイムゴール走へのチャレンジでのアドバイスも頻繁に、そして的確になされるようになり、チームのメンバー相互の関わりも濃密なものに変化してきた。ラストの直線でチームメイトが並走する姿も現れ、また目標地点に到達したときには抱き合ったり、肩を叩き合って喜ぶ姿も生まれ出し、チーム得点の発表の際には大いに盛り上がった。

■最終時

　チームの話し合いにおいて、最後の課題を立てさせた。そこで、事前に各々が自分の走りたい理想のペースをグラフに記入させ、3分間のイメージづけを行った。また、「走者が理想のペースを保つためにはだれが重要なのか」について投げかけ、助言係や記録係の役割の大切さを再度確認し、チーム意識をさらに高めていった。

　3分間セイムゴール走では、「○○さん、2秒遅いよ！」などといった具体的な情報の伝達が頻繁に起き、記録係であってもペースに関する助言の声を発す

写真3-8　チームメイトが併走してペースを伝える

写真3-9　ゴールよりも遠い地点に向けてチャレンジ！

写真3-10　チームメイトが走り終わった仲間のもとに。集団での達成感が溢れる

る生徒が少なくなかった（写真3-8）。この最後の時間には、チーム得点の途中経過を全員に示すようにし、それに伴って、ラストの応援、目標得点を達成したときの喜びなどは最高潮のものとなった（写真3-9、3-10）。

　図3-3に示したグラフは、「ペース・データ・カード」を簡略化し、単元当初と単元終末のAさんのペースを記録したものである。グラフを見ると、はじめは、スタート直後から3チェック（トラック1周）を全力に近いスピードで走ったことがうかがえる（前半ダッシュタイプ）。しかし、そのスピードも1周が限界であり、その直後にペースダウン、ラスト1周で残りの力を振り絞ってなんとか走りきったことが読み取れる。

　そこで、Aさんはペースを意識せず走った時に表れたグラフの凹凸を、できるだけ直線に近づけること、自分に合ったペース（Aさんの場合1チェック15秒前後）をつかみ、そのペースを保つことで得点（距離）を伸ばすことを中心的な課題として取り組んだ。単元終末のAさんのグラフを見ると、グラフは直線に近い形をとり、結果、1チェック距離を伸ばして6点を得ることができた。

　このような変容に個人差こそあれ、ほとんどの生徒が自己に合ったペースを

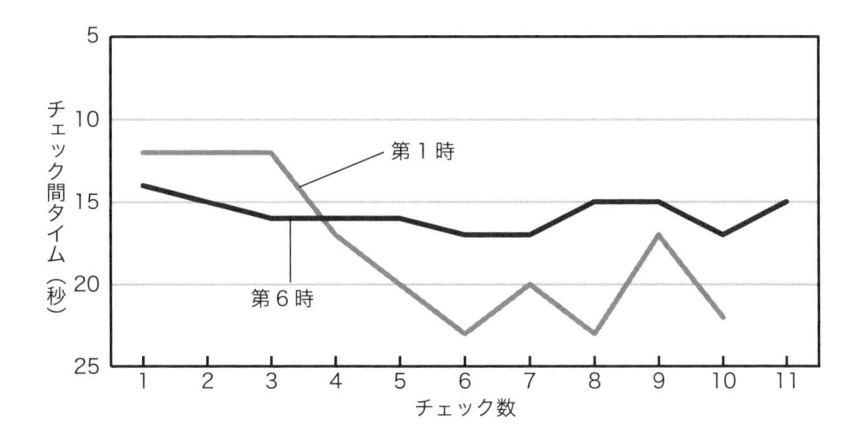

図3-3　Aさんのペース・データ・カードの記録の変化

探り、それを保って走り続ける学習に大きな成果を見出せた。次の掲げるのは、Aさんの個人カードの記述である。

＊　　　　　　　　＊

〈第2時の感想〉
　思ったよりきつかった。前半はよかったけど中盤、後半がめちゃくちゃだった。ラストスパートが足りなかった。ペースについて学んだので早くペースをつかんで記録を伸ばせるようにしたい。

〈第6時の感想〉
　ポイントゲット！　みんながんばったのでチーム得点も前よりとれました。自分てきにはだいぶペースをつかめてきたけど、まだいけると走っていて感じた。一定のペースを保つのはとても難しいです。次がラスト！　チームのみんなで協力しあってめざせ新記録だぁ!!

＊　　　　　　　　＊

　表3-7は、単元の第2時以降に実施した形成的授業評価のスコアである。一般に、中学生は小学生に比較してスコアが上がりにくいこと、また陸上競技や器械運動などは球技に比べて低くなる傾向にあること、さらには、長距離走の学習ということを考えれば、生徒たちから大いに評価されたと判断してよいものと思われる。
　また、「仲間づくりの授業評価」を加えて実施してみたところ、具体的な数値を示す余裕はないが、きわめて良好な成果が得られたことを付記しておく。

表3-7 形成的授業評価

(次元)		第2時	第3時	第4時	第5時	第6時	第7時
成　果	男　子	2.52	2.79	2.72	2.47	2.67	2.69
	女　子	2.43	2.69	2.46	2.69	2.79	2.75
	全　体	2.47 (4)	2.73 (5)	2.57 (4)	2.59 (4)	2.72 (5)	2.72 (5)
意欲・関心	男　子	2.78	2.86	3.00	2.88	2.94	2.92
	女　子	2.85	2.89	2.81	3.00	3.00	2.88
	全　体	2.82 (4)	2.88 (4)	2.90 (4)	2.94 (4)	2.97 (4)	2.90 (4)
学び方	男　子	2.59	2.79	2.65	2.71	2.97	2.81
	女　子	2.53	2.81	2.66	2.88	2.96	2.65
	全　体	2.56 (3)	2.80 (4)	2.66 (4)	2.80 (4)	2.97 (5)	2.72 (4)
協　力	男　子	2.59	2.86	2.81	2.83	2.91	2.85
	女　子	2.82	2.86	2.81	2.96	2.96	2.91
	全　体	2.71 (4)	2.86 (5)	2.81 (4)	2.90 (5)	2.93 (5)	2.88 (5)
総合評価	男　子	2.61	2.82	2.79	2.69	2.85	2.80
	女　子	2.63	2.80	2.66	2.86	2.91	2.79
	全　体	2.62 (4)	2.81 (5)	2.72 (4)	2.78 (5)	2.88 (5)	2.80 (5)

※括弧内は5段階評価。

　最後にBさんの感想を一例として掲げておきたい。

　　　　　　　　　　　＊　　　　　　　　　　＊

　最初、長距離をやると聞いた時、少しいやでした。私は足が遅いので、どうしても他の人と比べてしまいます。なので初めてやった時はあまり楽しくありませんでした。自分がどのペースで走ればいいのか何回もやるうちにわかり、グラフを見ると自分の改善点がよくわかりました。改善点をなおすとグラフが変わるのがよく分かったし、記録も伸びてきました。目標が持ててとてもがんばれたし楽しくなってきました。

　終わりの方でチーム同士で競争をしました。そこでは、ポイントをたくさんとるために練習で自分のなおす所をチームで話し合ってどこをどうなおして走ればいいのかがわかりいろんな事が学べました。それに走っている時にチームの人たちが「〇秒速いよとか、〇秒遅れているよ」とか時間を言ってくれたりアドバイスをしてく

れて、最後のラストでは一緒に走って励ましてくれてとても嬉しかったです。チームのためにも一生懸命走らなくちゃなど思って走っているのに気づきました。

[3] 学習成果の検討

表3-8は、達成した走距離の変化を表したものである。学年全体では、単元初めの平均678.5mから単元終末には平均741.5mまで63mの伸びを示した（最高走距離は880m、もっとも伸びた生徒は240m）。2組の伸びが顕著な数値を示しているが、これは初期の記録の低さが影響していたものと思われる。また、若干の差こそあれ、終末の走距離の平均は、3クラスとも近似的な値を示すものになったと言えるであろう。

この成果の要因は、走のペースのコントロールに関する積極的な学習と、それに向けての意欲的なチャレンジの結果と推察してよい。

学習成果および単元末の生徒たちの感想から、これまで学習意欲を高めるのが困難であった長距離走において、授業改善の可能性とその見通しが得られたのではないかと感じている。しかしながら、この単元を展開する中で、検討を要する課題が残ったのも事実である。そのことを記述にとどめておきたい。[‡1]

■課題1

1時間単位（通常50分間）の授業の中で、この教材を中心とした学習活動をどのように構成するかについてである。「チームのめあての立案、練習、中心的なチャレンジ、できばえの確認（走ったペースのグラフ化）、振り返り」といった一連の学習活動のまとまりをスムーズな学習展開として実現していく工夫は今後の大きな課題である。

■課題2

この教材化からすると、単元当初から高いパフォーマンスで取り組める生徒

表3-8 達成した走距離の変化（クラス別・男女別・全体） （単位：m）

	1年1組			1年2組			1年3組			全　体		
	初期	終末	伸び	初期	終末	伸び	初期	終末	伸び	初期	終末	伸び
男子	718.0	752.8	34.8	677.1	783.5	106.4	746.2	773.8	27.6	713.8	769.8	56.0
女子	675.6	713.9	38.3	613.8	718.1	104.3	646.4	711.4	65.0	645.3	714.5	69.2
全体	694.8	731.2	36.4	646.4	751.8	105.4	694.4	741.5	47.1	678.5	741.5	63.0

にとっては、チーム競争のチャレンジで高い得点が得られにくい。実際には、能力の高い生徒たちも意欲的に参加したが、このことは検討を要する事項である。

(研究協力者：小川裕樹・中村恭之・北原裕樹)

[注]

‡1 この授業はここで記したように最初、中学1年生を対象に実践したが、その後、2年生のカリキュラムの中に位置づけている。なお、2年生で行った授業については、『体育科教育』誌での髙橋健夫氏によるグラビア連載「進化する中学校体育授業」にも取り上げられているので、ご参照いただきたい。[*3]

[文献]

*1 小川裕樹・岩田靖・中村恭之・北原裕樹（2006）中学校体育における長距離走の教材づくりとその実践的検討―授業における「統一と分化」の視点から―、長野体育学研究 (14)：9-20

*2 山本貞美（1982）生きた授業をつくる体育の教材づくり、大修館書店

*3 髙橋健夫・末永祐介（2008）進化する中学校体育授業・3・大感動！ 仲間が支えて走る「3分セイムゴール走」（中学2年生） 認識学習を媒介にした優れた集団学習の展開、体育科教育56（3）：1-4、70-71

第3章-4

1年生・もっと楽しいボール運動⑧
「アタック・プレルボール」(その2)

　中学1年生での「アタック・プレルボール」の授業実践を基にして、「ネット型」のゲームについて考えたい。

　中学校体育における球技領域、その中でもバレーボールの学習指導については研究課題が山積みであるといっても過言ではない。バレーボールという既存の種目は、「連携プレイ」を要求するネット型ゲームとしての運動の「構造的特性」を有したものであり、バレーボールを学ぶということは、この運動特性が強調される学習をその本質的なテーマとして、また、学習の発展を支える「幹」として理解する必要があろう。つまり、同類の戦術的課題を含んだ種目群に共通な面白さの学習である。

　この点に関して筆者は、「分離されたコートの向こうにいる相手にボールをコントロールさせないように攻撃すること」をネット型の共通項として捉え、さらにその中でも「連携プレイ」のタイプでは、とくに「意図的なセットを経由した攻撃」に学習の焦点を当てるべきだと考えている。しかしながら、実際の授業においては、このような学習に接近するどころか、むしろ既存のゲームに近似した条件の中で、この本質から乖離した学習活動が展開されていることも少なくない。このことをいかに打開するのかがここでの大きな課題である。

[1]「アタック・プレルボール」の位置づけ

❶ネット型「連携プレイタイプ」の共通の構造

　たとえば、サーブの成否で全スコアの50％以上を占めてしまうようなバレーボールのゲームを想像してみて欲しい。そこでは、ボール操作の難しさのあまり、意図的なセットを経由した攻撃に持ち込むための技能も、連携プレイに

```
         /\
        /  \——バレーボール
       /----\
      /連携プレイ\
     / タイプ   \
    /------------\
   / ネット型ゲーム \
  /------------------\
 /    ボール運動      \
/----------------------\
/      スポーツ         \
------------------------
```

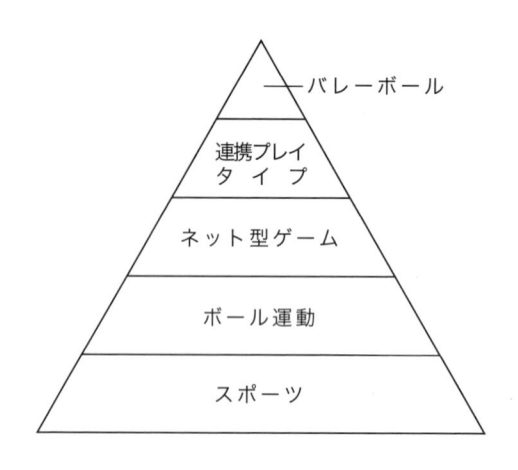

図3-4　ボール運動の学習内容抽出のための次元

必要になる戦術的側面の役割行動もなにも学習されないで終わってしまう。このような状況は、既存のスポーツ種目の形式をただ単になぞっているだけでしかない活動と言ってよい。

　第2章において、ボール運動（球技）の授業のコンセプトを「意図的・選択的な判断に基づく協同的プレイの探究」として捉えたが、そのような「ボール運動に共通する次元」の土台に立ちながら、少なくともバレーボールで言えば、その教材づくりの前提として、「分離されたコートの向こうにいる相手に対し、ボールをコントロールさせないように攻撃したり、自陣の空間を守ること」（ネット型ゲームの次元）が実現度の高い学習課題になりうるのか、さらに「意図的なセットを経由した攻撃」（連携プレイタイプの次元）の可能性を十分保障しうるかどうかといった学習内容の次元が大いに意識されなければならないであろう（図3-4）。

　つまり、「ボールを弾く」「ボールをフロアに落とさない」といったバレーボールの特殊な「要素」の方向よりもむしろ、バレーボールを包み込む共通の「構造」にこそゲームの本質的な面白さの抽出・探究の糸口が見出せるのであり、ボール運動・球技の分類論の意味と、もっと易しい単元教材づくりの指針が存在しているのではないかと思われる。このような視点から、柔軟な発想と実践が求められているのではなかろうか。

　そこで、一つのエピソードを紹介したい。
　数年前、「体育授業研究会」第8回埼玉大会（埼玉県立スポーツ研修センタ

ーにて開催)の中で、「これからの体育科の真の役割――もう一度技能学習を考える」というテーマのもとに企画された実技研修のセッションで「アタック・プレルボール」を全国から集まった参加者に紹介したことがある。そこでは、ボール運動の領域として、フラッグフットボールとアタック・プレルボールが取り上げられていた。[*1]

そのセッションにおけるディスカッションの大要が同会の研究誌『体育授業研究』にまとめられている。[*2] そこでは、「参加者の全体的な感想」として、「フラッグフットボールおよびアタックプレルは作戦の実行率が高いことや、3段攻撃が実現しやすいことなど戦術学習に焦点化されたすぐれた教材であることが確認された」としつつも、「教材の見通し」の項に次のようなかなり気になる記述がある。

「アタックプレルのバレーボールへの系統性について、アタックプレルは攻撃を重視した連携ネット型ゲームであり直ちにバレーボールへと結びつく教材ではないことが示された。他方でアタックプレルのゲームでは、バレーボールに転移可能なプレーが多く出現することが確認され、バレーボールの導入時期におけるゲームとしての有効性が指摘された」

「バレーボールの導入時期におけるゲームとして有効」とされる反面、「直ちにバレーボールへと結びつく教材ではない」とする理解がどうしてなされるのか……。ここにはおそらく、ゲームの類似性や発展性を、そこで用いられる要素的な技術的側面に焦点化した見方と、ゲームの中で要求される判断に基づいた行動から考えようとする見解が錯綜したり、対立したりしているのではないかという状況を認めることができるであろう。確かに、バウンドによるボール操作や、とくにセット技術が大いに異なるのは事実である。

❷「役割行動」を積極的に学ぶ導入的教材

ともあれ、ここで主張したいのは、限定された単元時間の中で子どもたちにゲーム学習の成果と満足を保障することを大切にしたカリキュラムの展開を考えた場合、ネット型における連携プレイタイプのゲームに共通した課題となる「役割行動」の学習に焦点を当て、それをクローズアップしうる教材を位置づけていくことが一つの大きな手掛かりとなりうるのではないかということである。つまり、「役割行動」を基本的な軸にして、ゲームで要求される運動技術的な課題性を段階的に高め、発展させていく発想の提案である。

今後、これらに関する授業研究の成果の交流が大いになされていく必要性があろうが、そこでは単に、「バレーボールをどのように教えればよいか」とい

表3-9 アタック・プレルボールの主要なルール

○チーム：男女混合、ゲームは4対4（人）
○コート：バドミントンコートよりやや広いコート
○ネットの高さ：1m
○ボール：ケンコー・トリムボール（直径26±1cm、185g、クラリーノ12枚張縫製）
○得点形式：1ゲーム15点マッチ（デュースはなし、先取した方が勝ち。ラリーポイント制）
○ローテーション：自チームへのサーブ権の移動によりローテーション
○触球制限：異なるメンバーによって必ず3回の触球によって相手コートに返球する。バウンドを経由してボールを操作する。
○サービス：自陣のコートのライン（バドミントン用のサービスライン）からサーブを打つ。
　・アンダーハンドサーブとする。
　・サーブでのネットインはなし。その場合はもう一度やり直し。

う問いを超えて、ネット型ゲームの本質的理解や、さらにはボール運動・球技を教えることの基本的視点にまで遡った検討が重要になるであろう。それが「種目（素材）主義からの脱皮」の焦点でもあり、ボール運動・球技の学習内容（教科内容）と種目（素材）の関係理解に基づいた教材づくり論を発展させていくための重要な視点なのである。[*3]

　ここで報告する授業実践において、アタック・プレルボールのルールは表3-9のように設定した（この教材づくりの基本的な発想については、第2章における小学校段階での記述を参照いただきたい）。

[2] 授業の展開

　単元は12時間で構成し、以下のようなねらいのもとに展開された。
　第1時「オリエンテーション」（ゲームの説明・グルーピング）→ 第2～3時「ゲームを通してチームの仲間や用具・ルールに慣れ、個人やチームの問題を把握する」→ 第4～9時「めざすゲームに向かってチームの問題点を出し合い、練習・ゲームを中心に課題解決をしていく」→ 第10～12時「クラスマッチに向けて、チームのよさを生かした作戦や相手に応じた作戦を立ててリーグ戦を行う」
　各時間は、「学習課題の把握（生徒との応答を介した教師によるインストラクション＝説明・指示）→各チームでの課題設定（めあて・作戦）・練習→他のチームとのゲーム→振り返り→教師による学習のまとめ」という流れをとっ

た。

　本実践校（長野市立西部中学校）では、2005年より1年生の球技授業にアタック・プレルボールを導入し、2年次以降のバレーボールの授業に結びつけられている（すべて男女共習授業である）。当然ながら、発展的に展開されるバレーボールの単元でも意図的な「連携プレイ」に学習の焦点が向けられた教材づくりを指向している。

[3] 学習成果の検討

　「意図的なセットを経由した攻撃を生み出す役割行動」という中心的な学習内容の視点から、以下のようなゲーム分析を取り上げてみたい。ここでは、編成した6チームの中から2チームを無作為に選択し、「抽出チーム」として分析対象とした。この2チームが単元の第3時以降に実際にプレイした全ゲーム（各時間2ゲーム、最終の第12時は対戦相手の関係から3ゲーム）をVTR撮影し、その映像による分析を試みた。

❶ゲームにおける連携プレイの出現頻度の変化

　まずは、展開されたゲームにおいて、「レシーブ―セット―アタック」の連携プレイが実際にどの程度実現されたのかについて確認しておきたい。抽出チームのゲームについて、表3-10のような手続きによってアタック率、アタック成功率を算出している。

　表3-11は、第3時以降から単元終末までの時間ごとの数値を示している。これらは、抽出した2チームがプレイした全ゲームをもとにしたものである。図3-5は、その変化を示したグラフである。数値から明らかなように、単元序盤では40％以下だったアタック率が授業の進行にしたがって向上し、単元終盤には60〜70％台にまで到達している（アタックが確実に相手コート内に返球されたアタック成功率でも、30％弱から50〜60％台へと高まっている）。

　この数値は、ラリー中も含めた攻撃を組み立てるすべての場面を対象にしたものである。ここからすれば、ゲームの中でプレイヤーが「意図的なセットを経由した攻撃」に実質的に参加・関与し得ていたことは想像に難くないであろう。

　なお、ここでの主要な課題であるゲームの中の役割行動にその時々の状況判断に基づいて参加していく学習の視点からみたとき、次のデータはさらに有用であろう。それは、「状況に応じた役割行動の変化への対応」といった学習成

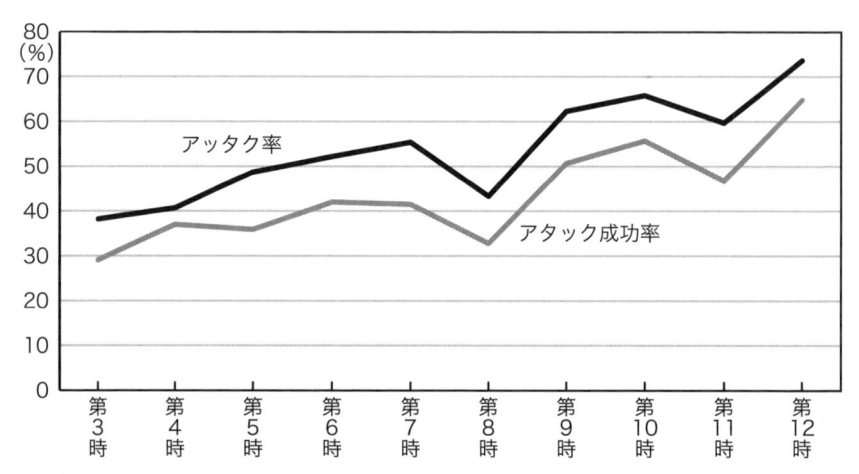

表3-10 アタック率、アタック成功率の算出方法

○総攻撃回数：ゲームの中で、ネット越しにボールが自陣に入り、攻撃を組み立てることが求められる場面の全回数。
○アタック数：アタック（フェイントも含む）まで持ち込んだ回数。なお、セット―アタックの連携がバドミントン用コートのサービスライン前後約1mの範囲で成立したもの。
○アタック成功数：アタック数のうち、確実に相手コート内に返球された回数。
●アタック率(%)＝アタック数÷総攻撃回数×100
●アタック成功率(%)＝アタック成功数÷総攻撃回数×100

表3-11 各授業時間におけるアタック率、アタック成功率

	総攻撃回数	アタック数	アタック成功数	アタック率	アタック成功率
第3時	55	21	16	38.2%	29.1%
第4時	54	22	20	40.7%	37.0%
第5時	39	19	14	48.7%	35.9%
第6時	69	36	29	52.2%	42.0%
第7時	65	36	27	55.4%	41.5%
第8時	67	29	22	43.3%	32.8%
第9時	69	43	35	62.3%	50.7%
第10時	79	52	44	65.8%	55.7%
第11時	77	46	36	59.7%	46.8%
第12時	125	92	81	73.6%	64.8%

図3-5 アタック率、アタック成功率の変化

表3-12 陣形が崩れた場面でのアタック率

	場面数	アタック数	アタック率
単元序盤	59	22	37.3%
単元終盤	69	48	69.6%

果を示すものである。各チームはローテーションをしていく過程で、原則的に場面ごとにセッター役になるメンバーを想定してプレイしており、そのプレイヤーは4人のメンバーの中でももっともネット寄りにポジションどりをしている。したがって、残りの3人のメンバーがレシーバーになり、各場面で実際にレシーブのボール操作をしなかったプレイヤー2人のうちの1人がアタッカーの役割を担うことになる（3回の触球はそれぞれ異なるプレイヤーによらなければならないというルールからである）。これが期待されるプレイの様相である。

ただし、レシーブされたボールがセッターにうまく返らない場面が起これば、アタッカー役になると予測されたメンバーが即座の判断の切り換えによって、セッター役（あるいは繋ぎ役やカバーリング役）にならなければならない。いわば、「想定していた陣形」が崩れてしまう場面への対応である。この場合、もともとセッター役であったプレイヤーがアタッカーの役割を果たさなければならないことも生じる。「役割行動」とは、「固定された分担」ではないのである。

そこで、このような陣形が崩れた場面でプレイを立て直し、どの程度アタックにまで持ち込めているかを確認することは、変化するゲーム状況での「判断に基づく役割行動」の学習成果に関する着目すべき指標になるものと思われる。

表3-12に示す数値が先に述べた2つの抽出チームにおける「陣形が崩れた場面」でのアタック率である（単元序盤は第3・4時、単元終盤は第11・12時のゲームの合計）。

このアタック率の上昇は、ゲーム状況の中での「判断」に基づいた役割転換がよりよく学習されたことを示していると考えてもよい（実際、陣形が崩れた場面の出現率は、単元序盤では54.1％、単元終盤では34.2％であった。この数値の低下は、レシーブ技能の向上を意味していると同時に、全体的なアタック率を高めたベースともなっている）。

❷ゲームパフォーマンス評価——アタッカーの役割行動の学習

ゲームにおける「連携プレイ」（セットを経由した攻撃）の実現状況が確実

写真3-11　みんながボールに体を向ける

写真3-12　レシーブへのカバーリングの動きも大切に

写真3-13　愛のこもったセットとアタックへの準備行動

に向上した背景には、生徒たちの「ボール操作の技能」(on-the-ball skill) の高まりがあったことは間違いない。授業の中で、教師はとくにボール操作の技能に関わって、①レシーブはバウンドに合わせてボールの正面に入ること、操作したボールをサービスライン近辺にバウンドさせることができれば攻撃しやすいセットに結びつけられること、②セットは、床に直下するように打ちつけ、アタッカーの身長よりやや高いくらいにボールを跳ね上げればよいこと、③そしてアタッカーは、セットされたボールに対して後方から走り込み、ネットに正対して打つようにすればよいことなどを主要な指導ポイントして押さえ、生徒たちはそれらに習熟していったと言える（写真3-11〜3-14）。

　ただし、そのことを踏まえた上で、ここで問題にしたいのは、ゲーム状況の判断に基づいた「役割行動」、とくに「ボールを持たないときの動き」(off-the-ball movement) の学習成果である。ここではその一側面として、アタッカーの役割行動を取り上げてみたい（ここでも分析の対象は抽出した2チームのゲームである）。

■アタッカーの「準備行動」
　よりよいアタックは、セットされるボールに対応した適切なアタッカーの「準備行動」によって支えられていると言ってよい。そこでは、「レシーブ―セット」

写真3-14 男女だってハイタッチ

に関与しないプレイヤーのゲーム状況に応じた予測・判断が重要な鍵となる。そこで表3-13のような手続きでアタッカーの準備行動の達成度を確認してみたい。

表3-14は、単元序盤（第3・4時）と単元終盤（第11・12時）との比較である。準備行動率の大幅な向上が認められるであろう。

■アタッカーの「リカバリー行動」

相手の攻撃に対して4人でコートを守らなければならないが、自陣でのセット―アタックは前衛のネット近くで行われるため、攻撃後、自陣のコートのバックには大きなスペースが空いしまうことになる。したがって、アタック後すばやく、守備に向けてポジションのリカバリーをすることが大切になる。また、相手の攻撃が激しくなれば、大きく開いたり、バックに引いた守りが必要になる。そのため、アタッカーの「リカバリー行動」の遂行について分析している。

表3-16は、単元序盤（第3・4時）と単元終盤（第11・12時）との比較である。表の数値から明らかなように、単元終盤では90％以上のリカバリー行動が確認され、この行動が生徒たちに大いに意識されたことを示している。

このように、アタックの「準備行動」、およびアタック後の「リカバリー行動」における達成率の向上はきわめて顕著であり、ゲーム中の判断に基づく役割行

表3-13 アタッカーの準備行動率の算出方法

○ボールが自陣にある攻撃場面で、セッター役がボールを真下にセットするときに、アタックの役割を担いうる2人のプレイヤーのうちの一方が、セッターより後方から走り込んで（移動して）、アタックの準備行動がとれていたら「成立」、まったく準備に移ることができなかったり、セットの横からの移動でアタックの準備行動が十分とれていなかったりした場合は「不成立」としてカウントし、「準備行動率」を算出する。
●準備行動率(%)＝成立数÷(成立数＋不成立数)×100

表3-14 アタッカーの準備行動率の変化

	成立数	不成立数	合　計	準備行動率
単元序盤	34	60	94	36.2%
単元終盤	123	42	165	74.5%

表3-15 アタッカーのリカバリー行動率の算出方法

○アタッカーが相手コートに返球したボールを相手チームが繋いでプレイが続行している場面で、ボールを返球したアタッカーがすばやく守備のできるポジションにリカバリーできれば「成立」、返球後そのままの位置にとどまったり、歩いて移動している場合には「不成立」としてカウントし、「リカバリー行動率」を算出する。
●リカバリー行動率(%)＝成立数÷(成立数＋不成立数)×100

表3-16 アタッカーのリカバリー行動率の変化

	成立数	不成立数	合　計	リカバリー行動率
単元序盤	31	28	59	52.5%
単元終盤	102	7	109	93.6%

表3-17 アタック・プレルボールの単元における形成的授業評価

	第2時	第3時	第4時	第5時	第6時	第7時	第8時	第9時	第10時	第11時	第12時
成　　果	2.69	2.76	2.71	2.82	2.78	2.85	2.44	2.76	2.66	2.58	2.73
意欲・関心	2.86	2.93	2.82	2.93	2.93	2.97	2.67	2.83	2.90	2.84	2.91
学び方	2.61	2.71	2.63	2.75	2.75	2.87	2.63	2.71	2.83	2.76	2.86
協　　力	2.84	2.82	2.85	2.92	2.88	2.97	2.66	2.86	2.84	2.79	2.84
総合評価	2.74	2.80	2.75	2.85	2.83	2.91	2.58	2.79	2.79	2.72	2.83

動の学習成果として解釈できるものであろう。

なお、この単元の第2時以降において形成的授業評価を実施している。表3-17はクラス全体の評価スコアを示している。スコアから判断すると、部分的に落ち込んだ時間もあったが、全体的に生徒たちから高い評価を受けた授業であったと判断できる。通常、高いスコアの得られにくい「成果」次元も良好な値が示されたと言ってよいであろう。

球技におけるゲーム・パフォーマンスの向上に必要なのは、「ボール操作技能」ばかりでないことは明白であり、ゲームの中での「なにをしたらよいのかについての判断に基づいた行動」の側面がきわめて重要となる。アタック・プレルボールは、連携プレイを要求するネット型ゲームにおけるこの側面の学習の必要性を浮き立たせることを意図して素材選択を試み、再構成した教材である。

ゲーム分析の一つの視点として取り上げたアタッカーの役割行動の向上は、この意図に対応した学習成果の例証と言ってよい。「アタック率」の向上は、チームのメンバーの「役割行動の理解と遂行」に大いに支えられているのである。このような学習は、ボール操作が不安定な中で、偶然ばかりが支配するようなゲームや、ボールが近くにきたプレイヤーしか動かないようなゲームでは保障されえないことを最後に強調しておきたい。

(研究協力者：中村恭之・北原裕樹・吉田直晃)

［文献］
＊1　中村恭之・岩田靖（2006）【ボール運動】アタック・プレルボール、体育授業研究（9）：116
＊2　米村耕平（2006）【ボール運動】分科会、体育授業研究（9）：120
＊3　岩田靖（1999）問われる球技の学習内容、学校体育52（5）：38-40

2年生・もっと楽しいボール運動⑨
「ダブルセット・バレーボール」

「ゴール型」「ネット型」「ベースボール型」。これらでは、学年段階の進展の中で、なにを核にしながら、どのようなゲームの発展を指向すればよいのであろうか。このことについて、筆者らはこれまでのところ次のような指針が描きうるのではないかと考えている。[*1]

○ゴール型……「みんなでチャンスを創り、選ぶ」ことを軸にした役割行動と空間的、技能的発展
○ネット型……「意図的なセットからの攻撃」を軸にした役割行動と技能的発展
○ベースボール型……「どこでアウトにするのか」(進塁の阻止)を軸にした役割行動と技能的発展

先に取り上げたアタック・プレルボールは、「意図的なセットを経由した攻撃」を生み出すための「役割行動」の学習を鮮明に浮き立たすための導入的教材として構成したものであった。ここでは、その考え方の延長線上で試みた実践例を紹介したい。中学1年次でアタック・プレルボールの学習を経験した生徒たちが2年次に取り組んだダブルセット・バレーボールの授業である。

[1]「ダブルセット・バレーボール」の教材づくりの発想

❶難しい「セット」(オーバーハンド・トス)

空中を動いてくるボールに対応する時間的・空間的感覚が未熟な生徒にとってバレーボールは難しい。その上さらに、レシーブ、セット(トス)、アタッ

写真3-15 「レシーブ―予備セット―セット（トス）―アタック」の連携プレイの様子

クといったボール操作の技能的な課題性も非常に高い。ゲームの中で攻撃に結びつく連携プレイを成立させていくためには、当然ながらそれぞれの技能を高めていくことが要求されるが、「意図的なセットを経由した攻撃」の実現を重視する視点からすれば、より安定したセット（オーバーハンド・トス）が大きな課題として立ち現れる。

　ただし、このトス技能が多くの生徒たちにとって難題となるのである。ただでさえ、ボールの落下地点を予測して動き、頭上で捕えてはじき出さなければならない上に、ゲーム中に行われるトスは、レシーブされたボールの来る方向とは異なった、ネットに平行な軌道へと体をさばいて転換させる必要がある。それは、練習段階でしばしばなされる正面に向き合った「対人パス」の状況とは相違する。このような難しさが折り重なったトス技能にすべての生徒をチャレンジさせていくためには、なんらかのゲーム条件の緩和が必要である。

　これに関わって、たとえば、ジャンプしてのアタックに持ち込むために、レシーブされたボールを「キャッチ・アンド・トス」する緩和策もないわけではない。しかしながら、このような場合、連携の流れが途切れたり滞ってしまうことも少なくなく、また、セッターのトスに対応するための「アタッカーの準備行動」が見逃されがちになってしまう。この行動は、アタック・プレルボールにおいても強調したように、「ボールを持たないときの動き」としての大切な学習対象なのである。

❷「4回触球制」での「予備セット」の導入

　そこで、アタック・プレルボールの役割行動の学習を生かしながら、オーバ

表3-18　ダブルセット・バレーボールの主要なルール

○ゲームサイズ：4対4（人）（本実践では男女混合）
○コート：バドミントンコート
○ネットの高さ：バドミントンと同様のネット（1.55m）
○ボール：ケンコー　ミニトリムボール
○得点形式：ラリーポイント制（本実践では時間制のゲームとした）
○ローテーション：自チームへのサーブ権の移動によりローテーション
○触球回数：すべてのメンバーの触球（4回）によって相手コートに返球しなければならない。レシーブ、予備セットはワンバウンドでボールを操作してもよいが、「セット（トス）―アタック」間はノーバウンドで操作しなければならない。
　※「予備セット」はレシーブされたボールを両手（平手）で床にバウンドさせてセッターにボールを送る役割行動。
○サービス：バドミントンコートのサービスラインからのアンダーハンドサーブとする。ネットインは有効。

―ハンド・トスを経由した攻撃を、より易しい技能発揮のプロセスで創出することに向けて、大学の研究室ゼミ活動の一環として、学生たちとOBである授業者がこの課題に共同で取り組んでみた。

　ここでの教材づくりの具体的視点は以下のようなところにあった。

　より安定したセットを実現するためには、セッター役にトスしやすいやさしい軌道のボールが送られる必要がある。生徒たちのレシーブ能力からみて、普通ではなかなか厳しい事柄である。そこで、4回触球制を考え、「レシーブ―予備セット―セット（トス）―アタック」の連携の流れを一つのアイディアとして採用してみた（いわば、「ダブルセット」である）。アタック・プレルボー

ルにおいて、フロアにボールを叩きつけて跳ね上がらせるセット行動を、今度はセッター役にボールを送るための「予備セット」として位置づけた。

これにより、レシーブが乱れた場合にも予備セットを通して修正できる可能性が高まるとともに、予備セットから送り出されるボールのコースによって、セッターの体のさばきを容易にすることができる（ボールの来る方向と出す方向との角度をより小さくできる）と考えたのである。また、表3-18のルールに示しているように、男女共習の授業の中で、だれでもがアタックにトライできるようにネットの高さを低く設定してあるため、トスの高さの要求度も大いに易しくしている。

表3-18がダブルセット・バレーボールのルールの大要である。

[2] 授業の展開と子どもの様子

この授業は2学年2クラスで実施したが、ここではその一つのクラスについて記述したい。単元は10時間構成で行った。チームは5〜6人の6チーム編成。第1時のオリエンテーションの後、単元序盤はとくに「練習やゲームを通して、チームの仲間やルール・用具に慣れ、個人やチームの問題をつかむ」ことを課題とし、単元中盤以降では、「めざすゲームの姿に向かってチームの問題点を出し合い、練習・ゲームを中心に課題解決をしていく」ことをテーマに掲げた。

実践校では、ここ数年、生徒の主体的な運動の「学び方」を大切にしてきており、そこではとくに、「学習する運動の目標像をイメージし、その技術的・戦術的な課題性がわかること」（課題認識）、「現時点での自己やチームの運動のできばえや問題点がわかること」（実態認識）、「その課題を達成するための手段や練習の仕方がわかること」（方法認識）といった視点を大切にして授業づくりに取り組んできた[*2,3]。本単元でも同様である。毎時、授業のインストラクション場面（クラス全体を対象にした学習課題の把握の場面）では、どのチームにも共通する課題について投げかけていったが、それを土台にしつつ各チームでの問題の捉えをメンバー間で共有しながら練習・ゲーム学習を進めていった。

単元の導入では、学習の進め方やゲームのルールを確認するとともに「めざすゲーム」についての決め出しを行った。「ネット型（連携プレイタイプ）球技で楽しさを感じるのはどのような場面か」という問いかけに対し、前年度にアタック・プレルボールの学習を経験している生徒たちからは、「仲間と三段攻撃を成功させて点を取ったとき」という反応がもっとも多く返ってきたため、

教師が大切にしたいと考えていた「意図的な連携プレイによって得点するゲーム」がめざすゲームとしてスムーズに位置づいた。そして、「ルールや用具、仲間に慣れること」「チームや個人の問題点をつかむこと」を目的とした試しのゲームを行ったのち、問題点から課題を設定し、練習やゲームを通してその解決を図る学習へと移っていった。

　単元序盤では、レシーブに関することが中心的な課題となった。序盤のゲームでは、4人のポジションどりや、互いの役割行動も曖昧であったため、エンドライン付近に返球されたボールに対応できなかったり、だれがボールをレシーブするのか躊躇し合ってしまったりする問題があった。そこで生徒たちは、前衛2人（予備セッター／セッター）、後衛2人（レシーバー／アタッカー）という陣形をとって役割分担を明確にしたうえで、「相手からの返球前に大きく広がり、ボールの正面に移動してレシーブを返す」という課題を立て、レシーブの準備行動に焦点を当てながら練習に取り組んでいった。

　そしてその結果、易しい返球に対してはほぼ確実にレシーブできるようになっていった。しかしその後、後衛2人の間や左右のきわどいコースへの返球に関してレシーバーが素早くボールの正面に入れないことや、レシーブが乱れた際の予備セッターの判断やボール操作の仕方が問題として生じてきた。そこで教師から4人のプレイヤーのポジショニングに関する工夫を促す働きかけを通して、生徒たちの中から前衛1人（セッター）、後衛3人（残りの役割）という陣形が提案された。後衛が3人になったことで、さまざまなコースへの返球に対応できるようになり、さらには予備セッターがセッターのいる方向を見ながらボール操作を行えるようになったため、徐々にセッターにボールを集められるようになっていった。

　単元中盤では、予備セットに関する課題が中心になった。ここでは、予備セッターのボール操作が安定せず、「セッターがトスしやすいボール」を送ることができていないために、トス、アタックといった予備セット以降の連携につながっていかないことが問題として挙げられていた。生徒たちは、教師とのやりとりや仲間との話し合いの中で、予備セットが安定しない原因は予備セッターの準備行動にあるということをつかみ、「レシーブに対して素早く動き出し、体をセッターの方向に向けながら予備セットをする」という課題を立てて解決にのぞんだ。そして、動き出しのタイミングや体の向きについてお互いに確認し合いながら繰り返し練習に取り組む中で予備セットの送球精度を高めていった。ここでは、予備セットのバウンドのさせ方もボール操作の仕方として大切な学習ポイントとなった。これらを契機として、ゲーム中にトスを経由してア

タックまでつながる攻撃が増加していったように思われる。

　単元終盤では、「素早くボールの落下点に入り、体の向きをネットと平行にしながらトスを上げる」「助走のタイミングをつかみ、勢いをつけてアタックを打つ」といったトスやアタックに関する課題が中心となった。ここでもレシーブや予備セットのときと同様に、ボール操作前の準備行動に焦点を当てながら学習を進め、「ボールを持たないときの動き」を身につけることで、トスやアタックの精度を高めていく姿が見られた。「トス」に関しては初めて扱う技能であり、ボール操作の課題性も高かったため一部の生徒につまずきが見られたが、予備セットによってボールの速さや角度がコントロールしやすいものになっているため、難しい技能に対して消極的になってしまう傾向のある生徒も、「自分にもできそうだ」という思いをもって、積極的にチャレンジすることができていた。また単元の終末段階では、セッター役になる仲間のできばえに応じてアタッカーが助走の距離やタイミングを調節できるようになっていったため、後述するようにアタック率やアタック成功率はさらに上昇していった。

　このような単元の学習の流れにみるように、プレイの「役割行動」の理解の上に、状況の「判断」に基づいた「ボール操作の仕方」と「ボールを持たないときの動き」（次のプレイへの準備行動）が、ゲームのパフォーマンスの向上に向けた課題解決のコードであったと言える。それらは球技の学び方（知識、思考・判断）の視点として考えてもよいであろうし、戦術学習を進めていく学習活動を構成する想定可能なフレームであると思われる。

　単元終了後の生徒たちの「振り返りカード」には、「常に全員がボールに触れることができるので面白かった」「次の人がプレイしやすいように考えて自分がプレイするのが楽しかった」「四段攻撃が成立したときが気持ちよかった」という感想が多く書かれていた。仲間と協力して連携プレイをつくりあげることの楽しさに十分触れることができたのではないかと思う。

　また、本単元で初めて扱った「トス」に関しては、「新しい技術に挑戦して、身につけることができ、嬉しかった」という感想が出された一方で、「トスをなかなかうまく上げることができずに悔しかった」という感想も寄せられた。短い単元時数の中で、戦術的な行動についての理解を深めさせるとともに、ボール操作に対する学習機会をいかに確保していくかということが今後の課題として残った。

　なお、表3-19は、単元第3時以降に実施した生徒による形成的授業評価の結果である。これらのスコアからみて、生徒たちは単元を通して意欲的にこのゲームに取り組むことができたものと考えられる。

表3-19　ダブルセット・バレーボールの単元の形成的授業評価

		第3時	第4時	第5時	第6時	第7時	第8時	第9時	第10時
成果	男子	2.62	2.71	2.62	2.89	2.93	2.96	2.78	2.89
	女子	2.53	2.56	2.19	2.58	2.79	2.86	2.58	2.67
	全体	2.58 (4)	2.64 (4)	2.42 (3)	2.76 (5)	2.87 (5)	2.91 (5)	2.69 (5)	2.79 (5)
意欲・関心	男子	2.87	2.87	2.75	2.90	2.93	2.60	2.83	2.90
	女子	2.92	2.92	2.83	2.95	2.95	2.58	2.83	2.92
	全体	2.89 (4)	2.89 (4)	2.79 (3)	2.92 (4)	2.94 (4)	2.59 (2)	2.83 (4)	2.91 (4)
学び方	男子	2.73	2.83	2.68	2.87	2.93	2.93	2.80	2.93
	女子	2.88	2.75	2.83	2.95	3.00	2.75	2.83	2.96
	全体	2.80 (4)	2.80 (4)	2.75 (3)	2.90 (4)	2.96 (5)	2.85 (5)	2.81 (5)	2.94 (5)
協力	男子	2.70	2.80	2.71	2.80	2.97	2.90	2.90	2.97
	女子	2.79	2.83	2.79	2.86	2.91	2.71	2.88	2.88
	全体	2.74 (4)	2.81 (4)	2.75 (4)	2.83 (4)	2.94 (5)	2.81 (4)	2.89 (5)	2.93 (5)
総合評価	男子	2.72	2.79	2.68	2.87	2.94	2.86	2.82	2.92
	女子	2.75	2.74	2.61	2.81	2.90	2.74	2.76	2.83
	全体	2.73 (4)	2.77 (5)	2.65 (4)	2.84 (5)	2.92 (5)	2.81 (5)	2.79 (5)	2.88 (5)

※括弧内は5段階評価。

[3] 学習成果の検討

　授業の中で取り組まれたゲームをVTR撮影し、表3-20に示した方法で「アタック率」「アタック成功率」を算出しているのでその結果を掲げておきたい。表3-21は、このゲームのルールに慣れ、プレイのイメージが理解されてきたと思われる第3時以降のデータである（第8時は、チーム練習を中心とした学習活動であっため対象としていない）。

　第6時頃まで「アタック率」は20％台にとどまっていたが、それ以降、良好な上昇をみせ、単元終盤には40％を超えるところまで向上した（もう一つのクラスのデータもきわめて近似したものであった）。生徒たちが初めて取り組んだトス技能を含むゲームとしては、期待通りの学習成果であったように思われる。単元の時間数をもう少し拡大させたり、授業の中でボール操作の技能

表3-20 アタック率、アタック成功率の算出方法

○総攻撃回数：ゲームの中で、ネット越しにボールが自陣に入り、攻撃を組み立てることが求められる場面の回数。
○アタック数：レシーブ―予備セット―セット（トス）を経由し、アタック（フェイントを含む）まで持ち込んだ回数。なお、サービスラインよりネット寄りでアタックした場合に限定する。
○アタック成功数：アタック数のうち、相手コートに確実に返球された回数。
●アタック率(%)＝アタック数÷総攻撃回数×100
●アタック成功率(%)＝アタック成功数÷総攻撃回数×100

表3-21 単元展開におけるアタック率、アタック成功率

	総攻撃回数	アタック数	アタック成功数	アタック率	アタック成功率
第 3 時	141	35	30	24.8%	21.3%
第 4 時	158	45	36	28.5%	22.8%
第 5 時	155	31	30	20.0%	19.4%
第 6 時	168	48	44	28.6%	26.2%
第 7 時	163	62	54	38.0%	33.1%
第 9 時	156	65	51	41.7%	32.7%
第10 時	160	70	65	43.8%	40.6%

表3-22 「予備セット行動」の評価基準

レベル0	ボールへの動き出しが遅く予備セットができなかった。
レベルⅠ	ボールに向かってすばやく動き出すことができた。
レベルⅡ	ボールに向かってすばやく動き出し、体をセッターに向けてボールを送り出すことができた。
レベルⅢ	ボールに向かってすばやく動き出し、体をセッターに向けてボールを送り出し、セッターがトスしやすいバウンドを上げることができた。

に関わった練習内容をさらに工夫し、濃密なものにできれば、より大きな成果が望めるかもしれない。

　なお、先にも触れたように、セット（トス）を有効なものにしていくには、「予備セット」の役割が非常に大きいのは言うまでもない。ゲーム中の予備セットにあたる第2触球の場面を表3-22に示した基準によって評価してみたところ、単元終盤（第9・10時）ではおよそ55%程度がレベルⅢ、25%がレベルⅡに

相当し、レベルIは大きく減少していたことを付記しておく。「ボールを持たないときの動き」を含んだこの予備セット行動の良し悪しが意図的な連携を生み出し、アタック率を向上させるキー・ポイントの一つであると思われた。

　以上のようにアタック・プレルボールからの発展としての一つの試みとして、緩和された条件下の「トス技能」の発揮の観点からは学習成果の感触が大いに得られたものとなったと思われる。
　ただし、若干気になる点があるのも正直なところではある。それは、4回触球のため、「レシーブ―セット―アタック」といった通常の方法に比べて連携のリズムの悪さがやや生じてしまうことである。また、すべてのメンバーによる4回触球を求めていることから、失敗のリスクを負いやすい点もある。しかしながら、予備セットによるレシーブの立て直しが可能であるとともに、ゲームの中ですべてプレイヤーが連携に参加しうることのよさがあることを指摘しておきたい。

（研究協力者：北原裕樹・中村恭之・佐々木優）

[文献]
* 1　岩田靖（2009）改訂学習指導要領で求められる体育授業づくり、スポーツ教育学研究 28（2）：59-63
* 2　岩田靖（1998）どのような「体育に関する知識」を学ばせるのか、成田十次郎ほか監修、中学校体育・スポーツ教育実践講座12　わかって生かせる「体育に関する知識」の授業、ニチブン、pp. 214-225
* 3　岩田靖（2005）スポーツ教育、いま何が問題で、何をどうすべきか、体育科教育53（1）：26-29

第3章-6

3年生・「対人的技能の面白さ」をクローズアップする
剣道の教材づくり

　中学校において必修に位置づいた「武道」。選択制授業が第3学年からに変更されたことも含めて、授業づくりのレベルでも、カリキュラムのレベルでも研究課題の一つの焦点になっていると言ってもよい。
　ここで取り上げる剣道の授業においても、従来一般的に言って、基本動作の学習とその定着に主眼がおかれた教師の一斉指導中心的な授業、さらには剣道具の着装や素振りなどのドリル的な練習に時間の多くが割かれるような授業の中で、この領域の本質的な課題や面白さに食いつかせられず、子どもたちの学習意欲を喚起できないままに終わってしまうという現実が横たわっていたのではないであろうか。
　そこで、本稿では「剣道」の授業をとくに運動学習の視点から問い直し、教材づくりの課題につなげてみたい。中学校3年生の授業実践からである。

[1] 剣道の教材づくりの発想

❶剣道の学習指導の一つのアプローチ
　冒頭でも少し触れたが、剣道の授業には通常、乗り越えられるべきいくつかの壁がある。
- 痛い、臭い、寒い……これらは剣道嫌いを象徴する、生徒たちから発せられる常套句である。
- 防具着装の時間的浪費……それほど難しい事柄にも思えないが、案外苦手な生徒が多いのも事実。
- 右手右足を前に出す構えや、裸足でのすり足、竹刀の操作……別に体力的問題はそれほどではないにしろ、その姿勢や動きは慣れないことばかり。

写真3-16 「判断」と「打突の技能」を結びつけた約束練習

　剣道への授業の動機づけが低ければ、生徒たちの活動はややもすると苦役に追い込まれる要素に満ち溢れている。これに対し、「我が国の文化や伝統」という理念から一方的に攻め込んでも、授業の雰囲気はトーンダウンするばかりかもしれない。むしろ逆に、その「善さ」の世界に引き込む授業のコードやルートはないものか。

　ここでは、その一つの方策を、運動課題の特性から導かれる学習内容の中心を学習者の立場から掘り起こし、少しでもわかりやすく解きほぐすことに求めてみたい。そのことによって、今述べた授業の障壁を払拭し、運動学習への積極的参加を促す契機としたい。

　かつて松田[*1]は、スポーツにおける各種の運動の課題をおよそ次の5つに分類している。

・・

①一定のフォームの形成を課題とするもの——体操競技、ダイビングなど
②個人の最高能力の発揮を課題とするもの——陸上競技、競泳など
③変化する対人的条件下で、各人がそれぞれの能力を発揮することを課題とするもの
　　——柔道、剣道、すもう、レスリングなど
④変化する集団的・対人的条件下で、各個人および集団が、それぞれの能力を発揮することを課題とするもの——各種の球技など
⑤思想、感情を律動的な身体運動によって美的に表現することを課題とするもの
　　——ダンスなど

・・

第3章-6　剣道の教材づくり

これらを「スポーツ」と「ダンス」に下位区分すれば、スポーツに対応するもののうち、①〜②は「個人的スポーツ」、③は「対人的スポーツ」、そして④が「集団的スポーツ」と表現され、対比されることも多い。ただし、このうちの③〜④は、①〜②との相対的な比較において、かなりの類似性・共通性を帯びていることに気づくべきであろう。中学校のカリキュラムでいえば、一見、まったく異質に思える「武道」と「球技」であるが、両者ともに、運動技能の発揮の仕方から考えれば、「変化する条件下」を前提にした、いわば「オープン・スキル（open-skill）」が求められるものなのである。

　それは、球技において、ゲームにおける運動技能の行使に先立った「戦術的気づき」が重要な学習内容になるように、剣道でいえば、「いつ、どのような間合いで、どの打突部位を攻めるのか」といった「判断」的側面が必要不可欠な学習対象となることを意味するであろう。このことは、改めて取り上げるまでもない事柄と思われがちであるが、授業づくりやその中での教材づくりにおいて、真に大切にされてきたポイントだとは言い難いのではなかろうか。

　換言すれば、球技において、個別の運動技術（とくに、ボール操作）の練習とゲームとの乖離が問題とされてきたように、剣道においても、技（打突）の基本練習と試合との間に大きな飛躍（ギャップ）があるのではないかというのがここでの最大の関心事であり、教材づくりに向けての主要な課題意識である。

❷「対人的技能」をクローズアップする教材づくり

　打突の基本練習。これには多様なバリエーションが想定されうるが、およそそこでは先の「判断」的側面が欠落している。したがって、その動きの練習は、そのままでは試合に生かされずに終わってしまう可能性が高い。瞬時の判断が要求される試合の中で、「なにをすればよいのか」わからず混乱し、無意図的な打突を繰り返すしかなくなってしまう。

　ほとんどすべての生徒は初心者と言ってよいから、確かに竹刀を用いた運動技能に習熟していない。だからこそ一方で基本練習が求められるが、生徒たちはその必要性を理解しているわけではない。おそらく、生徒が剣道学習に意欲をみせ、それを膨らませていく一つの大きな契機となりうるのは、「いつ、どこに打てばよいのか」に関わる「隙のありか」に気づけるようになるときであり、また、それに対応した技の実現に前向きになれるときではなかろうか。

　そこでここでは、「隙」のありかとして、「相手が動いたとき」「自分の攻めによって相手が防御の動きを見せたとき」の2つを重視し、「判断」を伴った攻めの学習を約束練習形式で挿入してみた（これを球技におき換えれば、ゲー

表3-23 約束練習のゲーム形式

ゲーム①

《ねらい》間合いと打突のタイミング
　一足一刀（竹刀が触れ合う程度の距離）から相手が間合いに入ってきた瞬間、あるいは後退した瞬間を逃さず攻撃する（面を打つ）。
《約束課題》A：打ち役　B：打たせ役　C：審判
　一足一刀の間合いからスタート。Cの「1本目！」「2本目！」……という掛け声によって、Bが前後左右に動く。
・Bが左または右に動いたとき　⇨　Aはそれに応じ、Bの方向に正対する。
・Bが前に出たとき（間合いに入ってきたとき）　⇨　Aは素早く面を打つ。
・Bが後ろに下がったとき（間合いから外れたとき）　⇨　Aは1歩追い込んで面を打つ。
　※1ゲーム5本（それぞれのチャレンジの中で、Bは左右の動きの中にランダムに前後の動きを加える）。一本になる面を打てた回数を得点化する。

　ここでは、AとBの位置を審判役のCが一足一刀の間合いになるように導き、「Bが前に出たら打つ、後ろに下がったら1歩追い込んで打つ」ことを徹底しながら、徐々に判断と攻撃動作のスピードを速めていけるようにする。

ゲーム②

《ねらい》相手の崩れに応じた技の選択
　自らの打突に対して相手が崩れ、その際に生まれる隙に応じて技を行使する。
《約束課題》A：打ち役　B：打たせ役　C：審判
　一足一刀の間合いからスタート。Cの「1本目！」「2本目！」……という掛け声によって、Aが1歩攻め込む。Bはそれに対し、崩れる（守りの姿勢をとる）。
・Bが面を避けるように崩れる　⇨　Aは胴を打つ。
・Bが竹刀を抱え込むように崩れる　⇨　Aは小手を打つ。
・Bが後方に退く　⇨　Aは追い込んで面を打つ。
　※1ゲーム5本。一本になる技を打てた回数を得点化する。

　BはAの攻めに対してすばやく防御の体勢になれるようにし、Aは隙の判断を速めていけるようにする。

ムの中で重要になる戦術的な判断を誇張する「タスク・ゲーム」を工夫していく発想と同様であろう）。
　たとえば、表3-23のようなものである。これらは、「隙」を媒介とした攻防の面白さの入口に誘い込むものでしかないが、このような教材の学習が試合への課題との橋渡し的役割を果たせるのではないかと思われる。

[2] 授業の展開と子どもの様子

　単元は10時間で構成した。授業は男子17名、女子18名の男女共習である。男女混合で4～5人の8チームを編成した。この授業実践は1998年の学習指導要領の段階のものであるので、2年次からの選択制授業のカリキュラムを組んでいることから、1年次の必修で経験した後、2年次に剣道を履修していない生徒も含まれている。そのため、単元序盤では、1年次の復習の意味も含め、基本技を素早く、正確に打ち込めるようになることを中心に展開した。中盤以降、チームでの活動を重視し、「一太刀で攻め、相手の変化を予測し、判断して二太刀を打つことができる」こと、また「一太刀、二太刀についてチームで考え、工夫し、その技を試合で生かすことができる」ことをテーマに、約束練習形式を用いながら進めていった。第6時以降は、体育館を4分割し、およそ15分のチーム対抗の試合を行った。審判は2名ずつで、生徒が担った。

　前述のゲーム①・②を学習することを通して、生徒たちは「隙の発見と、それを逃さず攻める」ことの大切さを感じ始め、大きな動機づけになったことは間違いないと思われた。しかしながら実際、単元中盤からの試合後の話し合いにおいて次のような反省が多く聞かれた。それらは、およそ以下のような内容であった。
- 隙はなんとなく判断できたけど、当たらない。決まらない。
- 相手に変化がないので、いつ仕掛けてよいかまだわからない。
- 変化があった瞬間に攻めても、相手に防がれて一太刀だけでは決まらない。
- 相手の動きが予測した変化と違った。

　教師はこれらの声を基に、そのつまずきを生徒たちに投げ返しながら、チームの仲間で課題解決に向けて次のような働きかけをしていった。
(a)**判断できても当たらない**
　生徒の竹刀さばき（スピードが遅いこと、大きく振りかぶり過ぎてしまうこと）の問題点。コンパクトに振り抜くことやスピードのある打突（一太刀、二太刀ともに）を意識して取り組むこと。
(b)**相手に変化がないので、いつ仕掛けてよいかわからない**
　相手に隙ができるのを待っていることの問題点。「相手が動いたとき」が一つの攻めのチャンスであることを大切にしていたが、待ちの姿勢ばかりであれば攻防の面白さはなかなか味わえない。そこで、たとえ相手に大きな動きがな

写真3-17 チームでの打突機会の探究

くとも、前後に微妙に移動する変化や、剣先を上下に動かした瞬間を逃さない。またさらに、素早く面か小手の一太刀を打つことで、相手に変化を起こさせ、それによって生じた隙を二太刀目で攻めること。

(c)**相手の防御で一太刀だけでは決まらない**

防がれたときに生ずる相手の隙を判断できない問題点。各部位（面・小手・胴）を防がれたときに生ずる隙はどこかを再確認し、すばやく打突すること。また、一方で防御する側の問題も取り上げ、コンセプトである「隙を判断して攻める剣道」において、相手が攻めてきたときに生ずる隙に応じた積極的な攻撃も指導した。

(d)**相手の動きが予測した変化と違った**

変化に応じて隙の判断ができない問題点。チームにおいて「一太刀→相手の変化→二太刀」の約束練習を行っているが、相手の変化は予測であって、実際の試合の中でそのような変化が起こるとは限らない。そこで、約束練習形式を発展させながら、さまざまな変化をする中でいかに隙を判断して二太刀を打つことができるかを課題化した。

さらに、(a)〜(d)の指導と同時に、チームでの課題解決に向けた学習を活性化させるために、試合場面に対する観察・分析の視点を与えて自分やチームの仲間の攻め方に生きるようにした。それは、チームの仲間の様子とともに、対戦相手の様子（攻め方の特徴、変化で生じる隙はどこか）も観察・分析すること

であった。つまり、約束練習で培った判断と技能の行使と試合場面で生ずる問題点を融合させる手続きを図りながら、個やチームに応じた課題解決を促していった。

　各チームに女子が2名は存在し、授業後半の試合場面では女子同士のみならず男子との対戦もあった。そこでは、どうしても技能面で劣り、いつも勝てない女子が浮き彫りになってくる現実があった。それらの女子の中には当初「いやいや始めた学習」であった生徒も少なくなかったに違いない。それでも、単元の学習を積み重ねていく中で、わずかながらも自己の技能の伸びを感じつつあったのも確かであろう。ただし、試合になれば、相手も上手くなっていて、なかなか勝てない自分を見つめざるを得ない。チームの仲間も、その存在を暗黙の了解の世界に閉じ込めてしまう雰囲気もみられた。そこで教師は、そのような女子の存在をあえて全体の中での話題とし、決して「負けてもいい」「負けても悔しくない」といった消極的な姿勢で学習しているわけではないことを伝え、「チームの仲間の力」の結びつきを促していった。

　各チームともに練習場面や試合後の反省では、チームの仲間が一つひとつ丁寧に試合の様子と問題点について身振り手振りを交えながら話をしたり、一太刀から二太刀への攻め方や隙などを相手役となって教え合う姿があった。また、実戦形式の練習を取り入れながら、傍で観察する仲間から「胴が空いた！」「スピード！」「打ったら離れろ！」といったアドバイスが頻繁に送られていた。その声に必死に応えるように、女子生徒たちも課題解決に向けた練習に引き込まれていったように思われる。

　総じて初めの段階では、「無意図的な動き」による攻防、いわば「チャンバラ」的な様相が前面に出ていたが、仲間との相互関係的な学習を経る中で、相手の隙を理解・判断し、技能を行使する「意図的な動き」の探究へと導かれていったと考えられる。それは、学ぶべき内容が焦点づけられていったことによって、「判断と技術で取り組む剣道学習」として、男女を問わず好意的に受け入れられるようになっていった。学習カードへの記述は、「難しくて苦手」という否定的なものから、単元が進むにつれて「面白い、悔しい、次はこうしたい」といった肯定的なそれへと変化していった。日々の生活記録の中にも体育授業での剣道の感想が多数寄せられるようになった。

[3] 子どもの感想からみた授業の成果

　単元最終時、チーム対抗の試合が終わって、防具を外しながら涙を流してい

表3-24　単元終盤の形成的授業評価のスコア

		第9時	第10時
成　果	男　子	2.92	2.89
	女　子	2.95	3.00
	全　体	2.93 (5)	2.94 (5)
意欲・関心	男　子	3.00	3.00
	女　子	3.00	3.00
	全　体	3.00 (5)	3.00 (5)
学び方	男　子	2.94	2.94
	女　子	2.89	3.00
	全　体	2.92 (5)	2.97 (5)
協　力	男　子	2.94	2.94
	女　子	2.96	3.00
	全　体	2.95 (5)	2.97 (5)
総合評価	男　子	2.95	2.94
	女　子	2.95	3.00

※括弧内は5段階評価。

るA子の姿があった。おそらく竹刀の当たりどころが悪くて痛がって泣いているのだろうと想像したが、実のところそれは「悔し涙」であったらしい。A子は当初、ダンスの選択コースを希望していたが、クラス編成の人数調整の関係で、ある意味「仕方なく」剣道の授業に参加することになったのであった。授業の終わりに教師が声をかけると、「ここで打てばいいんだとわかるようになったし、チームの友達からもたくさんアドバイスや応援をしてもらったのに、うまく打てなかったので悔しい……」と漏らした。

　この生徒は決して運動が得意ではない。たとえば、前出の陸上競技「3分間セイムゴール走」では、もっともチャレンジ距離の短いレベルの生徒である。しかしながら、この姿は剣道の魅力に引き込まれ、本気になった様子の断面を映し出していたと言っても間違いない。

　このことはA子に限ったことではないであろうことが、単元終末の形成的授業評価からも窺い知れる。表3-24は第9・10時のスコアであるが、これは実際、選択制の授業とは言え、驚くべき結果であった。

　最後に、単元終了後に生徒たちが学習の「自己評価カード」に記述した感想のうち、多くみられた内容を取り上げておきたい。

写真3-18　試合後の生徒たち

- チャンバラではなく、隙を見つけて逃さず打つことができた（21人）
- 2本目、3本目を意識して打つことができた（21人）
- 実際の相手の動作を予測したり、試合を想定して練習できた（16人）
- 課題を立てて、苦手なところを練習できた（16人）
- うまい人の動きを見たり、チームメイトのアドバイスでうまくなれた（14人）

　具体的に何人かの感想を掲げてみよう。
　　　　　　　　　＊　　　　　　　　　＊
○今回剣道の授業をやることができてよかったと改めて思います。最初は、ダンスを選択していましたが、剣道に移ることになりました。初め、みんなについていけるか、防具をちゃんとつけることができるかなど不安でいっぱいでした。でも、学習を進めていくうちに不安は消え、どうやったら勝つことができるだろうと考えたりしていました。勝った時はすごくうれしいです。今回は負けたほうが多かったですが、いろんな人と試合をするのが楽しかったです。また、仲間の試合を見てアドバイスをしたり自分だけじゃなくてまわりにいる人の試合を見たりして学ぶことがたくさんありました。（女子）
○私は剣道の授業をやって試合の時に二太刀ということを意識してやりました。でも一太刀目を打った後の間合いが近くて二太刀目が正確に当たらないことがありました。その点を仲間に教えてもらいながら練習で解決していき、試合で生かす

ことができてとても嬉しかったです。二太刀といってもただ打てばよいわけじゃないから相手の隙を逃さず打ったり、相手の動きを予想したりしながら次はどこを打ってくるかを考え試合をやっていました。でも全部予想通りにいくわけじゃないからお互いが本気になって戦うというところが剣道の面白さなんだと感じました。単元を終えてみて、私は試合での一本一本がどんなに大切で、あの試合の場面は本当に真剣勝負の場だということを感じました。それもまた剣道をまだやりたいと思うほど心に残りました。（女子）

○剣道をやって初めはただ武道だから、ただ相手を倒せばそれで満足していたけれど、周りがどんどん変わっていく中で自分だけ前に進めない、進歩がないように思った。そこで思ったのが、「ただ」倒すのではなく、どれだけ「正確に」「素早く」相手から一本を取るかということを実行しようと思った。いろいろチームの中で話し合い、試行錯誤して隙を見つけ、そこに打ち込めるようになった。強い相手とやる時は、他の人とやる時とは違う緊張感を感じ、やるかやられるかの時間がとても楽しかった。「ずっとやっていたい」、「相手やチームの仲間に感謝したい」と思える剣道の授業でした。（男子）

○試合の反省から課題を立てて実際に相手の動作も考えて練習をしてきた。できないと少しやり方を変えて練習したり、課題を少し変えたりして活動してきた。最初は相手の隙を見つけられなくて、逃げてる部分が多かったけど、チームでやっている時にコツとか教えてもらい隙を見つけられるようになったし、自分から攻めていくこともできた。的確に相手に入れられるようにもなった。チームの雰囲気もよく、負けてもアドバイスをしてくれたので、落ち着いた学習ができた。（女子）

＊　　　　　　　＊

　学習指導要領の改訂で、2年次まで武道が必修となった。現在、これに合わせて、3年次での発展的な選択制授業をも見通し、剣道の授業の組み替えを検討中である。そこでは、なるべく早い段階から剣道の面白さの世界に、とりわけ「対人的スポーツ」の特性の観点から触れさせることができるような工夫を模索している。そこではおそらく、段階に適した学習内容の再検討や新たな教材づくりが求められるであろう。今後の課題である。

（研究協力者：中村恭之・三井清喜）

[文献]
＊1　松田岩男（1968）運動技術の構造、岸野雄三ほか編、序説運動学、大修館書店、p.140

あとがき

授業のイマジネーションに支えられた教材づくりの必要性

　数年前、自分で手入れのできる庭を求めて、大学から少しばかり離れたところ、棚田や雑木林が残る里山の辺縁に家を建てた。「土と植物を相手にする仕事は、瞑想するのと同じように、魂を解放させてくれるのです」というヘルマン・ヘッセの『庭仕事の愉しみ』（草思社）の域には達しないけれど、植栽や剪定は自分でこなし、私にとってはこの上ない「癒しの空間」になっている。本当は、昆虫少年の前歴から抜けきれなかった趣味の世界の関係から、とくに蝶を呼び寄せるバタフライ・ガーデンづくりのまねごとを試しているといったところなのだが、蝶の幼虫の食樹・食草、成虫の吸蜜植物を育て、飛来する個体、産卵した個体の生態観察を楽しみごとにしているのである（ちなみに、庭づくりを始めて以来、55種の蝶類の飛来が確認された。なかには、近年、日本列島で分布の北上がみられる蝶の最北の幼虫越冬が我が家の庭で見出されたりもした）。

　最初、まったくの更地であったところであるが、植物が生育するにつれ、蝶ばかりでなく、毎年庭を訪れ、そこで発生を繰り返す虫たちが増えてくる。それらの虫たちが垣間見せる多様な姿は、まさに自然の織り成す妙味としか言いようがない。ことさら感銘を受けるのは、庭で発生する蝶や蛾の幼虫の天敵となっているアシナガバチやドロバチ類の造巣と捕食行動である。その進化の過程で獲得した「本能」的行動の見事さと言ってよいかもしれない。どうしてあのような精巧でユニークな巣の作り方を知っているのであろうか、また、獲物のありかを素早く察知できるのであろうか。ジャン・アンリ・ファーブルが『昆虫記』の中で、狩りバチを中心とした多くの蜂類の観察事象を記述したのも頷けるというものである。

さて、あとがきにしてはかなり私的な内容の書き出しになってしまったけれど、私たちが問題としている体育の授業を創ること、またそのプロセスを構築するために費やす行為というのは、言わずもがな「本能」的なものであるはずもない。一般に、人間の「創造」的な活動には、創り出す対象を予め頭の中に想起し、描き出す「想像」力が不可欠であり、まさにそのことが人間的な能力であると言いうるであろう。授業を創るということも当然ながら、教師のイマジネーションがもっとも重要な契機になるに違いない。本書のテーマである「教材づくり」もそのようなイマジネーションに根差し、支えられた仕事であり、ここでは最後にそのことの認識を新たにしたいと思うのである。

＊　　　　　＊

■連載の底流

　本書の基になった『体育科教育』誌での２年にわたる連載のきっかけになったのは、2007年10月の末のことであった。同誌のグラビアを飾った「進化する中学校体育授業」の取材で長野市立西部中学校に来訪されていた日本体育大学大学院教授の髙橋健夫先生と大修館書店編集部の川口さんとの雑談からであった。2008年３月号に掲載された陸上競技の「３分間セイムゴール走」（授業者＝中村恭之教諭）の授業後、同校のグラウンドでその印象などについて話していたのが、予期していなかった方向に飛び火してしまったのである。

　ともあれ、学習指導要領の改訂が間近に迫った時期において、私自身、これから求められる体育授業のあり方をどのように捉えるべきかについて思案していた頃であった。それについてはその後、「学習対象となる運動の課題性を単元の太い幹に据え、その課題解決の面白さに『誘い込み、追い込んでいく』授業展開」、そしてその過程において子どもたちの「わかり合い、支え合う」学習活動を生み出していく必要性を強調した。それは同時に、「スポーツ（運動）の形式を表面的になぞっているだけの授業、また、子どもたちになんの手掛かりも与えずに課題解決を委ね、強いている授業からの脱却」という問題意識からでもあった。これらのことは、本書の第１章で記述した。当然ながら、授業づくりの骨格をなす「教材づくり」というテーマの底辺にも、そのような発想

が脈打っている。これらに関連して、ちょうどこの連載の期間中に開催された日本体育学会体育哲学分科会（2008年9月、早稲田大学）、日本スポーツ教育学会（2008年11月、奈良教育大学）におけるシンポジウムや日本体育科教育学会（2009年6月、東京学芸大学）での課題研究で若干ながらの提案的な発表・報告をさせていただいた。

■「教材づくり」とは、授業の中で生み出したい未来の先取りである

　さて、先に触れた「3分間セイムゴール走」……それは「全力疾走」とは異なる運動の課題性を有したランニング学習の教材であり、「ペース配分」を学習内容として強調するものである。この教材づくりは、当時、私の研究室の所属であった大学院生とOBの中学校教員とで共同で取り組んだものである。通常、子どもたちから嫌われる傾向が非常に強い長距離走に光を当てたいというのが当初の動機である。

　「苦手な生徒ほど、その遅い走りの姿がより長い時間にわたって仲間の前にさらされてしまう」という現実認識に端を発して、いかにそのような否定的状況を払拭しつつ、さらに学習意欲を喚起するチャレンジ対象を生み出しうるのかが、ここでの教材づくりの中心的なねらいであった。

・単元の中で、毎時繰り返し、各自の身体感覚と向き合いながら、ペースの設定、それへのチャレンジ、またその修正に意欲的に取り組める時間的（距離的）条件はどうしたらよいか？
・各自のペース配分に関わる課題を他者と共有し、支え合いながら学習できる設定はどのようにすれば可能だろうか？

　そこで、「授業における統一と分化の原理」と「個人的運動の集団化」の考え方を生かした教材づくりができないものか、とアイディアの試行錯誤を経て辿り着いたのがチーム対抗を含んだ「3分間セイムゴール走」であった。

　実際に期待したい子どもたちの姿や課題への接近の仕方、また逆につまずきそうなポイントをも具体的に、そして鮮明にイメージしながら行う教材の構想は、容易な事柄ではないものの、実はきわめて面白くやりがいのあるプロセスなのである。

「教材づくり」というのは、「なんのために、なにを、どのように教えるのか」といった、授業構想における一連の教授学的思考が凝縮されるところである。そしてそれは授業において現出させたい子どもの学習活動を先取りしながら、その授業において期待される抽象的なねらいを具体的な学習活動の対象に翻案していく営みであると言ってよい。「教材づくり」とは、このような「先取り」を意味するイマジネーションを主要な原動力としているのである。
　ボール運動のゲーム教材の構成に取り組むとすれば、限定された授業の「時・空間」（単元に費やせる時間数、クラスサイズ、学習活動の質量を保障しうる施設・用具などの物理的条件など）への思考を土台としながらも、子どもたちの能力に見合ったゲームの状況判断と技能的課題性を考慮しつつ、単元終末のゲーム様相を具体的にイメージし、描き出せるかが、まさに核心的なポイントになる。

■「教材づくり」とは、子どもに追究させたい事柄の誇張である

　「教材づくり」という用語が指し示す仕事それ自体は、授業についての「方法論的思考」であると言ってよい。「教材」という発想そのものが、子どもたちの運動への理解や技能的達成を促し、実現していくための「媒体」を意味しており、それは「学習内容」に対応する概念であるからである。
　ここからすれば、次の２つの事柄が指摘できる。その１つは、方法論をもたない、あるいは実現可能性を担保しえない目標・内容論ほど虚しいものはないということである。方法論的見通しをもちえてこそ、そこで語られる目標・内容が現実味を帯びてくるのである。
　２つ目に、方法論を考えることは、実は常に、目標や内容を問い直し見返すことを含みもっているということである。「教材づくり」は方法論的問題であるが、教材を考えることの原点には、当然ながら「学習内容」を新たに掘り起こしたり、再吟味する仕事を含みもっていることを理解すべきであろう。
　先の「３分間セイムゴール走」とは、競技的な視野から考えれば、実は中距離走的な条件設定である。したがって、一方で、たとえば「長距離走であれば、中学生では3,000m以上は走らせなければならない」、あるいは「個人的スポ

ーツなのだから、集団的な学習形態は必要ではない」といった批判が起こりうるかもしれない。しかしながら、そのような指摘に見られる硬直した種目主義的発想から解き放たれなければ、子どもに寄り添いながら、運動課題のテーマに豊かに迫りうるオーセンティックな学習状況を創出することは非常に難しいのである。その意味で、「教材づくり」というのは子どもに追究させたい内容を「誇張」していくことであると言ってもよい。

　このことは、「単元教材」を構想するレベルではもちろんのこと、認識的、技能的学習を促進させる下位教材群を創出するレベルでも言えることである。ある動きの獲得を容易にするために、その動きの全体像の核になる部分を抽出し、切り取って、より易しい運動課題を生み出したり、段階的な学習を可能にするステップを工夫していくことは、実は学ばせたい事柄をクローズアップしていくことを意味しているからである。

　そこでは、スポーツ（運動）の本質的な課題性と、それを解決していく中心的なポイントを、学び手である「子どもの実態」や「子どもにとっての難しさ」を見通しながら探究していく教師の「運動解釈力」に関わった専門的力量が問われるのである。

■教材づくりの理論・実践研究はまさにこれから

　1970年代後半以降、総じて、「運動を通しての教育」から「運動の教育」への大きな転換がなされてきたといってよい。そこでは、プレイ論を理論的支柱とする「楽しい体育」論の影響下において、「教材」や「教材づくり」という発想が否定される状況にあった。それはとりわけ、運動の外在的価値を評価し、主要な目標にしてきた体育観の中で機能していた「教材」の考え方の否定であったと解釈できる（本誌を遡ってみても、とくに1980年代にはこれらの用語がほとんど消えかかっていたように思われる）。

　ただし一方で、この時期は「体育の学力」論が検討された時代でもあった。そこでは、「学力」が問題とされてくる背景、また、その論題に広がりが存在したこともあって、結果的に生産的な論議がなされたとは必ずしも言えないが、「運動の教育」における学習内容やそれを習得していくための教師の働きかけ

方の過程や方法が問い直されたと言ってよい。今日、授業づくりの探究の中で一つの大きな焦点となっている「教材づくり」の課題は、このような流れと軌を一にして新たな視野から語られるようになったものである。その意味では、まだまだその端緒についたばかりなのであり、体育の教科研究・授業研究の一環として、今後より一層、その理論的・実践的な追究と情報交流が求められているのである。

＊　　　　　　＊

　本書で取り上げた内容は、その運動領域や学年段階からみて、かなり偏ったものになってしまったが、それは私の力量不足によるものである。

　それでも、各々のパートに掲げた内容は、少しばかりではあるが、今日的な課題に結びついた問題の投げ出しを試みたつもりである。なにかしら参考になるところ、あるいは批判の対象に据えていただけるところがあったとすれば幸いである。

[研究協力者]

石井　克之（長野県安曇野市立堀金小学校教頭）
板花　啓太（長野県青木村立青木中学校教諭）
井出　竜也（長野県岡谷市立川岸小学校講師）
内山　茂隆（長野県上田市立第一中学校教諭）
大野　高志（長野県茅野市立北山小学校教諭）
小川　裕樹（長野工業高等専門学校講師）
加藤　浩（信州大学教育学部附属長野中学校教頭）
鎌田　望（長野県長野市立川田小学校教諭）
北垣内　博（長野県青木村立青木小学校教頭）
北原　裕樹（長野県伊那市立伊那中学校教諭）
斉藤　和久（長野県教育委員会南信教育事務所指導主事）
佐々木　優（長野県上田市立第五中学校教諭）
椎名　望（ベトナム日本人学校教員）
菅沼　太郎（長野県長野市立柳町中学校教諭）
竹内　隆司（長野県長野市立北部中学校教諭）
千野　孝幸（長野県上田市立豊殿小学校講師）
中村　恭之（長野県長野市立東北中学校教頭）
西沢　和彦（長野県坂城町立村上小学校教諭）
早川　孝一（長野県長野市立緑ケ丘小学校校長）
平川　達也（長野県上田市立神科小学校教諭）
前田　賢二（長野県上田市立神川小学校教諭）
三井　清喜（福井県立丸岡高等学校教諭）
宮内　孝（南九州大学教授）
両角　竜平（長野県飯田市立上郷小学校教諭）
矢島　大輝（長野県長野市立東部中学校教諭）
吉田　直晃（京都府南丹市立八木東小学校教諭）
吉原　春希（長野県松本市立高綱中学校教諭）
渡辺　誠（長野県東御市立田中小学校教頭）

（五十音順）

[著者略歴]

岩田　靖（いわた　やすし）

1960年長野県生まれ。1986年筑波大学大学院体育研究科修了。筑波大学文部技官、宮崎大学助教授などを経て、現在、信州大学教授。

主な著書（共著・共訳など）
　体育科教育学の探究（共著）
　ボール運動の指導プログラム（共訳）
　チャレンジ運動による仲間づくり（共訳）
　教養としての体育原理（共著）
　新版 体育科教育学入門（共編著／以上、大修館書店）
　戦後体育実践論（共著）
　体育科教育学の現在（共著／以上、創文企画）
　体育授業を観察評価する（共著、明和出版）

体育の教材を創る──運動の面白さに誘い込む授業づくりを求めて

©Yasushi Iwata, 2012　　　　　　　　NDC 375 ／ viii, 263p ／ 21cm

初版第1刷発行────2012年2月20日
　　第3刷発行────2017年9月1日

著　者──────岩田　靖
発行者──────鈴木一行
発行所──────株式会社 大修館書店
　　　　　　　　〒113-8541　東京都文京区湯島2-1-1
　　　　　　　　電話 03-3868-2651（販売部）　03-3868-2299（編集部）
　　　　　　　　振替 00190-7-40504
　　　　　　　　[出版情報] http://www.taishukan.co.jp/

装丁者──────石山智博（トランプス）
本文レイアウト──加藤　智
印刷所──────横山印刷
製本所──────牧製本

ISBN 978-4-469-26728-0　　　　Printed in Japan

Ⓡ本書のコピー、スキャン、デジタル化等の無断複製は著作権法上での例外を除き禁じられています。本書を代行業者等の第三者に依頼してスキャンやデジタル化することは、たとえ個人や家庭内での利用であっても著作権法上認められておりません。

『体育科教育』別冊

新しい体育の授業づくりで、最高の成果をあげるために!!

「具体的で授業に役立つ」ことを主眼において、子どもたちの楽しく意欲的な学習活動を引き出す授業づくりのノウハウを斯界の研究者・実践家がわかりやすく解説します!! イラスト多数!すぐに使える学習カード付き!!

《新学習指導要領準拠》
新しいマット運動の授業づくり
高橋健夫、藤井喜一、松本格之祐、大貫耕一［編著］
【主要目次】段階的な技術指導の方法／マット運動の授業展開例／すぐに使える学習カード／［コラム：マット運動の歴史］　●定価=本体1,143円+税

《新学習指導要領準拠》
新しい跳び箱運動の授業づくり
高橋健夫、藤井喜一、松本格之祐［編著］
【主要目次】段階的な技術指導の方法／跳び箱運動の授業展開例／すぐに使える学習カード／［コラム：跳び箱運動の歴史］　●定価=本体1,143円+税

《新学習指導要領準拠》
新しい鉄棒運動の授業づくり
高橋健夫、藤井喜一、松本格之祐［編著］
【主要目次】段階的な技術指導の方法／鉄棒運動の授業展開例／すぐに使える学習カード／［コラム：鉄棒運動の歴史］　●定価=本体1,143円+税

《新学習指導要領準拠》
新しい体つくり運動の授業づくり
高橋健夫、小澤治夫、松本格之祐、長谷川聖修［編著］
【主要目次】動きや体力要素に着目した運動例／授業づくりに生きる学習プログラム／体つくり運動の授業実践例／授業で使える学習カード　●定価=本体1,429円+税

《新学習指導要領準拠》
新しいボールゲームの授業づくり
高橋健夫、立木正、岡出美則、鈴木聡［編著］
【主要目次】ゲーム（ボールゲーム・鬼遊び）／ゴール型ゲーム／ネット型ゲーム／ベースボール型ゲーム／授業に役立つ資料　●定価=本体1,524円+税

大修館書店　書店にない場合やお急ぎの方は、直接ご注文ください。☎03-3868-2651